Ebersdorfer Lebensläufe

aus dem Archiv
der Herrnhuter Brüdergemeine in Ebersdorf

Band 4

zusammengestellt, bearbeitet und herausgegeben

von

Heinz-Dieter Fiedler

Bibliografische Information der Deutschen Nationalbibliothek:
Die Deutsche Nationalbibliothek verzeichnet diese Publikation
in der Deutschen Nationalbibliografie; detaillierte bibliografische Daten sind im Internet über dnb.dnb.de abrufbar.

Verlag: BoD · Books on Demand GmbH, In de Tarpen 42, 22848
Norderstedt
Druck: Libri Plureos GmbH, Friedensallee 273, 22763 Hamburg

ISBN: 978-3-7597-3476-1

Inhalt:

Vorwort

Eine schöne Tradition der Herrnhuter Brüdergemeine ist bis
heute erhalten geblieben: Das Verfassen eines Lebenslaufs für
alle Mitglieder dieser Gemeinschaft. Der – möglichst zu Lebzeiten
selbst geschriebene - Lebenslauf steht im Mittelpunkt der
Begräbnisfeier und wird anschließend im Archiv aufbewahrt. Da
diese Tradition schon in den Anfangszeiten der Brüdergemeine
begründet wurde, gibt es heute im Unitäts-Archiv in Herrnhut
eine Sammlung von etwa 30000 Lebensläufen. Die einzelnen
Gemeinen besitzen zum Teil eigene Archive. Im Ebersdorfer
Archiv finden sich etwa 1300 Lebensläufe der in Ebersdorf
verstorbenen Brüder und Schwestern. Die ältesten sind von
1750.
In früheren Jahrhunderten wurde gewöhnlich nur das Leben
gekrönter Häupter und anderer bedeutender Persönlichkeiten
schriftlich festgehalten. Die brüderischen Lebensläufe erhalten
dadurch eine besondere Bedeutung, weil in ihnen die Lebenswege
von vorwiegend einfachen Menschen, Männern ebenso wie
Frauen, dargestellt sind. Aus diesem Grund wurden diese
Lebensläufe schon mehrfach zum Gegenstand wissenschaftlicher
Untersuchungen und in verschiedenen Medien publiziert. In den
Periodika der Brüdergemeine (z. B. „Nachrichten aus der
Brüdergemeine") werden seit etwa 200 Jahren regelmäßig
ausgewählte Lebensbilder gedruckt. Zwischen 1818 und 1941
wurden auf diesem Wege etwa 1500 Lebensläufe veröffentlicht. In
neuerer Zeit wurden von Dietrich Meyer zwei Sammelbände mit
interessanten Lebensläufen herausgegeben.[1] Wissenschaftliche

---

[1] Meyer, D.: Lebensbilder aus der Brüdergemeine, Gustav Winter
Herrnhut, 2007 und 2014

Untersuchungen finden sich z. B. bei Christine Lost[2] und
Stephanie Bös[3].

Die Ebersdorfer Bestände an Lebensläufen wurden in ihrer
Gesamtheit bisher noch nicht erforscht. Lediglich zu bestimmten
Themen wurde selektiv recherchiert (z. B. DDR-Geschichte).

Seit einigen Jahren gibt es im Comeniuszentrum Ebersdorf eine
Veranstaltungsreihe „Wir lesen Lebensläufe". An die Lesung
schließen sich oft interessante Gespräche an und gelegentlich
wird von Teilnehmern der Wunsch geäußert, einen Lebenslauf in
schriftlicher Form zu besitzen.

Daraus entstand der Gedanke, die „Ebersdorfer Lebensläufe"
auch gedruckt herauszugeben. 2017 und 2018 erschienen die
ersten beiden Sammelbände, denen nunmehr ein dritter folgt.

Die bisher anderenorts veröffentlichten brüderischen Lebensläufe
wurden meist gezielt ausgewählt: nach der Bedeutung des
Verfassers und des Inhaltes oder nach wissenschaftlichen
Gesichtspunkten. Diese Zielstellung verfolgen wir hier nicht. Das
Besondere an der brüderischen Lebenslauf-Sammlung ist ja
gerade, dass ganz gewöhnliche einfache Menschen aus
unterschiedlichen sozialen Schichten zu Wort kommen. Es gibt
lange und kurze Lebensläufe, von gebildeten und ungebildeten
Menschen verfasst. Manche Verfasser haben viel erlebt. Sie sind
z. B. als Missionare bis ans Ende der Welt gereist und können
entsprechend viel berichten. Andere, z. B. viele der ledigen
Schwestern, haben ihr ganzes Leben in der Abgeschiedenheit des
Schwesternhauses verbracht. Ihre Lebensläufe fallen meist
kürzer aus und beschreiben vor allem ihre Glaubensentwick-
lung.

Um dieser Vielfältigkeit der Lebensgeschichten gerecht zu
werden, erfolgt für dieses Buch, wie auch für die Leseabende im

---

[2] Lost, C.: Das Leben als Lehrtext, Lebensläufe aus der Herrnhuter
Brüdergemeine, Herrnhuter Verlag 2007
[3] Bös, S.: Gottesacker-Geschichten als Gedächtnis. Eine Ethnographie
zur Herrnhuter Erinnerungskultur am Beispiel der Neudietendorfer
Lebensläufe. Waxmann Verlag, 2016

Comeniuszentrum, keine gezielte Auswahl der Texte. Es wird lediglich angestrebt, dass sowohl beide Geschlechter, als auch die unterschiedlichen Zeitepochen einigermaßen gleich vertreten sind.

Bei den Leseabenden hat sich gezeigt, dass die Zuhörer aus ganz unterschiedlichen Gründen Freude an den Lebensläufen haben: Für manche sind die Lebensverhältnisse in früheren Zeiten und die oft schweren Schicksale der Menschen besonders eindrücklich. Andere Hörer erfreuen sich an authentischen Einblicken in die Zeitgeschichte, gelegentlich auch in die Ortsgeschichte. Andere genießen die altertümliche Sprache und manch einem dienen die Lebensläufe als Stärkung für den eigenen Glauben.

Das Ziel dieser Veröffentlichung ist erreicht, wenn auch der Leser einen ähnlichen Gewinn daraus zieht.

Einführung: Die „Herrnhuter"

Die Anfänge der Brüdergemeine reichen in das 15. Jahrhundert zurück und gründen sich auf den tschechischen Reformator Jan Hus. Als dieser 1415 in Konstanz sein Leben für seine Glaubensüberzeugungen lassen musste, begannen große Unruhen in Böhmen und Mähren, die zu den Hussitenkriegen 1419 bis 1434 führten. Große Teile des Volkes trennten sich zunächst von der katholischen Kirche, bevor es dann doch wieder zu einem Kompromiss mit Rom kam. Lediglich eine kleine Gruppe, die sowohl die kriegerische Gewalt der Radikalen als auch die Einigung mit Rom ablehnte, zog sich in die Wälder Ostböhmens zurück, um in einer Gemeinschaft ganz nach dem Evangelium zu leben. Als Geburtsstunde der „Unitas Fratrum", der „Gemeinschaft von Brüdern", gilt der 1. März 1457. Die Brüder-Unität breitete sich rasch aus und zählte Anfang des 16. Jahrhunderts in Böhmen und Mähren etwa 100 000 Mitglieder. Die Bibel wurde ins Tschechische übersetzt, eine vorbildliche Gemeindeordnung wurde entwickelt, und es entstanden viele Lieder, die zum Teil heute noch gesungen werden. Im Zuge der Gegenreformation wurde die Brüder-Unität dann nahezu ausgelöscht; wenige Familien hielten sich im Stillen noch zu ihr, viele waren geflohen, vor allem nach Polen und Ungarn. Der letzte Bischof der Böhmischen Brüder, der vor allem als Pädagoge berühmte Johann Amos Comenius (1592-1670) bemühte sich vergeblich um die gleichberechtigte Anerkennung der Brüder-Unität im Westfälischen Frieden.

Erst Anfang des 18. Jahrhunderts eröffnete sich für einen Teil der heimlich Evangelischen in Böhmen und Mähren der Weg zu einem Neuanfang. Unter dem Einfluss des deutschen Pietismus wanderten kleine Gruppen aus und fanden in Sachsen und Preußen eine neue Heimat. Einige siedelten sich auf einem Landgut des jungen Grafen Nikolaus Ludwig von Zinzendorf an.

1722 wurde der erste Baum zum Anlegen einer Siedlung nahe
Berthelsdorf in der Oberlausitz gefällt. Dieser Ort erhielt den
Namen Herrnhut, denn die Bewohner wollten sich bewusst „unter
des Herrn Hut" stellen. In wenigen Jahren entstand eine
Siedlung, die unter der inspirierenden Leitung des Grafen
Zinzendorf stand und zu einer geistlichen Gemeinschaft
zusammenwuchs, in der man Glauben und Alltagsleben
miteinander verband. Auch Gläubige aus deutschen und anderen
europäischen Ländern, die im Konflikt mit ihren Kirchen
standen, suchten in Herrnhut eine neue geistliche Heimat. Als
eigentlicher Beginn dieser „Erneuerten Brüder-Unität" gilt der 13.
August 1727. Nachdem die tiefgreifenden Spannungen unter den
Siedlern beigelegt werden konnten, wurde bei einer
Abendmahlsfeier in der Kirche in Berthelsdorf die geistliche
Einheit in überwältigender Weise erlebt. Die Orts-Satzung, die
man sich gab, orientierte sich weitgehend an den Statuten der
Unitas Fratrum. Die Zahl der Mitglieder wuchs in den darauf
folgenden Jahren auf einige Hundert. Es entstanden weitere
Ansiedlungen in Deutschland und anderen europäischen
Ländern. Weltweit bekannt wurden die Herrnhuter durch ihre
Missionstätigkeit. Bereits 1732 gingen die beiden ersten
Missionare aus Herrnhut auf die Karibikinsel St. Thomas.
Weitere Sendboten folgten innerhalb weniger Jahre nach
Grönland, Südafrika und Surinam in Südamerika. Herrnhuter
Missionare waren mit unterschiedlichem Erfolg auf allen fünf
Erdteilen tätig und machten die Brüdergemeine zu einer
weltweiten Kirche.
Nikolaus Ludwig Graf von Zinzendorf, der schon als Jugendlicher
beschlossen hatte, sein Leben ganz in den Dienst Jesus Christus'
zu stellen, fand in der Herrnhuter Brüdergemeine seine
Lebensaufgabe und prägte diese Glaubensgemeinschaft
maßgeblich. Er nahm große persönliche Entbehrungen auf sich,
wurde angefeindet und zeitweise aus Sachsen verbannt. In dieser
Zeit zog er mit seinen Getreuen, der „Pilgergemeine", durch
Deutschland und Europa.

Heute sind die Herrnhuter eine ganz „normale" evangelische Freikirche. Viele der Besonderheiten und das meiste der typischen Lebensform aus den Anfangsjahren sind verloren gegangen. Die Gemeinschaft ist unter dem Namen „Evangelische Brüdergemeine", aber auch als „Herrnhuter Brüdergemeine", „Mährische Kirche" oder „Moravian Church" bekannt. Die in den Gründungsjahren übliche Schreibweise „Gemeine" – ohne „d" – ist heute Bestandteil des amtlichen Namens, im allgemeinen Sprachgebrauch sind beide Formen anzutreffen.

Für das Verständnis der Lebensläufe sind einige Erläuterungen nützlich:

Männer und Frauen der Gemeine werden Brüder und Schwestern genannt, ohne dass damit ein besonderer geistlicher Stand verbunden ist. „Bruder" und „Schwester" ist auch die heute noch übliche Anrede, gewöhnlich in Verbindung mit dem Familiennamen. In der Schriftform verwendet man meist die Abkürzungen Br. und Schw. Mehrere Mitglieder der Gemeine unterschiedlichen Geschlechts bezeichnet man als Geschwister (Geschw.), auch wenn es sich um ein Ehepaar handelt. (Mit Geschwister Meiers ist also gewöhnlich das Ehepaar Meier gemeint.)

Eine typische Besonderheit der Brüdergemeine ist die Einteilung der Gemein-Mitglieder in die sogenannten „Chöre". („das Chor" – als Bezeichnung für eine Gruppe Personen mit ähnlichen Bedingungen und Interessen.)

 Diese Einteilung gibt es heute noch, sie war früher aber noch sehr viel ausgeprägter. In der Brüdergemeine richtet sich die Chorzugehörigkeit nach Geschlecht, Alter und Familienstand. Es gibt also das Chor der ledigen Schwestern (alle unverheirateten Frauen), das Chor der ledigen Brüder (alle unverheirateten Männer), das Ehechor (verheiratete Männer und Frauen), das Witwenchor und das Witwerchor. Die Kinder und Jugendlichen wurden früher, als es sie noch in größerer Anzahl gab, außer nach dem Geschlecht auch nach dem Alter einem entsprechenden Chor zugeordnet: Knäblein, Knaben, Jünglinge,

Mädchen, große Mädchen, Jungfern. Der Gedanke, der dahinter steckt, ist, dass sich Menschen mit ähnlichen Lebensumständen auch am besten verstehen und sich Beistand in weltlichen und geistlichen Dingen geben können. Die Chöre wurden jeweils von einem Chor-Helfer oder einer Chor-Helferin betreut. Die Leitung der Gemeine oder eines Chores war keine abgehobene Stellung. Man blieb stets „Bruder unter Brüdern" bzw. „Schwester unter Schwestern". Das kommt auch in den Bezeichnungen „Helfer", „Diener" oder „Arbeiter" zum Ausdruck.

Die einzelnen Chöre führten früher ein weitestgehend in sich geschlossenes Leben. Sie bildeten eine geistliche Gemeinschaft und einige Chöre auch eine selbständige wirtschaftliche Einheit. So lebten, wohnten und arbeiteten die unverheirateten Männer und Frauen jeweils in eigenen Häusern: dem Brüderhaus und dem Schwesternhaus. Auch die Witwen lebten separat im Witwenhaus. Das Leben im Chorhaus war durch Arbeit und die täglichen Versammlungen geregelt. Die Brüder waren meistens Handwerker. Die Schwestern verdienten sich ihren Lebensunterhalt hauptsächlich mit Handarbeiten: Spinnen, Weben, Stricken, Sticken...

Bei den Herrnhutern war es über lange Zeit üblich, alle wichtigen Entscheidungen - insbesondere solche, deren Ausgang nicht vorhersehbar war – durch das Los zu treffen, in der Überzeugung, dass Gott auf diese Weise unmittelbar Einfluss nehmen kann. Das Los wurde vor allem bei Personalentscheidungen zu Rate gezogen: Besetzung von Ämtern, Eheschließungen, Aussendung von Missionaren usw. Auch die in den Lebensläufen häufig erwähnte Aufnahme in die Gemeine und die erstmalige Zulassung zum Abendmahl wurden durch das Los entschieden. Bei negativem Ausgang konnte in diesen Fällen aber in entsprechenden zeitlichen Abständen die Losbefragung mehrmals wiederholt werden. Deshalb mussten manche Brüder und

Schwestern so lange auf die Aufnahme bzw. das erste Abendmahl
warten.

Die Wegweisung durch das Los spielte über lange Zeit auch für
persönliche Entscheidungen eine wichtige Rolle. Man schlug sich
selbst ein Los, indem man z. B. einen durch zufälliges
Aufschlagen der Bibel erhaltenen Text entsprechend
interpretierte. Eine große Bedeutung wurden auch die mit einem
persönlichen Ereignis verbundenen Texte aus dem Losungsbuch
der Brüdergemeine zugemessen. Diese in den Lebensläufen
häufig erwähnten (Herrnhuter) Losungen gibt es auch heute
noch. Sie werden seit 1731 ohne Unterbrechung heraus gegeben,
inzwischen in Millionenauflage und in 50 Sprachen übersetzt.
Das Losungsbuch enthält für jeden Tag des Jahres ein
ausgelostes Wort aus dem Alten Testament, ergänzt durch ein
Wort aus dem Neuen Testament und einen Liedvers oder ein
Gebet.

In den frühen Lebensläufen finden sich oft recht schwärmerische
Bezeichnungen für Jesus: „mein bester Freund", "Geliebter",
„Herzens-Bräutigam", „mein Mann". Das entspricht den
Gepflogenheiten der damaligen Zeit, zeigt aber auch das innige
Verhältnis zum Heiland.

Wenn vom „Heimgehen" oder dem „Heimgang" die Rede ist, so ist
damit das Sterben gemeint, das für einen gläubigen Christen ja
nicht das Ende bedeutet, sondern das Hinübergehen in Gottes
Reich, die ewige Heimat.

1. Joseph Anton   1705 – 1785

Lebenslauf von Bruder Joseph Anton,
so wie selbiger nach seiner Erzählung ist aufgezeichnet worden.

Ich bin geboren den Februar 1705 zu Stechau in Böhmen. Bei
meinen heranwachsenden Jahren lernte ich bei meinem Vater die
Stricker-Profession, und wurde in der katholischen Kirche
erzogen, wo mir die Sätze in den Büchern, die bei der Messe
pflegten gebraucht zu werden, von des Heilands Leiden am
liebsten und am eindrücklichsten waren.
In den folgenden Jahren wurde ich unruhig und um meine
Seligkeit bekümmert. Zu dem Ende ging ich in meinem 20. Jahr
mit meiner Mutter und 2 Schwestern aus Böhmen heraus, und
wir kamen auch glücklich durch und nach Zittau. Einige Tage
nach uns ging wieder eine Gesellschaft aus, die aber aufgefangen
wurde.
In Zittau ging ich in den Unterricht zu dem dortigen böhmischen
Prediger, bis dass ich zum Heiligen Abendmahl gelassen wurde.
Ich hatte mir hier das Neue Testament angeschaut, worin ich
fleißig las, doch aber bei den Leuten da nicht fand, was ich
suchte, weil ich glaubte fromme und gute Christen in Sachsen
anzutreffen.
Zu der Zeit fügte sich`s, dass der selige Graf von Zinzendorf zu
dem seligen Polycarpus Müller (nachmaligen Bischof der
Brüderkirche) auf einen Besuch kam, und als beim
Wegfahren ein Auflauf in der Stadt wurde und der Wagen worin
der selige Graf war, mit Kot beschmissen wurde, bis derselbe zur
Stadt hinaus war, so erkundigte ich mich, was das sei und
kriegte zur Antwort, der Graf Zinzendorf wäre ein Piätist und
darum wäre er so behandelt worden.
Da ich nun in Zittau das nicht fand, was ich suchte, so dachte
ich, vielleicht sind das die Leute, die ich suche, wobei mir der
Spruch mit Nachdruck auf mein Herz fiel: Alle die gottselig leben
wollen in in Christo Jesu müssen Verfolgung leiden.

Das bewog mich einen Besuch nach Hennersdorf zu machen, wo
der selige Liberta als böhmischer Prediger stand, und wo ich
nachdem mehrmalen besuchte, da dieser einstmalen des
Sonntags Nachmittag die Wiederholungsstunde hielt,so kam der
selige Graf hinein, und sagte die Worte: So wie wir im Lichte
wandeln, so haben wir Gemeinschaft mit Gott. Und das Blut Jesu
Christi macht uns rein von allen Sünden. Dieses machte einen
tiefen Eindruck auf mein Herz. Insonderheit aber wurde ich bei
einer Predigt des Herrn Lieberta über das Evangelium vom
reichen Mann kräftig gerührt und kam gründlich zum
Nachdenken über mich, weil er unter anderem sagte: Liebe
Seelen! Der Reichtum an irdischen Gütern verdammt niemand,
aber die Anhänglichkeit daran und wenn es noch so gering wäre,
das führt zur Unordnung. Da ich mir dessen bewusst war, so
ging mir dieses tief ins Herz und ich war sehr bekümmert ums
Seligwerden. Weil ich einen ziemlich guten Dienst in Zittau hatte,
und viel Geld dabei verdiente, so verursachte dieses eben
angeführte, dass ich solches wegschenkte, um ganz von dem
Irdischen los zu kommen. Zu dieser Zeit fing ich an, in Herrnhut
zu besuchen. Der selige Bruder Grasmann war der erste Bruder,
der mich über mein Gesuch fragte. Ich gab ihm zur Antwort: Ich
will meine Seele retten, das ist mein Anliegen. Der selige Bruder
wies mich in herzlicher Liebe zum Heiland.
Hierauf brachte ich meine Mutter zum Wohnen nach Herrnhut,
die auch daselbst heimgegangen ist. Im Jahr 1729 im Oktober
kam ich ihr nach Herrnhut nach. Nun brachte mich der heilige
Geist immer mehr auf mein Herz. Da ich einmal alleine war, und
dem lieben Heiland mein Sündenelend klagte, so wurde ich so
getröstet, dass es in meinem Herzen hieß: Dir sind deine Sünden
vergeben. Ich ging viele Tage mit Weinen hin, so dass ich mich
bis jetzo nicht genug über die Barmherzigkeit und Treue des
lieben Heilands auszudrücken weiß. Denn von meinem Gang
kann ich kein Rühmens machen, sondern seine Gnade um
Erbarmung ist es allein, die mich durchgebracht hat, dafür werde

ich Ihm noch als ein armer Sünder in der Ewigkeit danken, und
Ihm seine durchbohrten Füße küssen. Im Jahr 1731 wurde ich in
die Gemeine aufgenommen und gelangte 1732 mit derselben zum
Genuss des heiligen Abendmahls.
In den folgenden Jahren wurde ich in dem damaligen Waisenhause als Aufseher bei den Kindern gebraucht, welchen Dienst
ich an die 5 Jahre versehen habe, und mich daneben aufs Weber-
handwerk legte.

Soweit nach seiner eigenen Erzählung.
Anno 1738 verheiratete er sich mit seiner seligen Frau, geborene
Haberlandin, die im Jahr 1783 allhier selig entschlafen ist,welche
Ehe mit 8 Kindern gesegnet worden, wovon nur noch 1 Sohn am
Leben ist, und sich in hiesiger Gemeine befindet. Nach einem
halben Jahr zogen sie miteinander nach Pilgerruh im Hollsteini-
schen, und blieben ungefähr 3 Jahre da, bis sie wieder nach
Herrnhut kamen. Sie wohnten daselbst etliche Jahre bis in ihrem
Gange solche Umstände vorkamen, dass sie sich des Wohnens in
der Gemeine verlustig machten. Sie zogen darauf miteinander
nach Berlin, woselbst sie 4 Jahre wohnten, und hielten sich zu
den dortigen Geschwistern, besuchten auch die Versammlungen
fleißig, aber dass sie nicht als Gemeinglieder anzusehen waren,
und das heilige Abendmahl in der Gemeine nicht mit genießen
durften, wurde ihnen unausstehlich. Er schrieb dafür nach
Herrnhut, und bat flehentlich um Wiederannahme, die ihnen
auch zu ihrer großen Freude gewährt wurde.
Sie kamen also wieder nach Herrnhut zum Wohnen, wurden
nach 2 Jahren anno 1749 auf den Herrnhaag versetzt, wo sie bis
anno 1751 geblieben sind, als die dortige Gemeine auseinander
ging, so bekamen sie ein Plätzchen hier in Ebersdorf.
Von dem hiesigen Gange des Bruders kann man sagen, dass der
Heiland sein Hirt und sein Anliegen war, mit ihm in
ununterbrochener Gemeinschaft zu sein. Die Versammlungen
besuchte er fleißig, und sie waren ihm immer zum besonderen

Segen. Er handelte treu nach seiner Erkenntnis, und war auch
sehr besorgt, dass sein Sohn für den Heiland gedeihen möchte.
Den vorigen Winter hindurch griff ihn ein anhaltender Husten so
an, dass seine Kräfte sehr geschwächt wurden, und man schon
an Ostern sein Ende vermutete. Seit 14 Tagen nahm seine
Schwäche immer mehr zu. Er war dabei geduldig, mit seinem
Herzen auf den Heiland gerichtet, und voll Verlangen, bald zu
ihm zu kommen. Sein letztes Chorabendmahl, das er am 31.
August genoss, war ihm sehr gesegnet. Er dankte dem Heiland
dafür, dass ihm seine Schmerzen erträglich waren. Den 15.
September abends empfing er auf sein Verlangen den Segen zum
Heimgang, und den 16. nach 2 Uhr nachmittags nahm ihn der
Heiland durch ein sanftes Ende zu sich, nachdem er 80 Jahre,
6 Monate und 23 Tage in diesem Leben zugebracht hatte. (1785)

2. Anna Anton 1712 – 1783

Unsere selige Schwester Anna Antonin geborene Haberlandin hat
von ihrem Gang durch diese Zeit nichts Eigenhändiges hinterlassen, daher man nur folgendes Wenige von ihr ausführen kann:

Sie ist geboren zu Senftleben in Mähren den 25. Januar 1712
und in der katholischen Religion erzogen. Sie verließ anno 1728
zu Ostern mit ihren lieben Eltern ihr Vaterland und kam mit
denselben nach Herrnhut. Sie ging viele Jahre ohne ein wahres
Gefühl von ihrem Sündenelend und vom Heiland zu haben, hin.
Sie war eine von den 18 Schwestern, welche 1730 den ersten
Jungfrauenbund miteinander machten. 1738 trat sie in Herrnhut
mit ihrem lieben Mann, dem nunmehrigen Witwer, Bruder
Joseph Anton, in die heilige Ehe, welche Gott mit 8 Kindern
segnete, davon nur noch 1 Sohn am Leben und in hiesiger
Gemeine ist. 1738 gelangte sie mit der Gemeine zum Heiligen
Abendmahl, von welcher Zeit an die Gnadenarbeit des heiligen
Geistes an ihrem Herzen merklicher wurde. Nach einem halben
Jahr zog sie mit ihrem lieben Mann nach Pilgerruh, wo sie
ungefähr 3 Jahre blieben, und dann wieder nach Herrnhut
kamen. Sie wohnten daselbst etliche Jahre, bis in ihrem Gang
solche Umstände vorkamen, die sie der Gemeine verlustig
machten, worauf sie miteinander nach Berlin zogen, und 4 Jahre
daselbst wohnten. Sie hielten sich zwar zu den dortigen
Geschwistern, und besuchten fleißig die Versammlungen, aber
dass sie sich nicht als Gemeinmitglieder ansehen konnten, und
das Heilige Abendmahl in der Gemeine nicht mit genießen
durften, wurde ihnen unausstehlich.
Ihr Mann schrieb daher nach Herrnhut und bat flehentlich um
Wiederannahme daselbst, die ihnen auch zu ihrer großen Freude
gewährt wurde. Sie kamen also wieder nach Herrnhut zum
Wohnen, wurden aber nach 2 Jahren 1749 auf den Herrnhaag
versetzt, wo sie bis 1751 blieben. Als die dortige Gemeine

auseinander ging, wurde ihnen hier in Ebersdorf ihr
Wohnplätzchen angewiesen.
Von ihrem beiderseitigen Ehegang bezeugt ihr lieber Mann, dass
Mangel an wahrer Herzensharmonie denselben zwar öfters
schwer gemacht, und dass sie das Vergnügen miteinander nicht
gehabt, das ihnen der Heiland zugedacht hatte, indessen habe er
doch immer durchgeholfen, und die letzte Zeit, besonders in ihrer
Krankheit wären sie so in Liebe zusammengeflossen, als vorher
noch nie. Der Heiland habe ihnen beiden vergeben und ihre
Herzen reichlich getröstet.

Von ihrer Chorhelferin wird noch folgendes hinzugetan:
Man muss ihr das Zeugnis geben, ob sie gleich eine raue Naturart
hatte, sie doch im Herzen eine arme Sünderin war, und den
Heiland zärtlich liebte. Den Geschwistern diente sie gern, wo sie
konnte, liebte und wurde wieder geliebt. Seit etlichen Monaten
klagte sie über große Schwäche, weshalb sie auch nicht mehr
ausging, doch war sie am 14. Juni noch beim Heiligen
Abendmahl auf dem Saal. Ihr munterer Geist erhielt sie noch
immer außer dem Bette, aber am 15. Juli merkte sie eine
merkliche Abnahme ihrer Kräfte, und wünschte, dass sich ihr
lieber Heiland erbarmen und ihrer Not ein Ende machen möchte.
Wenn man sie damit tröstete, dass Er dieses zu der von Ihm
bestimmten Stunde gewiss tun werde, so war sie wieder still und
dem Willen des Heilands überlassen. Noch an demselben Abend
bekam sie einen Anfall von einem Stockfluss und dachte, sie
würde nun bald heimgehen, weshalb sie sich mit ihrem lieben
Mann und Sohn aufs zärtlichste verabschiedete und Letzteren
ihren mütterlichen Segen erteilte, mit Bitte, sich ja fest am lieben
Heiland zu halten und ihm treu zu bleiben.
Ihr Stündlein war aber noch nicht gekommen. Am folgenden Tag
hielt sie mit ihrem lieben Mann manche reelle und bandenmäßige
Unterredungen über ihren beiderseitigen Gang miteinander in
ihrer Ehe, und sie baten einander unter vielen Tränen über alles,
was wider Jesu Sinn gehandelt gewesen, um Vergebung. Und das

wiederholte sie in den folgenden Tagen mehrmals, war auch für alle ihr in der Krankheit erwiesene Liebe besonders dankbar. Am 8. in der Nacht bekam sie einen Anfall von Blutspeien und schwerem Atemholen, wobei ihr die Wartezeit in dem Jammertal zu lange dauerte, sie gab sich aber wieder zufrieden und sagte zu den Umstehenden: Helft mir`s nur erbitten, dass ich als ein geduldiges Kind aushalten möge. Ihr kennt ja mein Herz, dass der Heiland meine Hauptsache ist; Er hat mich als eine arme Sünderin aus Gnaden selig gemacht. Es liebt mich mehr mein Jesu Christ, als äußerlich zu sehen ist.

Ihr munterer Geist war immer mit dem lieben Heiland beschäftigt, und ihr Mund ging bei aller Schwäche immer davon über.

In den folgenden Tagen schien es, als wenn es sich mit ihrem Ende noch eine Weile verziehen könnte, aber am 11. in der Nacht wurde man eine Veränderung an ihr gewahr. Sie ließ ihren Mann und Sohn wecken, bat sie eine Liturgie zu halten und stimmte selber mit ein. Sie streckte ihre Hände nach dem Heiland aus, übergab sich Ihm, und verabschiedete sich nochmals unter vielen Tränen mit ihrem Mann und Sohn. Ersterem dankte sie für alles, was er an ihr getan, und ermahnte Letzteren beim Heiland zu bleiben, seinen alten Vater zu pflegen und seinen Brüdern gehorsam zu sein.

Am 12. als am Abendmahlstag der Gemeine, bezeigte sie ein großes Verlangen nach dem sakramentlichen Genuss des Leibes und Blutes Jesu im Heiligen Abendmahl, welchen sie auch nach ihrem Begehren noch denselben Abend bekommen sollte. Sie ließ sich dazu im Bett rein anziehen, und als alles fertig war, sagte sie: Hier liegt die Braut!

Bald darauf wurde die Beängstigung auf der Brust stärker, und während dem Blasen zum Heiligen Abendmahl trat der selige Moment ein, da sie in Jesu Arm und Schoß entfliegt und mit Ihm in den Hochzeitssaal zu dem großen Abendmahl einging. Ihre Wallfahrt durch die Zeit hat gewährt 71 Jahr und 5 Monate (1783).

3. Anna Krügelstein[4]   1713 -1778

Ich bin geboren den 10. Juli 1713 in Zauchtenthal in Mähren
(*heute Suchdol nad Odrou*), in großer Armut meiner Eltern. Meine
Mutter hatte nicht einmal die nötige Handreichung, und weil es
ihr sehr hart ging, so war ich ein kränkliches Kind und hatte was
Melancholisches, so dass mich niemand achtete, und man mich
gerne hätte sterben sehen.

Aus Mangel einer Handreichung musste meine Mutter das Gras
für ihr Vieh selber suchen, und mich immer mit tragen, und da
traf sich's Anno 1714 einmal, dass, als ich bei einem Baum lag,
ein Wolf kam, sich zu mir stellte und mich beroch. Meiner Mutter
wurde auf einmal bange, sich nach ihrem Kinde umzusehen,
wurde das Tier bei mir stehend gewahr, lief also herzu, und der
Wolf trat ein paar Schritt zurück, dass sie mich nehmen konnte.
Die Eltern nahmen ihr armes Kind als ein neues Geschenk von
Gott an, weinten und dankten ihm dafür, denn sie waren beide
gottesfürchtig. Und weil sie mich von meiner Geburt an als ein
Gnadengeschenk Gottes ansahen, wollten sie mich auch ganz
nach seinem Sinn aufziehen, weinten und beteten daher fleißig
über mich.

In meinem fünften Jahr hörte ich meinen Vater in der Bibel vom
Falle Adams lesen. Das ging mir sehr zu Herzen, dass wir armen
Menschen ohne Gott wären, und kam eine große Bekümmernis,
wie ich doch wieder mit ihm in Gemeinschaft kommen könnte.
Da nahm der heilige Geist mich, sein armes Kind, in eine
besondere Pflege und sprach mir zu, ich sollte mich nicht vor
Gott fürchten, sondern getrost zu ihm gehen, ihm mein Anliegen
sagen und ihn um alles bitten. Er würde mir's geben, denn er

---

[4] Mit diesem Lebenslauf weichen wir von unseren bisherigen
Gepflogenheiten ab, nur Lebensläufe von Personen zu veröffentlichen,
die in Ebersdorf gestorben und begraben sind. Anna Krügelstein hat nur
einige Monate in Ebersdorf gelebt. Aber ihr Lebensbericht ist so
interessant, dass wir nicht darauf verzichten wollen. Eine Kopie ihres
Lebenslaufs liegt in unserem Archiv.

habe die Menschen sehr lieb und würde mich auch so machen,
dass ich ihn lieben und nach seinem Willen leben könnte. Und so
würde ich auch gewiss zu ihm kommen.
Von dem an konnte ich recht herzvertraulich mit Gott umgehen
und ihm alles klagen. Er war mein <u>lieber</u> Gott, mein bester und
treuester Freund, der mich in allem erhörte, und mich bald
fühlen ließ, wenn ich nicht auf der rechten Spur war, und so
bewahrte er mich vor tausend Gefahren.
Anno 1724 war die Erweckung unter den Kindern in Mähren. Da
hörte ich, man müsste ein neues Herz haben, wenn man selig
werden wollte und das könnte nur der liebe Gott geben. Da ging
ein neuer Kummer an. Ich sah, dass mir das fehlte und ich noch
nicht aus Gott geboren sei. Ich weinte sehr darüber und meine
Verlegenheit nahm immer mehr zu. Ich kriegte auch wohl
Hoffnung, dass ich das neue Leben aus Gott haben sollte, fühlte
mich aber zu schlecht dazu.
In eben diesem Jahre war ich in großer Gefahr. Der Feind meiner
Seele suchte mich mit List zu verführen durch eine schlechte
Magd, die wir im Hause hatten und die in allerlei
Versündigungen geraten war. Aber auch das misslang ihm, denn
der treue Heiland hielt sein Versprechen, mir durchzuhelfen. Und
von da an hatte ich eine Furcht vor der Sünde, und entdeckte
meinen Eltern alles. Das neue Herz fehlte aber immer noch und
ich weinte und betete solange danach, bis der Heiland mein
sehnliches Verlangen erhörte und mir die Gewissheit seiner
Gnade und die Vergebung meiner Sünden in seinem Blute ins
Herz schenkte. Nun suchte ich mir auch Gespielinnen, denen
ich's erzählen konnte, und der Heiland schenkte mir acht, die
meines Sinnes waren. Mit denen hielt ich oft niedliche
Gesellschaften und wir weinten und beteten in hohlen Wegen, wo
uns niemand störte. Die meisten gingen wohl wieder davon. Sie
kamen aber doch zum Teil zur Gemeine. Anno 1727 kam die
schon lange wütende Verfolgung aufs höchste, und es mussten in
der Marterwoche alle der katholischen Religion zuschwören.
Meine Mutter, die ein treues Herz gegen den Heiland hatte, wollte

und konnte nicht schwören, sondern erwartete, was ihr begegnen würde. Weil sie sich eben in gesegneten Umständen befand, so gab man ihr solange Zeit dazu, bis sie entbunden wäre, und ihren Kirchgang gehalten hätte, und glaubten schon, sie gewiss gewonnen zu haben. Sobald das aber geschehen war, dachte sie, nun wäre es Zeit fortzugehen. Und weil sie damals keinen treuen Freund hatte, so überlegte sie alles mit mir, weil sie mich für die Zuverlässigste hielt, und fragte mich zugleich, ob ich mit ihr gehen wollte. Ich war gleich willig dazu. Sie aber machte mir allerlei Bedenken, unter andern auch, dass der Vater nicht mitgehen wolle. Jedoch das Verlangen, selig zu sein, ging über alle Schwierigkeiten, die sie mir in den Weg legte. Und da sie das sah, versprach sie mir, mich mit zu nehmen. Mein sehr liebender Vater fragte mich, ob ich es über mein Herz bringen könnte, ihn zugleich mit der Mutter zu verlassen. Ich sollte sie doch bereden, um noch die Erntezeit abzuwarten, dann wollte er auch mitgehen. Ich antwortete: Wir gehen auf Wasser und Brot aus, und das wird uns der liebe Gott geben. Und Ihr bleibt so lange hier und genießt das Gute, bis es Euch auch so wird, uns nachzufolgen. Da weinte der arme Vater gar sehr und sagte: Ach Gott, da soll ich auf einmal von meiner Frau geschieden werden, die ich, solange wir beisammen sind, so zärtlich geliebt, und sie mich. Und du mein Kind weißt auch, wie sehr ich dich liebe. Ich habe dich 13 Jahre halb tot gehabt, und nun, da du gesund und auf den Beinen bist, willst du mich verlassen. Ich bat ihn aber, zufrieden zu sein, und sagte, das sei alles wahr, und ich wüsste, wie sehr er mich liebe. Ich könnte ihn auch versichern, es geschähe von uns nicht aus Mangel der Liebe, sondern aus Drang des Herzens, unsre Seele zu retten. Und so gingen wir auseinander.

Der Heiland fügte es aber, dass in derselben Nacht meiner Mutter ältester Bruder Johann Nitschmann von Herrnhut kam. Als ihm mein Vater unser Vorhaben erzählte, sagte er: Meine Schwester versteht das nicht, sie kann ohne dich nicht bei uns sein. Und als er das hörte, resolvierte er, mit uns zu gehen, wenn sein

Schwager auf der Reise bei uns bleiben wollte. Er baute daher zu diesem Zweck einen großen Frachtwagen, und um allen Verdacht zu vermeiden, sagte er jedermann, er wolle den Wagen auf der Straße halten und sich sein Brot auf die Weise versuchen zu verdienen, weil sein Feld jetzt in gutem Stande sei. Dadurch machte er alle Leute sicher, und auch sogar seine Mutter, die sonst alles würde angewandt haben, unser Vorhaben zu hindern.

Wir gingen also am 23. Juni 1727 abends um 10 Uhr aus unserm Haus und Vaterland fort. Beim Herausfahren sang ich mir den Vers: „Selig ist der Tag, an dem ich scheide und mein Vaterland meide und mich begebe ins Elend. Der Herr wird mein Geleitsmann sein und mich schützen durch seinen Engel, der aller Gläubigen Beschützer ist."
Vorher aber besuchte ich noch einmal meinen Vetter David Nitschmann, der in Kunwalde gefangen saß, und den ich in der Woche etliche Mal besuchte und ihm brachte, was er nötig hatte. Ich erzählte ihm unser Vorhaben und nahm in diesem Leben den letzten beweglichen Abschied von ihm. Er empfahl mich mit gerührtem Herzen und unter vielen Tränen dem Herrn, erteilte mir den Segen zu einer Magd Christi und sagte zuletzt: „Ich bin gewiss, es wird geschehen, ich werde dich einmal unter der Zahl beim Herrn finden." Das Gefühl dabei kann ich nicht beschreiben. Dieser liebe Mann Gottes, der in prophetischem Geiste vieles voraus gesehen, versicherte mich, er sei es gewiss, wir würden wohlbehalten in Herrnhut ankommen, doch nicht ohne Gefahr und Schwierigkeiten. Er setzte aber hinzu: „Seid nur getrost. Der Heiland ist bei euch und euer Führer!" Und so ging ich glaubensvoll von ihm. Es trat alles ein, wie er mir gesagt, denn gleich die erste Nacht und den darauf folgenden Tag waren wir dreimal in Lebensgefahr, entweder im Wasser zu ertrinken, oder vor Durst in der schmachtenden Hitze im Röpnitzer Wald zu sterben. Als wir nahe bei Landshut (heute Lanžhot) kamen, ging mein Onkel voraus in die Stadt zu einem Prediger. Weil es aber eben Jahrmarkt war, konnte man ohne Pass nicht hinein

kommen. Noch ehe er wieder zurück kam, begegnet uns ein
Mann, der uns zu wiederholten Malen recht angelegentlich bat,
nicht in die Stadt zu gehen, und sagte zu meinem Vater: „Lieber
Schwager, fahren Sie um Gottes Willen nicht mit den Kindern in
die Stadt, sie schütten Ihnen alle Sachen auf die Gasse, und Sie
sind verloren und werden gefangen gesetzt. Ich will Ihnen einen
andern Weg weisen, der in ein Dorf im Tal geht, und da können
Sie bei den Bleichen die Nacht bleiben." Ich kann nicht sagen,
wie mir noch ist, wenn ich mir den Mann vorstelle. Er sah wie ein
Engel Gottes aus. Es war auch wirklich so, wie es uns dieser
Greis beschrieben hatte, welches wir von meinem Onkel erfuhren,
der den andern Morgen früh wieder zu uns kam und sehr
geängstet worden. Die Freude über seine Zurückkunft war sehr
groß und wir alle dankten dem lieben Gott mit Tränen dafür. In
dieser ängstlichen Nacht stellte mein Vater der Mutter vor, er
könnte nicht weiter gehen und sie sollte sich resolvieren, mit ihm
wieder nach Mähren zurück zu gehen. Ich redete darüber recht
vertraulich mit meinem Gott aus, erinnerte mich dabei, was mein
Vetter im Gefängnis gesagt hatte, und da wurde mirs im Herzen
so: Wenn auch meine Eltern wieder zurück gehen, so will ich
mich doch fortbetteln und entweder nach Friedensdorf oder
Hirschberg zu fragen. Inzwischen reisten wir weiter und
verbrachten die Nacht in Peterswalde bei einem Gärtner. Hier
träumte mir, ich wäre in einen Ort gekommen, da Kinder Gottes
wären, und dass mir ein Mädchen entgegen käme, das mich
fragte, was ich wollte. Ich antwortete: Ich will gerne selig werden
und bin doch so voller Sünde. Ach, sagte sie, komm nur mit mir.
Ich will dich zu einem Mann bringen, der wird dir sagen, wie du
selig werden kannst. Darüber wachte ich auf und bat den lieben
Gott, diesen Traum bei mir wahr zu machen. Den folgenden
Morgen setzten wir unsere Reise fort, blieben aber aus Furcht
nicht auf der großen Straße. Unweit Steindörfel kam ein Mann
vom Felde auf uns zu, er kannte uns gleich an, wer wir wären,
redete uns sehr freundlich an und erbot sich unser Bote zu sein,
weil er schon manche von unsern Leuten nach Friedensdorf

gebracht habe. Er schickte auch unsern bisherigen Boten, der
ohnedem den Weg nicht recht wusste und sehr ängstlich war,
weil uns die Leute alle erkannten, fort, welcher auch sehr gerne
zurück ging. Als uns dieser Mann in seinen Ort gebracht hatte,
ging er von Haus zu Haus und wo er nur jemand stehen sah, und
besprach sich mit ihnen über uns. Ja, des andern Morgens
redete er sogar mit dem Wirte, wo wir fütterten, ab, dass er nach
dem Straßen-Bereiter schicke, der uns nachsetzen und gefänglich
einbringen sollte. Diese fürchterliche Nachricht sagte er uns
mitten in einem Walde, und als ihn mein Vater darüber zur Rede
stellte, antwortete er, das sei gleichviel, er habe nicht anders
gekonnt und es sagen müssen. Er wies uns auch noch einen
hohen Berg, auf den wir hinauf müssten, von welchem wir
nachmalen gehört, dass auf demselben ein Kloster sei und dass
schon gar mancher, der dahin gebracht worden, sein Grab allda
gefunden. In dieser großen Angst, da wir sahen, dass wir in
verräterischen und mörderischen Händen waren, mussten wir
noch drei ganze Stunden fahren, als auf einmal ein Mann von
seiner Wiese auf uns zukam und fragte, wo wir hin wollten. Wir
sagten: „Nach Friedensdorf!“ „Ei“, sagte er, „warum fahrt ihn
dann hier. Seht, dort liegt es zur linken Hand! Und nun lauft ihr
nur alle, was ihr könnt. Den Wagen will ich euch schon
nachführen. Und wenn ihr dort über das Bächlein hinüber sein
werdet, alsdann setzt euch erst nieder; da ist schon Sächsischer
Grund und Boden.“ Und so entkamen wir auch dieser Not, und
der Bösewicht hatte seinen Zweck nicht erreicht. Ja, noch in
Friedensdorf hatten wir viel Mühe, uns von ihm los zu machen
und er wendete alles an, uns zu guter Letzt noch zu bestehlen.
Da er aber sah, dass wir die ganze Nacht durchwachten und dass
alle seine angewandte Kunst vergeblich war, so ging er endlich
wieder zurück. Unser Schutzengel war der Hofschuster auf
Friedensdorf.
Des andern Tages reisten wir froh und dankbar gegen den
Heiland, dass er uns so wunderbarlich in Sicherheit gebracht,
weiter und kamen am 2. Juli glücklich, gesund und vergnügt in

Berthelsdorf an. Wie uns dabei zumute war, ist nicht zu beschreiben.

Noch denselben Abend kam die liebe Anna Helene Nitschmann mit noch etlichen Geschwistern zu uns, bewillkommneten uns, grüßten uns von dem Herrn Grafen *(Zinzendorf)* und bestellten, dass wir morgen zu Besuch nach Herrnhut kommen sollten. Wir gingen also den 3. Juli nach Herrnhut. Das ganze Gemeinlein kam uns entgegen und alles freute sich, uns, und besonders meine Mutter, die als eine Wöchnerin in der dritten Woche ausgegangen und doch gesund angekommen war, zu sehen. Unter diesem Haufen sah ich das Mädchen auf mich zukommen, das ich im Traum gesehen, und wir hatten uns gleich sehr lieb und ich glaubte daher auch gewiss an dem Ort zu sein, wo ich hören würde, wie ich selig werden könnte. Das war die Anna Nitschmann *(die spätere Älteste des ledigen Schwesternchores und 1757 Zinzendorfs zweite Frau)*. Als ich sie zum zweitenmal sah, sagte ich ihr mein Anliegen, dass ich gerne selig sein wolle, wäre aber so sehr schlecht. Sie antwortete darauf: „Komm nun mit mir. Ich will dich zum Herrn Grafen bringen. Der wird dir den rechten Weg zum Seligwerden zeigen." Als ich ihn sah, war es eben derselbe Mann, den ich im Traum gesehen hatte. Ich konnte aber diesmal nichts mit ihm reden, denn er kam mir wie ein Engel Gottes vor.

Wir mussten noch eine Weile in Berthelsdorf bleiben, und meine Verlegenheit ums Seligwerden nahm immer mehr zu. Als am 13. August 1727 das bekannte Abendmahl in der Kirche zu Berthelsdorf war, fühlte ich was ganz Besonderes an meinem Herzen, weinte sehr und bat den Herrn Jesum, doch auch an mich zu denken. Ich hatte eine große Angst darüber, dass es mir nicht auch so gehen möchte, wie den fünf törichten Jungfrauen, die zu spät kamen. Ich ging deswegen in meiner beständigen Sorge hin und redete oft mit meiner lieben Anna über mein schlechtes Herz aus, denn sie war und blieb meine Vertrauteste. Um diese Zeit fing auch die Erweckung unter den Kindern in Herrnhut an. Ich ging damals noch zu Herrn Krumpe in

Berthelsdorf in die Schule. Derselbe erzählte uns oft, dass er den Heiland lieb hätte, darum, weil Er sein Blut für ihn vergossen habe. Ach, dachte ich, da wird er es auch für mich vergossen haben! Und das machte mir Mut, Er werde sich auch über mich erbarmen. Nun um eben diese Zeit fragte einmal Herr Krumpe seine Schüler: Ob sie auch den Heiland lieb haben und Ihm ihre Herzen hingeben wollten, dass Er sie mit Seinem Blut waschen möge? Ich rief gleich: O ja! Ich will gerne selig sein! Er machte also einen Bund mit unserer etlichen, den zu lieben, der uns zuerst geliebet. Wir lagen auf unserm Angesicht und weinten, dass die Diele nass wurde. Und Er, unser Heiland, dem wir so wert waren in Seinen Augen, wandelte gewiss unter uns.

Keines wusste, wie ihm geschah. Mir fiel gleich meine liebe Anna ein und ich ging zu ihr nach Herrnhut, ihr diese große Begebenheit zu erzählen. Als sie mich aber kommen sah, lief sie mir entgegen und kam mir zuvor mit der Erzählung von dem, was der Herr an ihnen getan und wie viel sie dabei an mich gedacht hätte. Und da ich ihr sagte, was der Herr aus Barmherzigkeit auch an mir und mehreren in Berthelsdorf auch getan, so weinten wir miteinander vor Freuden und sie führte mich zu ihrer Gesellschaft der Kinder, da wir dann auf unser Angesicht fielen, weinten und beteten, so dass wir uns kaum besinnen konnten. Alles miteinander war froh, dass der Heiland auch uns in Berthelsdorf besucht hatte.

Noch in demselben Jahr zogen wir nach Herrnhut, und ich genoss viele Pflege vom Herrn Grafen. Im äußeren hatten wir das Jahr noch keine Not. Aber Anno 1728 ging die Armut an. Meiner lieben Mutter und mir war es nichts unerwartetes, denn wir waren auf Wasser und Brot ausgegangen und ich hatte schon oft danach verlangt. Ich muss auch zum Preise meines Heilands sagen, dass ich mich mit Vergnügen in die Armut habe finden können.

Ich kam darauf zu jemandem, der mich zum Kinde annahm und dem ich sein Vieh fütterte. Weil aber diese Leute nicht viel Liebe zur Gemeine und zum Herrn Grafen hatten, und ich sah, dass ich in diesem Hause Schaden an meiner Seele nehmen könnte, so bat ich meinen treuen Heiland, mir wieder hier weg zu helfen. Es fügte sich auch bald darauf, dass meine Mutter krank wurde, und ich also wieder nach Hause kam. Nun nahm mich der Heiland in eine neue Schule. Ich lernte ihn als meinen Sünder-Freund kennen, da Er mir die Sünde des Nichtglaubens an seine Wunden, Marter und Tod vergab und mir meinen Namen in Seinen durchgrabnen Händen zeigte. O wie war meinem armen Herzen so wohl, da es hieß: Alle meine Marter und Tod ist für dich geschehen, du bist mein! Er hat sich auf eine unbeschreiblich nahe Weise zu mir, Seiner Sünderin bekannt, so dass ich mich oft über dem Umgang mit Seiner Marterperson vergessen habe. Keine Zeit wurde mir zu lang über dem seligen Meditieren über meinen Blutbräutigam.

Wenn meine Mutter zuweilen sagte: Du armes Kind hast es doch sehr schwer, so konnte ich nicht begreifen, worin. Denn ich wusste von keinen Beschwerden. Wir lebten wohl in großer Armut, da wir so wenig Verdienst hatten, dass es kaum zureichte, unsre Familie von 5 Personen zu erhalten. Ich war aber immer vergnügt und selig und dankte dem Heiland, dass ich von meinem Verdienst und dem, was man mir schenkte, noch meinen Brüdern mitteilen konnte.

Am Ende des Jahres wurde ich von den Gemein-Ältesten zum Abendmahl gesprochen. Da ich ein Bekenntnis meines Herzens ablegen sollte, erzählte ich ihnen, wie ich als eine verlorene Sünderin im Blute Jesu Vergebung der Sünden erlangt hätte, und dass mir der Heiland davon, dass Sein ganzes Leiden und Sterben für mich sei und ich nun auch von Seinem Vater in die Kindschaft Gottes auf- und angenommen sei, weil sich Sein Sohn am Kreuz mit mir vermählt habe, die Versicherung ins Herz gegeben hat. Die Schwestern erschraken und glaubten, ich phantasierte, und meiner Mutter, die dabei saß, wurde auch sehr bange. Ich aber bekräftigte es: Mir habe der Heiland davon die Versicherung gegeben.

Der Graf hörte in der Nebenstube zu, ließ mich noch denselben
Abend zu sich rufen, und als ich ihm alles noch umständlicher
erzählt hatte, so kniete er mit mir nieder, betete und machte
einen Bund mit mir, ganz des Heilands zu werden.
Zu Anfang des Jahres 1729 gelangte ich zu meiner
unbeschreiblichen Freude mit der Gemeine zum Heiligen
Abendmahl. Vorher tat ich ein öffentliches Bekenntnis vor der
Gemeine auf dem Saal: Meines Erlösers mit Leib und Seele zu
sein und wenn Er es von mir forderte um Seinetwillen zu
verfaulen, so wollte ich's gerne tun. Das Bekenntnis ging mir zu
der Zeit recht von Herzen und ich wusste mir nichts über meinen
Blut-Bräutigam, in dessen Arm ich mich so selig fühlte. Die
Materie von der Braut und dem Bräutigam war meine tägliche
Weide.
Zu beschreiben ist es nicht, was so ein armes Wesen, wie ich,
dabei genossen hat. Er ist mir oft so nahe gewesen, dass es die
Hütte mit empfunden. Und in dieser seligen Fassung ging ich
fort, bis 1732 , in welcher Zeit ich in einer speziellen Pflege des
mir so unvergesslichen Jüngers des Herrn war, der sich
unbeschreiblich viel Mühe mit mir gegeben hat. In bemeldetem
Jahr kam ich nach Ebersdorf. (*Als Nachfolgerin von Anna
Schindler, die zurück nach Herrnhut ging und mit Leonhard Dober
verheiratet wurde, dem späteren Bischof. Sie starb 26jährig.*) Die
Comtessen Sophie Auguste und Charlotte Louise Reuß (*damals 4
und 3 Jahre alt*) wurden mir zur Pflege und Bedienung
übergeben. Da kam ich unter die Gelehrten und mein Verstand,
der wie verhüllt war, wurde aufgewickelt und poliert. Die
Vernunft kam mit dazu und ich ließ mich zu meinem Schaden
von der Einfalt in Christo Jesu verrücken. Ich habe aber dem
Heiland sehr viel zu verdanken, dass er meine Seele von
mehrerem Übel bewahrt hat. Denn da ich schon auf geistliche
Höhen geraten war, hätte es leicht zu noch gefährlicheren Dingen
kommen können, zumal da es mir an Gelegenheiten dazu nicht
fehlte. Aber Seine Treue über mir war groß, und Er eilte, Seine
Sünderin, mit der Er sich so genau eingelassen hatte, zu retten,

regte daher Seinen Diener, meinen geliebten Mann an, als er
seinen Stand verändern sollte, dass sein Herz zu keiner von den
ihm vorgeschlagenen Personen „Ja" sagte, sondern dass er zu
dem Herrn, dem Schöpfer seiner Seele seufzte, ihm die Person
selbst zu nennen, die Er gewiss auch schon für ihn geschaffen
habe. Und Er ließ ihn meinen Namen einfallen. Daher wollte er
auch von niemand anders, als von der Anna Goldin wissen. Der
Heiland bestätigte es auch endlich, dass ich die Person sei, die er
haben sollte. Ob man nun wohl damals schon glaubte, er gehöre
unter die Diener Jesu, so glaubte man doch nicht, dass es soweit
gehen würde, dass er sich die Armut Jesu und seine schöne
Schmach ganz gefallen lassen würde.
Ich wurde also dazu mit Genehmigung meiner lieben Eltern von
Ebersdorf geholt, ich wusste aber nicht eher wozu, als in
Herrnhut. Und das war sehr gut, denn mein hoher Geist hätte
sich zu so was nicht bequemt.
Ich kam am 17. August 1733 in Herrnhut mit der Meinung an,
als ledige Schwester bei meiner zärtlich geliebten Anna als ihre
Dienerin im Schwesternhaus zu wohnen, und mein Leben mit ihr
zu beschließen.
Weil ich mirs feste vorgenommen hatte, ledig zu bleiben, und mir
es als ein Gnadengeschenk vom Heiland zum Eintritt in mein 21.
Jahr ausgebeten, und es überdies auch für das Beste und
Seligste für mich hielt, so glaubte ich, der Heiland müsste auch
so denken.
Überhaupt war mir der Schritt ins 21. Jahr etwas sehr Schweres,
und ich stellte mir die folgenden Jahre als sehr beschwerlich vor,
so dass ich lieber noch denselben Tag heimgegangen wäre.
In dieser Konfusion kam mir Br. Steinhofer zu Hilfe und wies
mich zurecht. Ich wusste zwar nicht, was mit mir vorging, aber es
war derselbe Tag, an welchem ich meinem Mann zur künftigen
Pflege vom Herrn zugeteilt wurde. Dieser Zeit erinnere ich mich
noch mit Schmerz und Dank. Aus Schmerz, dass ich mich aus
der so seligen Gemeinschaft mit meinem Blut-Bräutigam durch
Vernunft und hohe Gedanken habe bringen lassen. Ja, es hat mir

in den folgenden Jahren vielen Kummer und Sorgen gemacht, ob
ich die selige Einfalt wieder in dem Grade wie vorher finden
würde. Ich bin eben klug worden! Mit Dank, dass mein bester
Freund noch so über mich gehalten hat und mich nicht gar fallen
lassen. Ach, was für Treue und Liebe! Hätte Er mich noch eine
Weile da gelassen, so wäre ich gewiss gar gescheitert.
Bald nach meiner Ankunft in Herrnhut trug mir der Graf die
Heirat mit meinem lieben Mann auf eine sehr ungewöhnliche Art
an. Er sagte zu mir: Der Heiland zwinge niemand zu Seiner
Nachfolge. Er gebe einem jeden Zeit und Gelegenheit „Nein" zu
sagen und das zu wählen, was man gern wollte. Der Heiland habe
den Geschwistern, die nach St. Croix gegangen, von einem
vornehmen Herrn Geld geben lassen, weil sie geizig waren. Nun
könnten sie sich wählen, ob sie die Armut lieber als den
Reichtum hätten. Und nun denke nur, der Heiland weiß, dass die
Annel Goldin eine frohmütige Seele ist. Darum will Er ihr noch
einmal die Wahl lassen, ob sie die Armut und Schmach lieber
hat, als die Ehre und das Wohlleben, und lässt ihr daher durch
mich Seinen Willen wissen, dass sie den Br. Krügelstein heiraten
soll. Du kannst nun eines Docters Frau sein, kannst dir aber
auch wählen, eine Magd Jesu zu sein. Bei letzterem wird es dir
an Armut und Schmach nicht fehlen. Nun kannst du eins von
beiden wählen.
Ich dachte, der Schlag sollte mich rühren, denn das war gerade
wider meinen Plan, den ich mir gemacht hatte. Aber so sehr ich
mich dagegen setzte, so fest hielt der Heiland, so dass ich mich
endlich darin ergab und einen neuen Bund mit Ihm machte,
Seine zu sein mit Leib und Seele. Er solle nur mit mir sein und
mich an Seiner Hand halten, bis Er mich vollendet hätte.
So wurden wir daher am 8. September von Pastor Rothe getraut.
Der Graf und seine Gemahlin nahmen sich hierbei unsrer
treulich an und besorgten alles, als wenn wir Kinder im Hause
wären.

Anno 1734 bekam ich die Ortsmädchenanstalt zur Aufsicht und anno 1735 schenkte uns der Heiland unsern ersten Sohn Siegmund Leonhard.

Als Dr. Gutbier mit seiner Familie wieder zur Gemeine kam, trat ihm mein Mann die medicinische praxis in der Gemeine ab, und er behielt nur die Gräflich Zinzendorfische Familie, und dabei waren wir am Werke des Herrn in der Gemeine und besonders im Ehechor angestellt.

Als anno 1736 die große Kommission von Dresden nach Herrnhut kam, mussten wir auch vorkommen und Rede und Antwort von unsern Ämtern geben.

Im Juli gingen wir in der Gräfin Gesellschaft nach der Ronneburg und machten allda den Anfang des armen Pilgerlebens, indem wir kein Bett über noch unter uns zum Nachtlager hatten.

Im Herbst wurde die Gräfin und wir alle von der Ronneburg weggeschickt, ohne zu wissen, wie wir unter Dach kommen würden. Da nahm uns aber unser Freund, der Herr Baron von Schrautenbach so lange mit vieler Liebe auf.

Im Oktober ging ich zu Fuß nach Frankfurt und am 23. November schenkte mir der Heiland daselbst in großer Armut meinen zweiten Sohn, Christian Ludwig, welcher den 24. getauft wurde. Da traf es zu, dass es mir an Schmach und Armut nicht fehlen sollte, denn ich wusste nicht, worin ich ihn wickeln und legen sollte.

Als der Graf mit seiner Familie anno 1737 wieder nach der Lausitz reiste, sollten wir noch in Frankfurt bleiben, um die zarten Pflänzchen unsers Herrn allda zu pflegen und zu bedienen. Da er aber weg war, brach gar bald die unter der Asche glimmende Verfolgung aus, und um nicht aus der Stadt geheißen zu werden, eilten wir selbst heraus, zogen nach Offenbach und besorgten von da aus Frankfurt.

Anfang August ging ich mit meinem Kinde und der Schwester Susanne Nitschmann nach Berlin, wohin zu Ende des Jahres der Graf mit der Pilgergemeine nachkam. Anno 1738 kam auch mein

lieber Mann dahin, der in der Wetterau zurück geblieben war.
Hier wurde unsere Reise nach Persien ausgemacht.

Im Sommer ging die Pilgergemeine nach Marienborn, ich aber blieb noch zurück, um die Schwestern in Gesellschaften einzurichten. Ich ging sodann zu Ende Juli mit meinem Vater der Gesellschaft zu Fuß nach.

Am 2. Oktober traten mein Mann und ich unsere Reise nach Livland an zur Frau Generalin von Halland, um von da aus auf unsern Posten nach Persien zu gehen, denn der Heiland deutete allemal durch Russland dorthin. Die Türen aber waren noch alle zu.

Mein Mann ging zu Ende des Jahres nach Reval und ich ging nach Brinkenhof zu den Töchtern des Herrn von Gavel. Von daher schreibt sich die Bekanntschaft der Gavelschen Familie mit den Brüdern, ebenso die des Probst Suters auf Camby und Pastors Quandt in Urbs.

Ich besuchte auch auf Camby und der Heiland tat in beiden Orten meinen Mund auf, jedermann zu sagen, was das Wundenblut an meinem armen Sünderherzen tut und ich war ein Wunder mit meiner Lehre.

Anno 1739 im Januar reiste der Herr von Gavel mit uns nach Lettland. In Urbs im Estnischen sah ich zu meiner unbeschreiblichen Freude ein Häuflein Esten, die eine Art von Gemeineinrichtung unter sich hatten. Was ich unter ihnen fühlte bleibt mir unvergessen. Und als wir nach Lettland kamen, hatte ich auch die Freude, die große Erweckung der Letten mit anzusehen. O wie oft sind meine Augen dabei übergegangen über der mächtigen Gnade, die unter ihnen gewaltet.

Zu Ende dieses Jahres besuchte ich mit meinem lieben Mann noch einmal in Dörpatschen und hatte bei Vornehmen und Geringen Gelegenheit etwas von meiner Favoritmaterie, nämlich der freien Gnade im Blute Jesu, zu reden. Und nichts vergebens. Weil wir schon unsern Abruf nach Deutschland hatten, nahmen wir von unsern Geschwistern Abschied und reisten, nachdem wir etwa 1 ½ Jahre in Livland gewesen, anno 1740 mit dem Herrn

von Gavel von Brinkenhof zur Gemeine nach Herrnhut ab,
woselbst wir kurz vor Ostern ankamen.

Mein lieber Mann fand allda schon ein Schreiben vom Grafen vor,
zu ihm nach Marienborn zu kommen, wohin er auch nach
einigen Tagen abreiste. Ich aber blieb zurück und musste die
Besorgung des Mädchenhauses und der verheirateten
Schwestern übernehmen. Ich folgte ihm erst im August nach, da
ich dann gar selige Zeiten in der Pflege des mir unvergesslichen
Künders des Herrn genossen.

Anno 1741 hatte ich auch die Gnade, mit der Pilgergemeine nach
Genf zu gehen und in Montmirail mit dem ehrwürdigen Vater von
Watteville zum Abendmahl zu gehen. Aber da hat mir mein
eigener Geist einen großen Streich versetzt und eine Wunde
gemacht, die sehr lange ungeheilt geblieben ist. Denn wie der
Heiland jederzeit seinen Jünger an mir zum Segen gebraucht hat,
so konnte er auch nicht leiden, wenn ich ihm nicht gehorsam
war. Als wir nun in St. Blaise waren und der Graf Zinzendorf uns
zum Abendmahl sprach, so sagte er zu mir: „Meine liebe Anna,
ich habe noch eine Bitte an dich. Denke nur, die Herrnhutische
Gemeine hat keine Arbeiterin. Ach gehe du doch dahin.“ Ich
fragte, ob er ein Los dazu habe. (Wusste aber schon, dass er
keines hatte). Und als er antwortete: „Du solltest auch ohne das
gehen, wenn er nötig ist“, sagte ich ziemlich eigensinnig: „Das tue
ich nicht.“

Ach wäre ich nur nicht so kühn gewesen, mit zum Heiligen
Abendmahl zu gehen, ohne dieses erst ins Reine gebracht zu
haben! Denn von der Stunde an ist etwas zwischen mir und
meinem geliebten Heiland geblieben, das ich wohl fühlte, aber
nur nicht finden konnte. Und ob Er mich auch nachher noch in
seinem Dienst brauchte, so war mirs doch nicht mehr wie
ehedem, wenn ich mit Ihm, als meinem Freunde über mich und
andere redete, welches mich oft viele Tränen kostete.

Als wir wieder nach Marienborn kamen, genoss ich jedoch viele
Liebe vom Grafen und er segnete mich noch zum Abschied zur
Arbeiterin der Pilgergemeine ein.

Anno 1742, den 7. Januar schenkte uns der Heiland ein
Töchterlein Anna Benigna, das aber in seinem 3. Jahre auf dem
Herrnhaag heimging.

Im Mai desselben Jahres reisten wir mit der Gräflich Zinzendorf-
schen Familie über Kopenhagen und Lübeck zum zweiten Male
nach Livland. Ich fand das Land sehr umgekehrt und konnte
nichts tun, als weinen und beten. Die Feindschaft nahm immer
mehr zu, ja es wurde endlich durch eine Kommission verboten,
dass niemand mehr von den Geschwistern weder ins Land hinein
noch heraus reisen durfte. Inzwischen begleiteten wir obgedachte
Gesellschaft auf ihrer Rückreise nach Deutschland bis
Wollmarshof und gingen alsdann nach Brinkenhof zurück. Dort
wurde am 29. September 1743 unser dritter Sohn David geboren.
Nun wurde die Verfolgung immer ärger und die Not größer und
im April der Anfang gemacht mit Gefangennehmung unserer
Brüder. Der Superintendent Gutslef und Pastor Heltenhof
wurden zuerst, auf eigenen Befehl der russischen Kaiserin
Elisabeth als Gefangene nach Petersburg gebracht und nicht
lange danach im Juni auch der Br. Fritsche und mein lieber
Mann, und zwar auf Anstiften eines unsrer größten Feinde, des
Landhauptmanns von Tunzelmann, welcher Herr aber in
folgender Zeit in kaiserliche Ungnade und selber in die Grube
gefallen, welche er andern gegraben, und ist ins äußerste Elend
und Verachtung geraten.

14 Tage danach reiste ich mit meinem Sohn von 3 ½ Jahren und
einem Kinde im Mutterleibe und meiner Pflegetochter Maria
Jacob von Brinkenhof in aller Stille über Riga nach Herrnhut ab.
Weil ich ohne Pass reisen musste, so konnte ich nicht auf der
großen Straße bleiben und doch lagen 60 000 Mann Russen an
der Grenze, die von der Dina bis zur See eine Linie gezogen
hatten. Für Menschenaugen war es nicht möglich
durchzukommen. Aber mein Heiland, der mir so unaussprechlich
nahe war, als redete Er mit mir, besonders seit der
Gefangennehmung meines Mannes, tröstete und unterstützte
mich. Ich folgte einfältig seiner Leitung und ließ mich vor

Konfusionen bewahren. In Riga wieß er mir unter einem besonders seligen Gefühl seiner Nähe an, welche <u>Stunde</u> ich abreisen sollte. Ich befolgte es, und als wir an die Linie kamen, war das Regiment aus seinem Lager ausmarschiert. Die Wache rief uns wohl zu, der Lette aber, der uns führte, antwortete: Seid nur ruhig, ich komme heute wieder. Auf diese Weise kamen wir durch.

Nun wollte ich den Pastor Loskiel, den ich in Livland hatte kennen lernen und der mir seitdem immer auf dem Herzen gelegen, besuchen, dazu mich auch der Heiland anregte. Ich konnte aber nicht erfahren, wo er wohne, indem er in der Gegend ganz unbekannt war, und in Livland hatte man auch nichts mehr von ihm gehört.

Ich wagte es aber auf den Heiland und fragte von einem Ort zum andern und musste durch viele Umwege in großen Wildnissen und auf gefährlichen Wegen, da man oft nicht einmal eine Spur von Menschen, geschweige von Wagen sah, sondern lauter Moräste und Sträucher, herumirren. Einmal geriet ich auch des Nachts unter eine Bande Zigeuner.

Endlich kam ich ganz ermüdet nach Angermünde im Curland zu meinem lieben Pastor Loskiel. O wie froh war ich, das Haus zu sehen!

Sie haben mich wie ihr liebstes Kind aufgenommen, mein Leid, als wenn's ihnen geschehen wäre, beweint, und mich getröstet und erquickt. Was das für eine Labung für mich war, ist in keine Worte zu fassen. Mein Herz wird, solange es schlägt, in unzertrennlicher Freundschaft mit ihnen bleiben. Was mir der Heiland über das Haus, als ich da war, versprochen, hat Er mich noch in Erfüllung gehen sehen lassen.

Sie begleiteten mich nachher noch 20 Meilen bis nach Lübau und besorgten alles sehr schön, dass ich sicher nach Königsberg kam. Daselbst kam ich unter der treuen Leitung des Heilandes zu Br. Sack, der mir viele Liebe in seinem Hause erwiesen, so wie überhaupt alle dasigen Geschwister, besonders aber Br. George und die Schwester Schiffert. Br. Sack begleitete mich auf Zuraten

der Geschwister bis in mein liebes Herrnhut, wo ich den 16.
August 1747 ankam.

Vor Freuden, mich nun wieder hier zu sehen, vergaß ich auf eine
kurze Zeit mein Leid. Aber mein Schmerz über meinen lieben
Mann kam doch bald wieder und dann gab's gar manche trüben
und schweren Stunden.

Der Graf kam eben zu der Zeit zu meinem Trost von Marienborn
zurück, mit welchem ich über alles ausredete. In dieser Not hat
er sich recht väterlich meiner angenommen, wie auch die mir
unvergessliche Gräfin. Ich war es wohl nicht wert, aber sehr
bedürftig.

Ich kam ins Pilgerhaus und mit demselben nach Hennersdorf
und sodann wieder nach Herrnhut. Es gab bei alledem doch viel
schwere Stunden für mich, so dass es ein Wunder war, dass ich
und mein Kind, mit dem ich schwanger ging, nicht
draufgegangen.

Der liebe Heiland half mir aber glücklich durch und schenkte mir
anno 1748, den 20. Januar meinen vierten Sohn Johann
Friedrich zu meiner und aller Geschwister Freude. Das Kind war
gesund und munter, außer, dass es 6 Wochen lang immer tränte.

Ich ging im August mit vielen Geschwistern nach der Wetterau
und kam anno 1749 als Kindermutter in die Knäbchenanstalt
nach Lindheim. Im Februar desselben Jahres hatte ich das große
Vergnügen, die erste zuverlässige Nachricht durch ein
eigenhändiges und zärtliches Briefchen von meinem lieben Mann
zu erhalten, mit Bleistift geschrieben. Da gab's Freuden- und
Danktränen.

Anno 1750 zog ich mit der Knäbchenanstalt nach Marienborn.
1751 kam Br. Risler aus Petersburg und brachte mir mündlich
gute Nachricht von meinem lieben Mann. Er offerierte sich auch,
mich dahin mitzunehmen.

Weil ich nun, so oft ich mit meinem lieben Heiland über die
Sache geredet hatte, die Verheißung bekommen, dass es sich
schon noch so machen würde, so nahm ich das als von Seiner

Hand an, zumal da es auch die Geschwister und besonders der Graf gerne sahen.

Der Graf segnete mich in Ebersdorf unter der nahen Gegenwart des Heilandes zu meiner bevorstehenden Reise mit Handauflegung ein und gab mir sehr wichtige Kommissionen an meinen lieben Mann ab.

Darauf trat ich mit Geschwister Rislers am 1. August die Petersburgische Reise an und am 29. August 1751 kamen wir daselbst an. O, wie eine schwere Luft überfiel mich hier!

Erst blieb ich bei Geschwister Rislers, aber mein lieber Bruder Köhler hielt es nicht für gut und ich musste nach zwei Tagen in sein Haus ziehen, wo ich sehr krank wurde.

Der gute liebe Bruder Ferber hat mich als eine Fremde besucht, getröstet und mit notdürftigem Geld versehen. Seine Freundschaft bleibt mir unvergessen. Sie war wahrhaftig brüderlich.

Es war ein Versehen, dass man dem Br. Döhler nicht geschrieben, dass ich mit Geschwister Rislers kommen würde, weil er's erst dem Secretarius Nabokots melden und mir die Erlaubnis dazu erbitten musste. Daher musste ich anfangs ganz in der Stille und unbekannt in seinem Hause bleiben und mich zu des Sächsischen Gesandten Hause rechnen. Das war eine harte Probe für mich, aber doch nur eine kleine gegen die, die mit der Zeit drauf folgende.

Meine Krankheit nahm so zu, dass ich glaubte, heimzugehen und mich hier in Petersburg begraben zu lassen, ohne meinen lieben Mann gesehen zu haben.

Diese meine Not konnte ich niemanden, auch nicht meinem Mann klagen, denn was ich ihn wissen ließ, musste ich so einrichten, dass es konnte gelesen werden, weil alles durch fremde Hände ging. Ich wendete meine schlaflosen Nächte zur Unterredung mit meinem einzigen und besten Freunde an, netzte mein Lager mit Tränen und Seine verdienstlichen Tränen, Seine Verlegenheiten und nächtlichen Gebete, kamen mir sehr zu statten und stärkten und trösteten mich, dass, wenn ich auch zu Ihm heimginge, ohne meinen lieben Mann gesehen zu haben, so sei Er doch mein unverrückbar treues Herze und wisse, warum Er mich hierher gebracht habe.

Von meinen lieben Geschwistern Rislers und Ferbers hatte ich nicht viel, denn sie wohnten sehr weit von mir, besuchten mich aber doch, ungeachtet der Schwierigkeit und der Weitläufigkeit, so viel es ihnen möglich war, und erquickten meine dürftige Seele, wofür ich, solange ich lebe, erkenntlich bleiben werde. Der Heiland tröste sie wieder, wenn sie Trost bedürfen.

Am 8. September, als an unserm Trauungstage, wollte mir der Bruder Köhler doch meine Bitte gewähren und mich heimlich zu meinem Mann bringen. Er richtete es daher so ein, dass ein alter Soldat allein die Wache hatte, und führte mich mit seiner Frau und Kind unter dem Namen seiner Kinderfrau ins Gefängnis zu den Brüdern. Das war eine große Freude, meinen Mann nach so langer Zeit wieder einmal zu sehen, obgleich in großer Schwachheit von beiden Seiten. Ich überbrachte ihm hierbei selbst die mir vom Grafen an ihn aufgetragene Commission, die ich niemandem, auch der Feder nicht, anvertrauen durfte, und nun wollte ich gerne schlafen gehen, da ich der eigene Bote sein konnte.

Öffentlich durften und konnten wir uns nicht freuen, denn ich war noch immer incognito da, weil Köhler dem Secretair gesagt hatte, dass er mir erst geschrieben habe, dass ich kommen dürfte. Im Oktober erhielt ich endlich die längst gewünschte Erlaubnis, zu meinem lieben Mann zu ziehen, der mit den zwei Brüdern Helterhof und Fritsche, denn Gutsleff war schon heimgegangen, in das von Schwester Helterhof gemietete Quartier gegangen war. Ach was das für eine große Labung für ein solches krankes abgemattetes Herz war.

Aber auch das konnte nicht ohne Schmerz bestehen. Denn es kam wieder eine Contre ordre, dass ich noch nicht zu meinem Mann kommen könnte. Ich musste wieder zurück und sechs Tage bei Geschwister Rislers im Verborgenen bleiben. Doch durch das unbeschreibliche Bemühen des Br. Köhlers, der sich um unsertwillen viel Verdruss, Schmach und Ungemach gefallen lassen und große Unkosten dran gewandt, uns die Freiheit des Zusammenziehens auszuwirken, genossen wir endlich auf einige Zeit dieses Glück. Der liebe Heiland hatte diesen Mann, ohngeachtet der Konfusion auf allen Seiten, recht augenscheinlich zum Diener Seiner Gefangenen bestimmt und legitimiert. Wir können Ihm nicht dankbar genug dafür sein. Unsre Freude zusammen währte aber nicht lange. Denn am 3. Mai 1752 mussten die Brüder wegen des Versehens eines andern Gefangenen wieder in ihre Katakomben zurück. Schwester Helterhof und ich blieben als arme Waisen in dem Hause, hatten aber Erlaubnis, unsre Männer zu besuchen und mit dem Nötigen zu besorgen.

Am 2. November hatten wir eine große Wassersnot. Die Newa ergoss sich so stark, dass das Wasser in den Katakomben bis an die Hälfte der Fenster stieg. Auch in der Vorstadt, wo wir wohnten, war große Not. Ich stand auf einmal bis an den halben Leib im Wasser in meiner Stube und musste mich so nass ins obere Stockwerk retiriren, ohne mich trocken kleiden zu können, und blieb doch gesund und konnte den andern Morgen zu den armen Gefangenen gehen, in deren Katakomben das Wasser noch eine Elle hoch stand, nachdem es schon wieder im Strom gefallen war. Sie hatten sich auf die Mauer retten und da einen Tag und zwei Nächte unter freiem Himmel in großer Kälte, Schnee und Regen behelfen müssen. Wir schöpften das Wasser mit vieler Mühe heraus und brachten unsern und andern Gefangenen was zur Stärkung und Erwärmung, denn sie waren ganz erstarrt. Wir konnten nicht ohne Gefahr des Lebens zu ihnen kommen, denn die Brücke, die an das Rewelin gebaut war, hatte der Strom weggerissen und kein Soldat wagte sich, übers Wasser, den Gefangenen Brot zu holen.

Eine dergleichen große Überschwemmung kam den 6. und abermals den 11. November wieder, da man sich aber besser davor verwahrte.

Am 30. Dezember hatten wir abermals die Freude zusammen zu
ziehen. Der Herr Secretair Nabokots verschaffte uns aus
Freundschaft ein an die Krone gefallenes Haus in der Vorstadt
zum Freiquartier. Auch hatte ich die Gnade, schwanger zu
werden. So wie mir nun jederzeit diese Geschäfte respectable
gewesen und ich dabei die Nähe des Heilands immer ganz
besonders genossen, um so viel mehr war es mir dieses Mal
respectable, und das Kind war schon im Mutterleibe eine
Gefangene des Herrn.

Aber, so wie ich, seit ich Russlands Grenzen betreten und bis ich
sie wieder verlassen, das Gift und den Zorn des Fürsten der
Finsternis recht habe fühlen und empfinden müssen, so hat er
auch in diesen Umständen Erlaubnis bekommen, mich zu
schrecken und auf mancherlei Weise zu ängstigen. Und so ging
meine Zeit zwar durch des Heilands Hilfe glücklich, aber nicht
ohne heimlichen Kummer aus. Denn ich kannte den Neid des
Satans, seine Wut gegen uns, dass es manchmal schien, als
wären wir ihm zum Zeitvertreib gegeben, damit er im übrigen
keinen Schaden tun könnte. Und das glaubte mein Mann sehr
feste, dass, solange wir hier wären, das Werk Gottes in Livland
ungehindert fort gehen würde.

Anno 1753, den 3. Oktober, abends um 7 Uhr schenkte uns der
Heiland ein Töchterchen und mir hiermit das Ende meines
Kummers, der sich auf einmal in Freude verwandelte. Der Herr
Secretair Nabokots, den wir es noch denselben Abend wissen
ließen, schickte gleich zu seinen Freunden, und ließ ihnen sagen,
sie sollten Gott danken, Er hätte mir glücklich durchgeholfen.
Den andern Morgen kam er selbst, seine Freude zu bezeugen und
konnte sich der Tränen nicht enthalten. Es war überhaupt eine
allgemeine Freude unter unsern Freunden und Geschwistern
wahrzunehmen, und sie bezeugten alle ihr Teilnehmen werktätig.
Als der Besuch vorbei war, wurde diese unsre kleine
Mitgefangene von Pastor Bützow, Prediger an der großen
Evangelischen Petrikirche, welcher in Jena erweckt und auch mit
dem Grafen Zinzendorf bekannt war, in Jesu Tod getauft und

Johanna Christiana genannt, unter einem gar seligen Gefühl der nahen Gegenwart des Herrn und Vergießung vieler Tränen, sowohl des Pastoris, der das Kind den blutigen Wunden des Heilands zur Bewahrung in der Fremde empfahl, als auch der Anwesenden. Die Taufe war in meiner Stube.

Wir lebten eine Weile noch recht in der Stille und vergnügt. Die mancherlei Schrecken, die nie ausblieben, waren uns leichter zu ertragen, weil wir doch beisammen sein konnten. Aber noch dieses Jahr gefiel es unserm lieben Herrn, den Herrn Secretair Nabokots mit einem gläubigen seligen Herzen aus dieser Welt zu sich zu nehmen, zwar zu unserer Freude, aber auch Betrübnis. Sein Nachfolger war wohl auch ein guter Mann, weil er aber aus Moskau kam, so waren wir ihm ganz unbekannt und man fing an, uns mehr einzuschränken. Die armen Satans-Sklaven bekamen wiederum Freiheit, das auszuüben, wozu sie ihr Geist trieb, und wir konnten nun auf neue Proben rechnen, welche auch nach langer Furcht Anno 1754 zwischen dem 27. und 28. August erfolgten, da der Feind des Kreuzkirchleins eine neue und sehr bittere Schale Gifts über dasselbe ausgoss. Es kam nämlich in dieser Nacht ein Mann aus der Kanzlei, sehr ungestüm und wie ein brüllender Löwe, und nahm die drei Brüder mit fort, ohne das geringste zu sagen, wohin und warum. Mein armer Mann lag eben am hitzigen Fieber sehr krank danieder. Alle, die zugegen waren, baten für ihn, aber vergebens. Die Antwort war: „Ich habe Ordre vom Inquisitor." Wir nahmen also in diesem Leben sehr schmerzlichen Abschied von einander. Ich musste meinen todkranken Mann hinaus schleppen und ihn auf ein offenes Fahrzeug legen und ihn so in Sturm und Regen auf dem Wasser schwimmen sehen. Wir zwei Schwestern weinten die ganze Nacht hindurch. Hingegen war unser Soldat in dieser Nacht mit Lebensgefahr bemüht, ihnen nach zu folgen, in Hoffnung etwas Tröstliches von ihnen zu erfahren, aber vergebens. Früh um 4 Uhr ging er zu Br. Köhler, ihm diese betrübte Nachricht zu bringen, der gleich mit ihm kam, uns zu trösten und mit uns zu weinen. Unterwegs fragten sie die Leute, die sie weggefahren, wo die Gefangenen hingebracht worden wären. Die aber waren schon von ihrem Anführer unterrichtet, die Sache recht gefährlich zu machen und sagten, um uns noch mehr zu ängstigen: Der eine sei, nachdem er die Knute gekriegt, in die Ostrog gebracht, der andere gleich gestorben und der dritte sei noch beim Inquisitor geblieben, er solle nach Sibirien geschickt werden. Das war nun erst ein Schmerz! Da wir zwei Schwester mit Br. Köhler noch so saßen und weinten, kam ein Soldat von ihrer gestrigen Wache, der sie auch mit abgeholt hatte, mit der fröhlichen Nachricht zu uns, dass sie in die Festung in ihre Katakomben gebracht worden wären und dass wir sie besuchen könnten, so oft wir wollten. O welch ein Bote guter Zeitung! Br. Köhler ging zuerst hin, um zu erfahren, ob sich's so verhielte. Nach zwei Stunden kam er mit der Nachricht zurück, dass es genauso sei. Der Mensch, der uns so geängstigt, habe keine Ordre dazu gehabt. Sie hätten aber sogar den andern Tag in einem wohlzugemachten Wagen hingefahren werden können. Er habe sich's eben beim Inquisitor ausgebeten, sie wieder in die Festung zu bringen, aber niemandem sei es eingefallen, dass er es so hart machen würde. Wir gingen also zu ihnen und nahmen allerlei zur Stärkung mit, und ich nahm auch mein Kind mit hin. Unterwegs redete ich mit dem Heiland über diese Umstände und Er überzeugte mich, dass dieses für die Zeit und so lange sie als Gefangene in Petersburg sein sollten, das bestimmte Plätzchen für sie sei und dass sie nach Seinem Herzen dort waren. Und so ging ich mit Vergnügen sie besuchen. Das war eine Freude, sie tot zu glauben und wieder lebendig zu sehen. Ich fand meinen lieben Mann auch zum Wunder besser, doch behielt er von da an eine sehr schwächliche und schmerzhafte Hütte bis an sein Ende. Ich ging abends oft von ihm in der Meinung, ihn das letzte Mal gesehen zu haben. Wir zwei Schwestern behielten von diesem Schreck auch schmerzhafte Zufälle.

Ob es auch gleich erlaubt war, sie am Tage so oft wir wollten, zu besuchen, so kam doch ein Schreck nach dem anderen über uns und ich habe oft recht Mitleiden mit den armen Menschen gehabt, die als Sklaven des Satans seine Befehle ausrichten mussten, und nichts davon hatten, als Verdruss von ihren Kameraden oder Verweise von ihren Obersten. So trafen wir zum Beispiel oft einen Soldaten mit der Flinte vor der Tür stehend an, der weder uns hinein, noch die Brüder heraus lassen wollte, bis wir neue Befehle von der Kanzlei holten. Wurden sie gefragt, warum sie uns Armen so viel Not antun, so hieß es: Der Teufel gab mirs so ein. Die oftmalige Abwechselung der Wache hat auch viel zu unserer Not beigetragen.

Ich sagte meinem lieben Mann einmal, wie mirs in Ansehung ihres Wohnens hier sei. Ihm war es auch so und er setzte noch hinzu: Wir wollen in der lieben Nähe unsers Herrn ein jedes an seinem Orte recht selig sein und uns durch den Umgang Seiner geliebten Marterperson alle Beschwerden versüßen lassen.

Anno 1755 nahm der Heiland meine so zärtlich geliebte Schwester Helterhof zu sich heim. Sie ging als eine arme Sünderin, in ihres Freundes Armen sanft auszuruhen. Nun blieb ich mit meinem Kind ganz allein und kam in sehr große Not. Die Sprache kannte ich nicht und die Soldaten waren schlechte Leute. Wenn ich ausgehen musste, war ich sehr verlegen, mein armes Kind bei solchem Volke bleiben zu lassen. Ich habe sie oft mir tausend Tränen dem Heiland empfohlen, der mich auch getröstet, dass er über sie wachen wolle und hat seine Gnadenflügel über dieses arme Würmlein gebreitet.

Anno 1756 ging mirs von neuem schwer. Man wollte mir zu verschiedenen Malen das Haus nehmen, wo wir bisher so ruhig gewohnt hatten. Auf der ganzen Insel war keines für meine Haushaltung so bequem, weil es so nahe bei der Festung lag, wohin ich alles bringen musste. Außerdem schwebte ich in täglicher Gefahr, von den Räubern überfallen zu werden. Die Geschwister in Petersburg wurden auch verlegen und rieten mir, um einen Bruder aus der Gemeine zu bitten. Mir schien das zwar für mich zuviel zu sein, weil ich nicht glaubte, so viel Wert zu sein. Weil sie aber alle, und auch mein lieber Mann, in mich drangen, so wagte ich's und bekam zu meiner großen Freude und

Beschämung den Br. Grumberg (nunmehr in Reval) geschickt, da
ich in etwas getröstet wurde und auch eine große Hilfe von ihm
hatte, in Ansehung meines Kindes.

Ich hatte mir auch aus Mitleiden ein Russen-Mädchen
angenommen, welches den Heiland als den Sünderfreund lieb
bekam. Und wenn ich ausgegangen war, sang sie meiner
Johannel Verse von der Marter Jesu und bewahrte sie vor vieler
Gefahr. Das war mir bei mancherlei Not der Erden zum großen
Trost.

Anno 1757 fiel ich in die Newa und hätte ertrinken müssen, wenn
nicht das Auge und Wächter Israel so treulich über mich gewacht
hätte. Das Eis brach nämlich unter meinen Füßen durch und der
Strom riss mich ein ganzes Stück mit sich fort.

Von der Verkältung wurde ich sehr kränklich. Ich bat aber den
lieben Heiland, er solle mir nur schon das Vergnügen gönnen, die
drei Gefangenen pflegen zu können, solange sie hier in diesem
Jammertal noch Pflege brauchten, wenn es gleich in großer
Schwachheit wäre. Das hat Er mir auch zu meiner großen Freude
aus Gnaden geschenkt. Und ob es gleich oft so aussah, als wollte
die schwache Hütte brechen, ging es doch noch immer so, dass
sie nicht Not leiden durften.

Im Oktober 1758 hatte ich einen besonderen Gnadenbesuch vom
lieben Heiland. Ich bat Ihn mit viel tausend Tränen, sich über
mich zu erbarmen, und mir, Seiner Sünderin, nach Seiner alten
Weise Sein Herz ganz heraus zu sagen, weil ich nämlich seit
einigen Jahren öfters, wenn es auf rechte Vertraulichkeit ankam,
ein gewisses Stillschweigen bemerkt hatte. Und das war mir nicht
zum Ausstehen. Ich ging also meinen ganzen Lebenslauf mit Ihm,
dem Freunde meiner Seelen durch, von Jahr zu Jahr, und fand
manches, wodurch ich mich von der Einfalt in Christo verrücken
lassen, hatte auch versucht, wie sich's raisonieren lässt. Aber
meine so lange unheilbare Wunde hatte ich doch eigentlich in St.
Blaise bekommen. Der Heiland machte mir klar, wie sehr ich Ihn
und Seinen Jünger *(Zinzendorf)* mit meinem eigenen Willen
betrübt. Das sei dem Bunde nicht gemäss, den Er mit mir

gemacht. Darum habe Er so lange stille geschwiegen und mich gehen lassen, bis ich von ganzem Herzen begehren würde zu wissen, was Er gegen mich habe. Er habe mich zwar lieb, wäre aber nicht ganz mit mir zufrieden gewesen, und darum habe Er auch zugelassen, dass es so manches gegeben. Diese Unterredung war wohl sehr schmerzlich für mich, und ich lag als ein Toter vor Ihm, aber Er war doch mein Herr und Gott, zu dem ich meine Zuflucht nahm, und der sich einmal mit meiner Seele eingelassen. Ich kniete also meinem barmherzigen Hohenpriester unter vielen Tränen vors Herz, ließ mich von Ihm absolvieren und mir Seinen Frieden und das Trostwort zusprechen: Nun ist alles wieder abgetan, was zwischen mir und dir war. Von dem an ging ich wieder mit Ihm als meinem besten Freunde um und fühlte Sein Herz, das es so war, wie Er mir zugesagt hatte. Ich hätte am liebsten gleich an den Jünger geschrieben, aber wir durften nicht. Und im Frühjahr, da ich's mit Schiffen, die nach Deutschland gingen, hätte tun können, wurde ich durch unsere Reise nach Kasan, die schon im Februar vor sich ging, daran gehindert.
Das flüchtende Gemeinlein bestand aus den drei Brüdern Krügelstein, Helterhof und Fritsche, mir und meinem Kinde. Das kam mir gar nicht unerwartet, denn ich hatte oft, wenn ich so recht vertraut mit meinem Freunde über unsere Umstände geredet, zur Antwort bekommen: Es würde noch weiter gehen, dieses sei noch nicht ganz das rechte Plätzchen, wohin Er uns haben wollte. Es sei mir noch nicht die Zeit dazu. Und da es jetzt dazu kam, schreckte mich zwar die Reise nicht, sondern nur die Umstände, die bei solchen Gelegenheiten vorkommen. Ich bat also den lieben Heiland sehr herzlich, über uns, Seine armen Kinder gnädiglich zu wachen und nicht zuzulassen, dass Satanas seine List an uns zum Schaden der Sache Jesu in diesem Lande ausüben dürfe, weder in Petersburg noch in Kasan.
Ich war am meisten davor bange, sie möchten auch mit uns verfahren, wie sie mit dergleichen Leuten, wie wir waren, zu tun pflegten, wenn sie verschickt werden. Die nämlich eine ewige Untertänigkeit versprechen müssen. Und wer das nicht tun will,

der wird so feste gesetzt, dass niemand etwas von ihm erfahren
noch erfragen kann. Aber auch das hat der treue Heiland in
Gnaden abgewandt, und man hat bei ihrer Entlassung aus
Petersburg nichts mehr von ihnen zu unterschreiben gefordert,
als dass sie nicht sagen sollten, wo sie gewesen und worüber sie
befragt worden und das muss ein jeder tun, der da los kommt.
Aber ein Umstand machte ihnen doch wichtige Bedenken, ihre
Namen zu unterschreiben. Es stand nämlich in dem vom
Inquisitor gefertigten Entlassungs-Instrumente, dass sie sich
enthalten sollten, die Herrnhutische Sekte in Kasan
auszubreiten. Dagegen nun protestierte mein Mann und sagte: Er
habe schon Anno 1747 beim Verhör in Livland gesagt, dass wir
keine Sammler von Sekten wären, sondern bekennen uns zur
Augsburgischen Konfession. Nun aber darunter verstanden wäre,
dass er niemanden was vom Verdienste Jesu sagen solle, so
könne er das nicht unterschreiben und wolle lieber auf der Stelle
sein Leben lassen. Jesu, unser Herr und Gott habe selbst gesagt:
Wer mich vor dem Menschen verleugnet, den will ich auch vor
meinem Vater im Himmel verleugnen!
Aber sowohl die kaiserlichen Beamten selbst, als unsre guten
Freunde und Geschwister, baten meinen lieben Mann es ja nicht
so zu nehmen. Man wisse sehr wohl, dass sie rechtschaffene
Christen wären. Diese Unterschrift würde und könne keine
weiteren Folgen haben. Dabei baten sie recht herzlich, die
Beschuldigung der Feinde doch nicht wahr zu machen, dass wir
der Obrigkeit ungehorsam wären. Der Herr Sekretär Cheskotlif
habe die ganze Schrift so eingerichtet, dass weiter nichts damit
gesagt sei, auch sich niemand darauf berufen könne, denn sie
verbände uns zu gar nichts, und die Unterschrift besage weiter
nichts, als: Ich A. A. habe dieses gelesen, was ich unterschrieben.
Überdies habe ja auch niemand in irgendeiner Sache etwas gegen
uns und die ganze Kanzlei hielte uns für die besten Christen, die
sie je gesehen.
Dieses befriedigte endlich die Brüder und bewegte sie, zu tun,
was von ihnen verlangt wurde.

Für mich aber war noch ein viel schwerer Punkt übrig. Mein armes Kind mit auf die Reise zu nehmen, war mir schrecklich, und sie solange in Petersburg zu lassen, bis einmal Gelegenheit sein würde, sie in die Gemeine zu bringen, noch schrecklicher, denn da sah ich ihr volles Unglück auf ihre Lebtage vor Augen. In der Verlegenheit weinte ich meinem einzigen treuen Herzen viel vor und sagte ihm: „Wir sind ja beide Dein ererbtes Gut, das Du erschwitzt mit Deinem Blut, trete Du ins Mittel und hilf mir um Deines Namens Willen!" Darauf ging ich zu meinen Gefangenen, denen ich meine Verlegenheit sagte. Br. Fritsche nahm das Wort und sagt: „Es ist mir ganz klar, wir sollen das Kind mit nehmen, weil man doch noch nicht weiß, wann Br. Risler zur Gemeine geht. Du bist Mutter, und musst nach Leib und Seele für sie sorgen." Ich antwortete: „Das ist alles gut, aber ich bin sehr kränklich, und wenn ich heimgehe, wo bleibt mein Kind?" Fritsche antwortete: „Es ist mir ganz ausgemacht, du gehst nicht in Kasan heim, sondern du wirst noch das Vergnügen haben, dein Kind selber in die Gemeine zu bringen. Widrigenfalls, wenn es verderben würde und hernach nicht mehr in die Anstalten passte, so würdest du dir das nimmermehr vergeben können. Freilich, mehr Sorgen und Mühe wirst du haben, das ist aber deine Schuldigkeit. Selbst mir ist das Kind ein besonderes Kleinod, weil es uns der Heiland in der Gefangenschaft geschenkt hat. Es ist ein Mitgefangener des Herrn. Sollte Er nicht über sie wachen, und dich und sie verwahrt zu Seinem Volke bringen? Das kann nicht anders sein."
Weil ich nun vor Bekümmernis nicht viel sagen konnte, und mein lieber Mann mich versicherte, er dächte wie Br. Fritsche, so nahm ich sie im Namen des Herrn mit und wurde in meinem Herzen ruhiger, außer wenn ich mir meinen Heimgang vorstellte. Da war ich ganz untröstlich.
So wie der Fürst der Finsternis uns die Zeit über als den Knochen zum Nagen in seinen Zähne zu verbeißen gehabt, so suchte er immerfort, sich an uns zu reiben. Die armen Brüder konnten die gewaltigen Erschütterungen im Wagen auf den

schlechten Wegen und Knüppelbrücken nach so langem
Stillesitzen kaum ertragen. Besonders hatte mein Mann viel
auszustehen, denn er war durch viele Krankheiten schon so zum
Gerippe geworden, dass man ihn nicht ohne Mitleiden ansehen
konnte. Er wurde auch bald sehr krank, so dass wir in
Nowogorod etliche Tage stille liegen mussten. Wir fanden überall
unbeschreibliche Schwierigkeiten vor uns, da sonst gewiss keine
sind. Denn die Leute hier sind von guter Art, sehr stille und
fromm und ehrlich im Handel und Wandel. Ich kriegte sie lieb
und wünschte ihnen herzlich einen Besuch vom Herrn.
Da mein Mann etwas besser wurde, reisten wir weiter. Die
Krankheit nahm aber wieder zu und wir kamen mit vieler Mühe
und Not nach Moskau, woselbst wir einige Tage ausruhten, bis
sich mein Mann wieder erholte. Das war aber erst die Hälfte
unserer Reise.
Als wir von hier wieder abreisten und gegen Abend über einen
Fluss setzen wollten, wurden wir auf einmal von Räubern
überfallen. Wir hatten von Petersburg eine Wache von 1
Sergeanten und 3 Mann tatarischen Soldaten bekommen. Die
wurden von den Räubern jämmerlich geschlagen, wie auch Br.
Fritsche, und einer gab unserm Sergeanten einen so heftigen
Streich über den Kopf, dass er wie tot zur Erde fiel. Mein Mann
hatte 24 Stunden mit dem armen Menschen zu tun, bis er ihn
nur wieder zu sich selbst brachte. Er blieb aber seitdem
blödsinnig.
Dieser Schreck setzte meinem ohnehin schwachen Mann so zu,
dass er täglich entkräfteter wurde und durch ein hitziges Fieber
ganz ohne Gedanken wurde. Ich musste ihn wie ein Kind pflegen
und warten. Sein Mund war wie verbrannt und die Zunge wie
verwelkt – und ich hatte nicht einmal Wasser, ihn zu laben. Da
hab ich den Heiland oft gebeten, ihn mit seinem Durst zu trösten.
Die schlechte Jahreszeit machte, dass wir sehr viele und große
Gefahren auszustehen hatten.
Als wir endlich nach Walodomir kamen, glaubte ich, dass mein
lieber Mann wohl allda würde begraben werden. Ich hätte ihm

gerne was Gutes getan, aber da war nichts zu haben, als
geschrotenes Brot. Weil eben die Fasten waren, so wollten uns
die schlechten Leute auch weder Fleisch noch Butter geben. Sie
wollten uns auch nicht einmal beherbergen, weil wir eine Wache
hatten.

Wir blieben aber doch zwei Wochen dort, reisten dann weiter und
kamen noch bis zur Stadt Murum an der Ocka. Unterwegs wurde
mein Mann von der großen Hitze und dem Rauch in den Dörfern
und der entsetzlichen Erschütterung auf den Knüppelbrücken
immer gefährlicher krank, so dass er Sprache und Verstand
verlor. Ich dankte dem lieben Heiland, dass wir unter
menschenliebende Leute gekommen waren, die uns mit allem,
was sie hatten, dienten, ja, uns sogar liebten, als besondere
Christen und Kinder Gottes. Es war uns auch sehr wohl unter
ihnen. Ich glaube, dass sie einmal unter die Zahl derjenigen aus
Gnaden werden gerechnet werden, von denen es heißen wird:
„Kommt her, ihr Gerechten. Ich bin krank gewesen, und ihr habt
mich besucht." Hier war aber auch die Not in Ansehung meines
Mannes aufs Höchste gestiegen, denn er konnte nicht mehr
schlingen, noch die Zunge bewegen.

Da fing die Kreatur an, mit ihrem Schöpfer zu rechten, und ich
konnte mich nicht mehr raffen. Denn da ich mir nichts gewisser
vorstellen konnte, als den Heimgang meines Mannes , so fing ich
an, zu verzagen und drüber zu denken, wo ich alsdann bleiben
und wie es mir ergehen würde. Denn mich in Gesellschaft eines
Witwers und eines ledigen Bruders und zwar in einem Lande und
unter einem Volke zu sehen, bei dem so was etwas alltägliches
ist, mir aber das härteste zu sein schien, da sah ich wohl, dass
mir Schmach und Lästerung, anstatt Ehre für die Sache des
Heilands heraus kommen würde. Wie ich aber zurück kommen
sollte, wenn ich auch Erlaubnis dazu kriegte, davon konnte ich
mir keine Vorstellung machen – und einmal konnte und wollte
ich nicht bei den zwei Brüdern alleine sein und bei ihnen
wohnen. Als ich nun über diesen Gedanken beinahe in
Verzweiflung geriet, trat auf einmal das treue und mich liebende

Herz Jesu ins Mittel und setzte auch diesen Meereswogen ein
Ziel. Die zwei Brüder, die mich in diesem Zustande sahen, dass
kein Trost mehr haften wollte, sagten es meinem Mann. Und der
Heiland gab ihm Gnade, dass er sich aus seiner großen
Schwachheit etwas erholte und sich zu meiner großen
Verwunderung, da er lange vorher kein Wort reden konnte,
umständlich und gründlich über unsern bisherigen Gang und
besonders über diese Reise mit mir unterredete und unter
anderem sagte: „Sei nicht melancholisch über diese Umstände.
Du weißt ja, dass der Heiland schon anno 1733 darauf gedeutet
hat, dass wir nach Asien gehen sollten und den Weg über
Russland nehmen. Da hat aber der Feind eine Hinderung darin
gemacht, dass die Sache über der Reise nach Livland ins Stocken
geraten ist. Ich habe mich nie darüber zufrieden geben können.
Nun aber werde ich vom lieben Heilande, mit dem ich unter allen
Leibes- und Seelenschwächen einen ununterbrochenen Umgang
behalten habe, dadurch befriedigt, selbst von russischer
Obrigkeit dahin geschickt zu werden, um Asien doch zu sehen
und zu betreten. Meine große Schwachheit ist die natürliche
Folge der großen Veränderung meiner bisherigen Lebensart. Sie
gehört mit zur endlichen Vollendung aller meiner bisherigen
Leiden. Und es ist mir eine Gnade, dass ich auch im Leiden
meinem Freunde ähnlich werden darf. Der Heiland wird mich
aber gewiss wieder herstellen, dass ich das Ziel unserer Reise
erreichen kann. Zu Kasan aber werde ich heimgehen und du
wirst meine Gebeine dort begraben und danach mit unserm
Töchterlein zur Gemeine zurück können und dort mit unseren
gesamten Kindern noch viel seliges Gutes und Barmherzigkeit
vom lieben Heilande, Seinem Hause und Volke genießen.“
Nach den Osterfeiertagen traten wir unsere weitere Reise zu
Wasser an. Mein lieber Mann besserte sich von da an immer
mehr, doch musste ich ihn wie ein Kind sorgfältig pflegen. Wir
erlitten auf dieser Reise noch viele Not, kamen auch dreimal in
augenscheinliche Lebensgefahr, erreichten aber endlich am 27.
April Kasan glücklich.

Da trafen wir alles besser, als wir uns vorgestellt hatten, und fanden ein liebes Volk, das uns mehr Ehre und Liebe erwies, als wir anzunehmen im Stande waren. Auch freute sich der Herr Gouverneur über unsere Ankunft. Bei alledem war aber doch so eine drückende Luft zu fühlen, dass ich oft hätte vergehen mögen. Ich bat den lieben Heiland zum wenigsten um eine Seele, dass ich mich doch ein wenig freuen könnte. Und als sich an etlichen Russen und Türken spüren ließ, dass das Wort vom Kreuz Eingang fände, so gereichte es mir zur großen Erquickung. Aber die Verheißung hatte ich gewiss in meinem Herzen, dass der Heiland noch einmal eine Tür hier auftun und meine viel tausend Tränen und Seufzer für dieses Land in Erfüllung bringen würde. Unsere Umstände hier in Kasan waren wohl viel leichter, es fiel mir aber doch sehr schwer aufs Herz, dass wir jetzt noch weiter von der Gemeine entfernt wären und zu Ende des Jahres 1759 war ich voll Schmerz und Kummer darüber. Aber am 1. Januar 1760 kam ein russischer Kaufmann und brachte uns ein Paket Briefe, Nachrichten und Losungen mit, welche uns das elende Leben hier gar sehr erleichterten. So lieb und angenehm ist mir noch keine Losung gewesen. Oft dachte ich: Ach möchte ich doch dies edle Kleinod immer recht gebrauchen und nach seinem Wert schätzen.

Im übrigen verbrachte ich meine Zeit viel mit weinen und beten und sagte oft zu meinem lieben Heiland mit einem wehmütigen Herzen: Ich wollte gerne alles über mich ergehen lassen, nur wollte ich mir die süße Rache von Ihm erbitten, dass der Fürst der Finsternis sein Recht und Gewalt, das er für die Zeit über dieses Land noch zu haben glaube, darum verlieren und es ihm abgesprochen werden möchte, weil er seinen Mut an uns durch mancherlei Plagen reichlich kühlen könne. Und ich muss sagen, wenn ich so recht vertraut darüber mit meinem lieben Heiland geredet habe, so hat er mir manchmal einen gar gnädigen Anblick gegeben und die Versicherung, dass auch noch in diesem Lande ein Licht aufgehen werde. Und das hat mir's verträglich gemacht.

Am 23. November dieses Jahres ging unser lieber Bruder Fritsche heim und 8 Tage darauf am 30. November wurde auch mein lieber Mann krank und am 9. Dezember 1760 ging er, im 63. Jahre seines Alters, und in einer mehr als 13jährigen Gefangenschaft, in seines Herrn Freude, ewige Freiheit und Friede ein.

Nachdem nun dieser mein treuer Ehe-Engel von mir geschieden war, ließ ich's gleich dem Herrn Kommandanten Plaisin melden, der aus zärtlicher Liebe zu meinem lieben Mann sehr besorgt um mich war, dass ich gut und sicher nach Petersburg kommen möchte. Er schrieb auch gleich an den Inquisitor um einen Pass und Reisegeld. Ersteres erhielt ich nach sechs Wochen, aber kein Geld, welches ganz nach meinem Herzen ausgefallen war. Und der Heiland hat auch so augenscheinlich für mich gesorgt, dass mir vor Beugung gar oft die Augen übergegangen sind. Er hat unbeschreibliche Wunder an Barmherzigkeit an mir bewiesen. Mein lieber und sehr betrübter Bruder Franz Helterhof wollte erst nach Astrachan an Herrn Rendel schreiben, dass der mich abholen und begleiten möchte, weil die Straßen durch eine herum streichende Nation sehr unsicher waren, und man viel vom Rauben und Morden hörte. Ich wagte es aber auf den Heiland als meinem ewigen Mann, in dessen Pflege und Schutz ich mich mit allem ergeben hatte. Es fiel mir nicht ein, dass mir etwas Übles begegnen könnte.

Als ich eben im Begriff war, meine Reise in seinem Geleite anzutreten, fügte es der Heiland, dass ein holländischer Kapitän namens Darnstein in zwei Tagen denselben Weg reisen musste. Der nahm mich mit Freuden in seine Gesellschaft auf, und wir reisten am 21. Januar 1761 von Kasan ab.

Der Abschied von dem einzigen zurück gebliebenen Gefangenen, Br. Helterhof, war von ganz eigener Art, die meinem lieben Heiland allein bekannt und nicht in Worte zu fassen ist.

Der Herr Kapitän bewies unbeschreibliche Liebe und Treue an mir und meinem Kinde und hat oft sein eigen Leben um unsertwillen dran gewagt, besonders am 29. Januar, da wir schon unser Grab in der Wolga zu finden glaubten. Denn das Eis fing an, schwach zu werden und zu brechen. Auch waren schon einige Schlitten eingebrochen. Auszuweichen war da nicht möglich, denn auf einer Seite war das Wasser schon offen, und auf der andern hatten wir mit Sträuchern bewachsenes, sehr steiles und hohes Ufer. Da kam der Herr Kapitän selbst durchs Wasser, brach von den Sträuchern ab, legte sie auf die Löcher und führte meine Pferde beim Zügel herüber. Und so kamen wir, durch die Beihilfe unsers Herrn, aus einer Not, darin wir von mittags bis 11 Uhr des Nachts steckten. Mir aber wars ausgemacht, dass wir da nicht bleiben würden. Der liebe Mann hat die ganze Reise hindurch wie ein Vater für mich gesorgt und mir beständig einen von seinen Bedienten zur Seite gehen lassen. Und wenn Not kam, stieg er selbst aus und kam mir mit noch mehreren zu Hilfe. Er hielt auch mich und mein Kind ganz frei, gab uns überall für seine Verwandten aus und ich besorgte unter diesem Namen alle unsere Sachen aufs beste. Wir waren immer in einer Gesellschaft von 18 Schlitten gefahren.

Mein Kind brachte ich sehr krank an den Blattern nach Moskau. Weil ich aber daselbst ein sehr schlechtes Quartier hatte, darin ich vor Schneegestöber kaum bleiben konnte, auch überdies mein treuer Reisegefährte mich noch bis Novogorod mitnehmen wollte, so machte ich mich mit meinem kranken Kinde auch wieder auf. Und der liebe Heiland verhütete alle üblen Folgen. Hier aber war der Herr Kapitän meinethalben sehr verlegen, denn die Fuhrleute hatten untereinander Böses über mich beschlossen, so bald sie allein mit mir sein würden. Dieses hatten seine Bedienten alles gehört, wiewohl die Fuhrleute nichts drum wussten. Da er nun sehr verlegen war, trafen wir ganz unverhofft einen russischen Leutnant von der Samonowskischen Garde namens Milkanoth, Bruder Köhlers guten Freund an, der von Moskau, woselbst wir ihn schon gesehen, nach Petersburg reiste. Das war eine große Freude. Diesem übergab mich der Herr Kapitän, als seine Anverwandtin, und unsre Pässe und Fuhrleute seiner genauen Aufsicht mit den Worten: „Alles, was Sie an ihr tun, werde ich so ansehen, als hätten Sie mir es selbst getan." Er bat auch, dass ich mit meinen Fuhrleuten in die Mitte kommen möchte, damit sie nicht mit mir zurück bleiben könnten.

Ich nahm also mit dankbarem Herzen von meinem getreuen Wohltäter Abschied, welcher sodann nach Livland reiste.

Der Leutnant richtete alles aufs beste aus, was ihm von meinem Freund aufgetragen war, und brachte mich, „wie Kindlein, die auf Erden mit Fleiß bewahret werden", am 24. Februar zu seinem und meinem guten Freund, dem Bruder Köhler nach Petersburg. Wie froh und dankbar war ich, mich nun wieder unter Geschwistern und unter Menschen zu sehen, denn ohne die beiden Offiziere, die mir der Heiland als Pflegeväter beschert hatte, war ich recht unter Unmenschen.

Hier aber traf ich wieder neue Schwierigkeiten, einen Pass zu meinem weiteren Fortkommen zu erhalten, davon mir jedermann die Unmöglichkeit vorstellte. Denn ohne den aus Kasan vorzuzeigen, war es nicht möglich, einen anderen zu bekommen, und in demselben wurde einer Sache erwähnt, die leicht hätte Nachfrage verursachen können.

Dieses machte mich sehr verlegen. Ich legte aber auch das, nach meiner Gewohnheit, meinem ewigen Mann ans Herz und weinte, und bat ihn, meine Sache selber auszuführen und Leute zu erwecken, die sich willig finden ließen mir zu dienen.

Br. Köhler ging mit mir zum Herrn Secretair von der geheimen Kanzlei, der mich sehr freundlich aufnahm und mit tränenden Augen beklagte. Er fragte mich weiter nicht viel als nur, wie man uns in Kasan begegnet habe. Als ich ihm sagte, sehr wohl, freute er sich darüber.

Ich blieb beinahe drei Monate in Petersburg und jedermann glaubte, ich würde ein Zeitlang dableiben müssen. Allein ich hatte immer Hoffnung, bald da weg zu kommen.

Br. Köhler und Hagemann gingen mit mir auf das Reichs-Collegium zum Sächsischen Legations-Secretair, einen Pass zu holen. Dieser aber gab zur Antwort: Weil ich aus Sachsen wäre, müsste ich von dem Sächsischen Minister einen Schein bringen.

Des Br. Hagemann Secretair nahm meinen Kasachischen Pass mit sich. In derselben Nacht aber kam Feuer in seinem Hause aus und mein mir schädlicher Pass ging mit verloren, darauf ich, auf mein inständiges Bitten, einen unter des Sächsischen Ministers Namen erhielt, mit welchem ich noch auf die Admiralität und Polizei ging, um denselben unterschreiben zu lassen. Wie beschämt war ich da, als auch dieser große Stein weggefallen war, und weinte vor Freuden. Nun ruhte ich aus und tat mir recht viel zugute an den Wunden meines geliebten Heilandes, nach so manchen schlaflosen Nächten, darinnen mich seine Einsamkeit und Verlegenheit am meisten aufgerichtet hatte. Und so reiste ich mit meinem Töchterchen, als einem besonderen Präsent, das ich mit aller Treue und Sorgfalt wie einen Augapfel bewahrt hatte, nur in Begleitung des Bruders Kreimanns den 18. Mai abends um 8 Uhr von Petersburg zu Wasser ab. Der Abschied von den Geschwistern war auf beiden Seiten schmerzhaft.

Es kam bald ein großer Sturm aus Westen uns entgegen und weil noch dazu eine Mondfinsternis einfiel, wurde es so stark finster, so dass wir nichts anderes als unseren Untergang vor uns sahen. Wir waren überladen und die Newa hatte an dem Ort viele Sandbänke. Wir liefen also in großer Gefahr wieder zurück unter Petersburg, und lagen da, bis es Tag und der Wind favorable wurde.

Den 19. Mai kamen wir nach Kronstadt. Da wurde ich auch wieder gequält und nachdem sie mich genug geplagt hatten, konnten wir den 20. unter Segel gehen.

Da wir nun das letzte Hindernis, das Brandschiff, passiert hatten, sah ich mir noch einmal das Land meiner Trübsal mit tränenden Augen an und befahl es dem gnädigen Herzen Jesu auf eine ganz besondere Art! Ich bin's gewiss, er hat sich's gemerkt. Über meine noch übrige Reise fiel mir nichts Schweres ein. Ich fühlte mich gleichsam umschlossen von den blutigen Armen meines Geliebten. Und so habe ich es auch erfahren.

Der Schiffer schien anfangs ein rauher Mann zu sein. Wir hatten
aber nachgehend einen rechten Vater an ihm, und als wir nach
Lübeck kamen, konnte er seinen Freunden und allen Leuten
nicht genug von mir und meinem Kinde erzählen. Wir mussten
auch in sein Haus kommen und wurden da wie die Engel Gottes
aufgenommen.
Der Steuermann war noch ein junger Mensch und ein sehr lieber
Mann, der wie ein Bruder war. Auch sehr fleißig in des seligen
Jüngers Reden las, die wir mit uns hatten. Wir hatten eine recht
selige und vergnügte Seereise mit diesen Leuten.
In Lübeck erwies mir Br. Karstens viele Liebe und besorgte auch
meine weitere Reise nach Lüneburg, die ich am 8. Juni antrat.
Meine Freude vermehrte sich, je näher ich meinem erwünschten
Örtchen kam. Daselbst mussten wir vom 12. bis 21. Juni bleiben.
So wie aber auf der ganzen Reise, zu Wasser und Land, das treue
Aug und Wächter meiner Seele über mir gewacht hatte, so erfuhr
ich es auch hier ganz besonders. Denn die 10 Tage unseres
Aufenthalts allhier waren alle Tage so heftige Gewitter, als bei
Menschengedenken nicht gewesen sein, und so starke
Regengüsse, dass die Straßen ganz davon verdorben wurden.
Endlich reisten wir auch von da ab, sehr ruhig und ungestört,
und obgleich alles mit Krieg umgeben war, sahen wir doch nichts
davon. So kamen wir dann am 5. Juli 1761 gesund und wohl, zu
meiner unbeschreiblichen Freude, in meinem geliebten Herrnhut
an. Ach was Dank- und Freudentränen flossen über die Wangen,
dass mein treuer und lieber Heiland nicht nur mich, sondern
auch das mir vertraute Pfand, mein Töchterchen, in die Arche
gebracht. Und so legte ich das Kind zu seinen Füßen, mit der
Bitte, sich ihre Seele Ihm angenehm sein zu lassen, und sie ganz
zu seinem Eigentum und Freude zu machen.
Diese Reise von Kasan bis Herrnhut macht ungefähr 500
Deutsche Meilen.[5]

---

[5] Das sind 3750 Kilometer

Nachdem nun unsere selige Schwester am 5. Juli glücklich und wohlbehalten mit ihrem Töchterlein hier angekommen war, so wurde sie am 10. darauf ins Chor der Witwen eingeleitet, wozu sie den Segen empfing. Auch bei dieser Veränderung übergab sie sich dem Willen unsers lieben Herrn und empfand in seiner lieben Nähe reichen Trost. Weil sich's so schön machte, dass eben ihr Geburtstag war, hatte sie mit dem Chore ein Liebesmahl. Dank- und Freudentränen flossen dabei von ihren Wangen für die gnädigen Durchhilfen und Bewahrungen unsers lieben Herrn in so mancherlei Not und Gefahr.

Besonders war ihr Herz voll Lob und Dank, dass der liebe Heiland ihr sehnliches Verlangen in Gnaden erfüllt, und sie wieder auf ihr erstes Plätzchen nach Herrnhut gebracht habe, da sie nun mit allen ihren Kindern in dem Schoße der Gemeine sei, wo sie ihren stillen seligen Sabbat halten wollte.

Am 21. Juli zog sie in ihr Chorhaus und die Losung des Tages „Sei nur getrost und sehr freudig, und nach erfülltem Grade in deines Mannes Nähe getröstet." war ihr sehr merkwürdig. Sie wurde als eine Gehilfin im Chore gebraucht. Nach dem Synodo 1764 kam sie mit zum Directorio, ging mit demselben anno 1766 nach Zeist und anno 1768 in Gesellschaft unserer lieben Geschwister von Dohna und Petrus Böhlers nach England, und kam anno 1769 nach dem Synodo wieder hierher ins Chorhaus. Anno 1770 erhielt sie von der Unitäts-Ältesten-Konferenz den Antrag, mit den Geschwistern von Treyden nach Curland zu gehen. Ob es ihr wohl anfänglich schwer ankam, wiederum die Gemeine zu verlassen, so nahm sie es doch mit willigem Herzen an.

Unsere liebe Schwester v. Treyden gibt von dem Aufenthalt und treuen Dienst der Seligen bei ihnen folgende Nachricht:

„Wir waren dem Heiland sehr dankbar, dass Er uns diese Seine, durch so viele schwere Proben bewährte Dienerin, als eine

Gehilfin unserer Freude und auch des uns betroffenen Leides, mitgeben wollen. Sie stund uns treulich mit Rat und Tat bei und ist besonders mir, da ich durch meines seligen Mannes Heingang als eine in der Fremde verlassene Waise zurück bleiben müssen, zum wahren Trost und Nutzen gewesen. Ihr herzvertraulicher Umgang mit dem Schmerzensmann erleichterte ihr und mir alles Schwere. Denn wie sie an meinen Umständen so nahen Anteil nahm, als wenn sie es selber betroffen hätte, so redete sie auch über alles, es mochte groß oder klein sein, mit dem Heiland und legte es ihm an sein treues Herz. Sie blieb auch in Curland nicht ohne mancherlei Erfahrung, aber auch nicht ohne gesegneten Nutzen, der zu seiner Zeit Frucht bringen wird.
Vornehme und Geringe hatten Hochachtung, Liebe und Vertrauen zu ihr. An mir und meinem Kinde bewies sie unbeschreibliche Liebe, Treue und Pflege, bis an ihr Ende, die ihr der Heiland nunmehr vergelten wird. Ich habe durch sie eine respectable Mutter und intime Herzensfreundin verloren, darüber mich der allein trösten kann, der sie mir so unerwartet und geschwinde entrissen. Anno 1773, den 29. September kam sie mit mir und meinem Kinde aus Curland in Herrnhut an, froh und dankbar für die von unserem Herrn erfahrenen Gnadenbeweise und Barmherzigkeiten auf allen Seiten."
Bei der Einrichtung der großen Helfer-Konferenz 1775 wurde sie auch ein Mitglied derselben, desgleichen unter den Besuchern im Chore, und legte sowohl ihr Chor als das ganze Werk des Herrn fleißig an das treue Herz Jesu, des Erbarmers, nicht müde zu werden, bis Er alle Seine Friedensgedanken über seine Brüder-Unität seliglich ausgeführt habe.
Was ihre Krankheit anbelangt, so kam sie am 26. April noch in die Chorviertelstunde, wurde aber von einer sehr großen Schwäche überfallen. Und ob man ihr gleich zuredete, wieder nach Hause zu gehen, so wollte sie doch noch der Chorversammlung, welche unser lieber Bruder Johannes hielt, beiwohnen, weil sie glaubte, dass es wohl ihre letzte sein werde. Sie sagte zu ihrer Chorhelferin, dass sie einen aparten

Ostermorgen gehabt, da sie mit dem Heiland über alles
ausgeredet, und auch die Versicherung von Ihm erhalten habe,
dass Er sie bald zu sich nehmen würde. „Ach", sagte sie, „wie
wird das Sünder-Liedchen klingen, wenn ich bei meinem
Geliebten bin! Ich werde mich über mein Seligsein doch niemals
anders als schamrot freuen usw. Taten habe ich keine
aufzuweisen, es ist alles mit Fehlern bedeckt, dass ich mir immer
sagen muss: „Vergib, was ich versehen!"
Die Entkräftung nahm gleich so überhand, dass sie am 27. auf
die Krankenstube musste gebracht werden. Ungeachtet aller
angewandten Mittel der Medici sah man bald, dass diese
Krankheit zu ihrer Vollendung sein würde.
Wegen großer Hitze und Engigkeit auf der Brust konnte sie wenig
reden, doch war sie sich meist gegenwärtig und sah die
Besuchenden mit freundlichen Blicken an, wodurch sie ihr
inniges Wohlsein zu verstehen gab. Wenn ihr Heimgangsverse
gesungen wurden, hörte man sie die letzten Worte noch beten,
bis am 30. April 1778 abends in der neunten Stunde der selige
Moment eintrat, da diese Magd Jesu mit dem Segen der Gemeine
und ihres Chores, unter einem fühlbaren Gottesfrieden, nach
einer dreitägigen Brustkrankheit und merkwürdigem Lauf durch
diese Zeit, in ihres Herrn Freude einging.
Ihr Alter hat sie gebracht auf 65 Jahr, weniger 10 Wochen.

4. Anna Maria Wagler   1717 – 1784

Unsere selige Schwester Anna Maria Waglerin, geborene
Grinfingen, hat von ihrem Gang durch diese Zeit folgendes
wenige selbst hinterlassen:
Ich bin geboren anno 1717 den 8. August zu Göppingen im
Württembergischen. In meinem dritten Jahre ging mein Vater
und in meinem 6 Jahre meine Mutter aus der Zeit und
hinterließen neun, noch meist unerzogene Kinder. In der
Leichenpredigt meiner seligen Mutter tat der Pfarrer eine
herzliche Ermahnung an die Versammlung, sich der armen
hinterlassenen Waisen anzunehmen. Dieses hatte auch die
Wirkung, dass noch an demselben Tag sämtliche neun
Geschwister abgeholt und unter fremde Leute zu Erziehung
verteilt wurden.
In meinem 27. Jahr kam ich zu einem Pfarrer in Dienste. Es fügte
sich, dass zwei Brüder von Ebersdorf im Württembergischen und
sonderlich auch diesen Pfarrer besuchten. Durch diesen Besuch
kam ich in Bekanntschaft mit der Gemeine und kriegte ein
Verlangen, bei derselben zu sein.
Anno 1744 den 27. November kam ich allhier an. Im darauf
folgenden Jahr in der Passionszeit entdeckte mir der liebe
Heiland meinen verlorenen Zustand, ich sah mich nun an als die
größte Sünderin, die dem lieben Heiland alle sein Leiden und
Schmerzen mit ihren Sünden verursacht. Der treue
Sünderfreund ließ mich aber dabei nicht ohne Trost. Ich fand
Gnade und Vergebung in seinem Versöhn-Opfer, und konnte
alles, was mein lieber Heiland gelitten, mir gläubig zueignen, und
diese selige Passionszeit ist mir im dankbaren Andenken
geblieben.
 Anno 1746 hatte ich die Gnade, zum ersten Mal ein Mitgenosse
des Heiligen Abendmahls zu werden. Ich wurde darauf hin zum
Dienst in Familien gebraucht. Anno 1752 wurde ich mit meinem
seligen Mann, Johann Friedrich Wagler (Strumpfwirker) zu
heiligen Ehe verbunden, in welcher uns der liebe Heiland ein

Töchterlein schenkte, welches aber nach 14 Tagen wieder zu ihm heimging. Anno 1765, den 10. Juni ging mein Mann in seinem Geschäfte über Land. Auf seiner Rückreise, nahe bei Gera, überfiel ihn im Walde plötzlich ein Schlagfluss, dabei er selig verschieden.

Diese Nachricht verursachte bei mir großen Schrecken und Betrübnis. Nachdem ich mir mein Haus und übrigen Handwerksvorrat in Richtigkeit gebracht, zog ich ins Chorhaus der Witwen. Ich brachte zwar die ersten Jahre in meinem Witwenstande nicht so vergnügt zu, als es hätte sein können und sollen, teils tat mir meine vorige Wirtschaft bange, teils ließ ich mich mit Sorgen der Nahrung ein, fing an über dieses und jenes zu räsonieren und suchte die Schuld immer mehr bei anderen als bei mir. Dieses störte dann sowohl meine äußere Ruhe als den inneren Frieden meines Herzens gar oftmals. Der liebe Heiland half mir aber auch darinnen von Zeit zu Zeit mehr, und schickte mir die Gnade, dass ich lernte, mich mehr auf ihn und seine Hilfe in allen meinen Umständen zu verlassen, dafür ich ihm, so wie auch für alles, was ich von den lieben Geschwistern genossen, von Herzen dankbar bin.

Soweit ihr Aufsatz.

Sie war schon seit ein paar Jahren an ihrer Hütte sehr schwächlich, und laborierte an der Auszährung. Zu Anfang dieses Jahres, den 7. Januar wurde sie ganz bettlägerig, da sie dann diese lange Zeit in Geduld und großer Sehnsucht und Verlangen nach ihrer Heimholung verbrachte. Den 8. dieses Monats beging sie noch ihren Geburtstag. Sie verbrachte diesen ganzen Tag bei aller großen Schwäche recht vergnügt und selig. Es überfiel sie, sonderlich die letzten acht Tage, öfters außerordentlich große Schwäche, da man alle Augenblicke ihr Ende vermutend war. Es wurde ihr daher unter dem Gesang einiger Verse der Segen der Gemeine und ihres Chores erteilt. Den 19. abends nach 5 Uhr, kam dann der von ihr sehnlich erwünschte Moment, da sie recht sanft und selig entschlief, ihres Alters 68 Jahre und 12 Tage.

5. Jacob Friedrich Pelletier 1740 – 1822

Der am 7. April 1822 in Ebersdorf selig entschlafene verheiratete
Bruder Jakob Friedrich Pelletier
hat folgende eigenhändige Nachricht von seinem Lebensgange
hinterlassen:
Am 25. Dezember 1740 wurde ich zu Montbeliard geboren. Meine
Eltern, die mit den Brüdern bekannt waren, wendeten alles an,
um einen ehrbaren und gottesfürchtigen Menschen aus mir zu
machen. Ich war aber von Jugend an zu Ausschweifungen sehr
geneigt. Mein Vater war mir sehr scharf, und meine Mutter
predigte mir sehr viel. Es half aber das eine so wenig wie das
andere. Ich ging ohne Rücksicht in alles Schlechte hinein, und je
mehr ich heranwuchs, desto größer wurde bei mir die Neigung
zur Welt und ihrer Lust. Ich wusste mich aber vor meinen
frommen Eltern so gut zu verstellen, dass sie zuweilen mit mir
wohl zufrieden zu sein schienen. Allein meine Ausschweifungen
blieben nicht verborgen, und mein Vater wendete nun alles an,
um mich aus dem Verderben zu retten, in welches ich schon sehr
tief hineingeraten war.
Er schickte mich in meinem 12. Jahre, teils zur Erlernung der
deutschen Sprache, teils um mich meinen schlechten
Gesellschaften zu entziehen nach Mühlhausen in der Schweiz.
Hier aber, wo ich mich nicht mehr unter seiner strengen Aufsicht
befand, geriet ich vollends ins größte Verderben hinein, daher
mich mein Vater nach fünf Vierteljahren wieder nach Hause
nahm und mich seine Schärfe so nachdrücklich fühlen ließ, dass
ich keinen anderen Rat mehr sah, als mich zu bessern. Ich fing
also an, fleißig in die Kirche zu gehen und suchte in der Schule
recht viel zu lernen. Da ich nun wegen meiner Fortschritte gelobt
wurde, wurde ich stolz und wollte nun Theologie studieren, um
ein berühmter Prediger zu werden. Mein Vater aber, der meine
Neigung zu schlechter Lektüre bemerkte, mich auch bereits für
die Handlung bestimmt hatte, nahm mich aus der Schule weg
und gab mich zu einem Leinwandhändler in die Lehre, wo man

mir, um mehr Lust zu diesem Geschäft zu machen, mehr Freiheit
ließ als sonst Lehrlinge zu haben pflegen, welches ich mir auf
eine sehr ausschweifende Art zunutze machte. Endlich gingen
meine Vergehungen so weit, dass ich bei meinem Vater hart
verklagt wurde, und da ich unter der Hand erfuhr, dass er sehr
aufgebracht über mich sei, so flüchtete ich zu einer Tante. Ich
erzählte ihr, wie ich von bösen Leuten bei meinem Vater
angeschwärzt worden sei, und wusste mein schlechtes Betragen
so zu bemänteln, dass sie, um mich zu trösten, mich mit
Liebkosungen überhäufte und mich sechs Tage lang bei sich
verbarg, bis sich, wie sie sagte, der Zorn meines Vaters gelegt
haben würde.

Indessen waren meine Eltern, die mich vergeblich überall
aufsuchen ließen, meinetwegen in nicht geringer Verlegenheit.
Endlich ließ meine Tante ihnen sagen, dass ich bei ihr sei und
dass sie mich unter der Bedingung, dass mir alle Züchtigung
geschenkt würde, wieder zu ihnen bringen wolle. Nachdem dies
geschehen und meine gute Tante wieder weggegangen war, fing
mein Vater an, mir einen Verweis zu lesen mit solchen
Ausdrücken, dass alles an mir zitterte und ich mich vor Furcht
kaum lassen konnte. Ich nahm mir nun vor, mich zu bekehren,
bat schriftlich meinen Vater um Verzeihung des Vergangenen
und fing an, ein einsames Leben zu führen und fleißig in der
Bibel zu lesen, wobei ich manche kräftige Rührungen empfand.
Bald nachher bezeugte ich ein Verlangen nach dem Heiligen
Abendmahl, da mich dann mein Vater in den vorbereitenden
Unterricht zum Pastor Duvernoy schickte. Dieser würdige Mann
behandelte mich so liebreich und legte mir das Heil meiner Seele
so nahe ans Herz, dass ich nicht umhin konnte, den ernstlichen
Entschluss zu fassen, nun ganz des Herrn Jesu zu werden und
allein für ihn in dieser Welt zu leben.

Demnach verließ ich meine weltliche Gesellschaft, verbrannte
meine Tanzschuhe, gab der Welt und ihrer Lust völlig Abschied
und bat Gott mit heißen Tränen, mich so zu gestalten, dass ich
ihm gefällig sein könnte. In dieser Stellung ging ich zu Ostern

zum Ersten Mal zum Heiligen Abendmahl, wobei ich so etwas Himmlisches empfand, dass ich nachher ganz betrübt war, noch auf Erden bleiben zu müssen. Indessen machte ich einen Bund mit dem Herrn Jesu, seine zu sein und ihn über alles zu lieben. Nun suchte ich auch bald mit den Brüdern in Bekanntschaft zu kommen, besuchte den lieben Pastor Duvernoy fleißig und durfte auch den Versammlungen, die er in seinem Hause hielt, beiwohnen. Es wurde mir in denselben sehr wohl, und da ich aus den gelesenen Nachrichten von mehreren Brüdergemeinen hörte, so bekam ich ein Verlangen in einer derselben zu wohnen und bat den Pastor Duvernoy, mir dazu den Weg zu bahnen, da er denn für mich um Erlaubnis in Neuwied anhielt. Unterdessen verspotteten mich meine bisherigen Kameraden als einen Pietisten und taten mir alles mögliche Herzeleid an, so dass ich umsomehr wünschte, bald fortzukommen. Endlich erhielt ich Erlaubnis nach Neuwied und bat meine Eltern um ihre Einwilligung und um Förderung der Reise. Da ich aber ihr einziger Sohn war, so wollten sie anfangs nichts davon hören. Endlich erlaubten sie es auf einige Jahre. Als ich nun aber eben meine Reise antreten wollte, wurde mein Vater anderen Sinnes, weil man ihm gesagt hatte, er würde mich nicht mehr von der Gemeine wegnehmen können, wenn ich in derselben gediehe. Auf seinen Befehl musste ich nun zu Hause bleiben und die Gesellschaft ohne mich abreisen sehen.

Da ich ganz untröstlich darüber war und immer missvergnügt einherging, so wurde mir auf einige Jahre eine Stellung in Hamburg vorgeschlagen. Ich schlug aber dieses und jedes andere Anbieten ab und bat nur um Erlaubnis, in die Gemeine ziehen zu dürfen, und weil man sah, dass nichts mit mir anzufangen sei, so wurde mir ein Jahr nachher erlaubt nach Neuwied zu gehen.

Mit ausnehmender Freude trat ich nun am 24. Juni 1760 mit dem würdigen Pastor Duvernoy und noch 27 Personen die Reise dahin an. In Mainz, wo man mich ganz allein zur Wache im Schiff gelassen hatte, geriet ich in Lebensgefahr. Mainzer Schiffer schnitten nämlich das Ankerseil unseres Schiffes ab und stießen

das Schiff vom Ufer ab mit dem Vorgeben, dass der Platz, wo es
vor Anker lege, ihnen gehörte. Das Schiff wurde nun flott, aber
ich sprang in den Rhein und erreichte mit vieler Mühe und
Gefahr schwimmend das Land, wobei ich nur meinen Hut verlor.
Unser Schiff wurde unterdessen wieder eingeholt, und wir kamen
am 3. Juli glücklich in Neuwied an. Beim Eintritt ins Brüderhaus
war ich ganz entzückt. Nun, dachte ich, bist du unter lauter
Kindern Gottes, ein vergnügtes und himmlisches Leben kann dir
gar nicht fehlen.

Nachdem ich einige Wochen müßig umhergegangen war, bat ich
um Beschäftigung. Nun gab man mir einen Schubkarren zum
Fahren, womit ich mich mehrere Monate beschäftigte.
Unterdessen wurde ich in die Gemeine aufgenommen[6]. Da ich
nun merkte, dass andere jahrelang darauf warten mussten, so
wurde ich stolz und bildete mir ein, dass ich besser sei als
andere, zumal ich auch von meinem Naturverderben nichts mehr
fühlte. Ich fing nun an zu predigen und wollte alles bekehren, gab
mich auch sogleich zum Dienst unter den Heiden[7] an und hatte
meinem Pfleger nichts als lauter herrliche Sachen zu erzählen.
Als er mich nun einmal bei einer solchen Gelegenheit fragte, ob
ich denn auch ein armer Sünder sei, antwortete ich: „Oh behüte!
Als ich noch in der Welt war, da war ich wohl ein armer Sünder,
jetzt aber bin ich ein Kind Gottes und fühle in mir nichts als
lauter göttliche Dinge ". Kurz, ich dachte, dass es mir zum
Predigen nur an einer Kanzel fehle. Als ich aber auf den Genuss
des Heiligen Abendmahls mit der Gemeine warten musste und

---

[6] Die Aufnahme in die Gemeine und auch die erstmalige Zulassung zum
Abendmahl wurden durch die Ältestenkonferenz entschieden. Wenn die
persönlichen Voraussetzungen nach menschlichem Ermessen festgestellt
waren, wurde noch das Los befragt, durch das nach damaliger
Auffassung Gottes Zustimmung oder Ablehnung erkennbar wurde. Bei
einem negativen Los wurde die Prozedur nach einigen Wochen oder
Monaten wiederholt, da sich der Mensch ja weiterentwickelt. Das konnte
beliebig lange fortgesetzt werden.
[7] Die Brüdergemeine war in vielen Gebieten der Welt missionarisch tätig.
Mitglieder der Brüdergemeine konnten sich zu diesem Dienst melden.

andere mir zuvorkommen sah, wurde ich trübsinnig und fing an, über diese Zurücksetzung zu räsonieren. Da nun auch in meinem Inneren manches wieder rege wurde, was ich geglaubt hatte, in der Welt zurückgelassen zu haben, so wurde ich ganz irre, nahm mich aber wohl in acht, meinem Pfleger etwas davon zu entdecken, und hoffte, dass sich das mit der Zeit wieder verlieren werde. Da es aber immer ärger damit wurde und ich so nicht erscheinen wollte, nahm ich mir vor, die Gemeine heimlich zu verlassen.

Als ich nun eines Tages früh um 3 Uhr aufgestanden war, um unbemerkt fortzugehen, begegnete mir der Nachtwächter, und als ich ihm auf sein Befragen mein Vorhaben entdeckt hatte, bat er mich, um alles in der Welt nicht einen solchen Schritt zu tun. ich ging also auf meine Stube zurück, und bei der Überlegung, was ich nun weiter machen wollte, wurde es mir, als ob mir jemand sagte: Wenn du fortgehst, so bist du verloren! Ich erschrak, sah von meinem Vorhaben ab und entschloss mich, es kostet, was es wolle, meine ganze Lage meinem Pfleger zu offenbaren. Aber wohl 20 Mal kam ich an seine Tür, jedoch ohne hineinzugehen. Endlich begegnete er mir einmal bei einer solchen Gelegenheit, nahm mich beim Arm und führte mich in seine Stube. Hier setzte ich nun die falsche Scham beiseite und erzählte ihm auf sein Befragen, wie es mir ginge, alles. Statt mich nun aber hart und geringschätzig zu behandeln, wie ich erwartet hatte, fiel dieser liebe Mann mir um den Hals, weinte mit mir und sprach mir Mut zu, mit allem meinem Elend zum Heiland zu gehen. Er stehe mir dafür, dass mir werde geholfen werden. Ich folgte seinem Rat, ging sogleich auf den obersten Boden, warf mich auf mein Angesicht, bekannte dem Heiland alle meine Sünden und bat ihn mit heißen Tränen um Vergebung. Wie mir dabei zumute war, kann ich nicht beschreiben. Alle meine Sünden von Jugend auf standen vor mir und ich kam mir ganz abscheulich vor. In dieser trauervollen Lage blieb ich nicht lange ohne Trost. Der Sünderfreund ließ mir durch die dicken Wolken meines Sündenelends seine Erbarmungssonne scheinen und rief mir zu:

Verzage nicht! Ich habe dich schon lange so gekannt und nur gewartet, bist du zu mir kämest. Sei getrost, deine Sünden habe ich gebüßt. Sie sind dir vergeben. Du sollst nicht verloren gehen. Wie neugeboren stand ich auf, alles Drückende war verschwunden, mein Herz wurde mit Trost erfüllt und ganz zufrieden gestellt.

Ich kam jetzt in einen ganz anderen Gang und wurde durch einen herzvertraulichen Umgang mit dem Freunde meiner Seele in ein vergnügtes und seliges Leben versetzt. Einige Wochen nach diesem mir unvergesslichen Zeitpunkt meines Lebens genoss ich zum ersten Mal mit der Gemeine das heilige Abendmahl, wobei mir vor Scham und Beugung die Augen übergingen. Von da an fing ich recht an zu schmecken, wie herrlich es ist, ein Schäflein Christi zu sein. Ich opferte mich ihm ganz und wollte hinfort nicht mehr mir, sondern nur für ihn leben und gedeihen. Zwar habe ich auch seitdem oft mein Verderben gefühlt. Das hat mich aber in meinem seligen Gang nicht gestört, sondern mir nur gelehrt, wie nötig es sei, sich beständig an den Heiland zu halten und ihn nie aus den Augen zu lassen. Freilich war ich oft über dies oder und jenes an mir betrübt, was ich gern weg gewünscht hätte. Aber der Heiland hat es mir klar gemacht, dass unser Elendsgefühl es nicht ist, was uns unselig macht, sondern die Gleichgültigkeit gegen ihn und die Vernachlässigung des Umgangs mit ihm. Darum habe ich mich auch durch das Gefühl meines Verderbens nicht mehr irre machen lassen, sondern ließ nur das meine Hauptsorge sein, den Heiland täglich zu bitten, mich bei sich zu erhalten und mir den tiefen Eindruck seiner Leiden alle Tage zu erneuern. Bei dieser Methode befand ich mich wohl. Durch den Umgang mit ihm wurde ich vor Abweichungen bewahrt und fand alles darin, was zum Seligsein gehört.

Nach einigen Jahren bekam ich eine sehr böse Halskrankheit, und da ich in Neuwied nicht geheilt werden konnte, so reiste ich auf Verlangen meines Vaters und auf den Rat der Brüder nach Hause, wo ich noch drei Vierteljahre lang viel zu leiden hatte. Unterdessen wurde mir auf alle Weise zugesetzt, um mich zu bewegen zu Hause zu bleiben, und weil Versprechungen nicht wirkten, so wurde mir gedroht, mich ohne alle Unterstützung zu lassen. Das war freilich hart für mich, da ich mir bei meiner Kränklichkeit mein Durchkommen in der Gemeine nicht verdienen konnte. Allein die mir widerfahrene Gnade war mir noch in so frischem Andenken, dass ich alle Versprechungen und Drohungen verachten und meinen Verwandten rund erklären konnte, dass mir Wasser und Brot bei einem Volke Gottes lieber wäre, als alle Gemächlichkeit der Welt, dass ich also wieder dahin gehen wolle, wo ich meine Seligkeit gefunden habe.

Ich begab mich nun, ohne noch völlig geheilt zu sein, mit dem wenigen Geld, dass mir mein Vater dennoch gab, wieder auf den Weg, hatte unterwegs bei strenger Kälte und einem Hals voll offener Wunden viel auszustehen, kam aber doch im März 1763 glücklich in Neuwied an. Meine Freude war unbeschreiblich, und es lag mir sehr an, zur Freude meines liebsten Heilandes zu gedeihen. Nach einigen Wochen wurde ich an einem hitzigen Fieber todkrank. Oh wie gern wäre ich damals zum Heiland gegangen! Ich wurde indessen wieder hergestellt, trug aber von dieser harten Krankheit eine Schwäche davon, die mich fast zu aller Arbeit unfähig machte. Ich wurde also zu allerhand leichten Geschäften angestellt, bis Bruder Johann Jakob Loretz einen Laden im Brüderhaus anfing und mich in die Lehre nahm. Von da an genoss ich eine bessere Gesundheit, und als derselbe einige Jahre darauf nach Petersburg gerufen wurde, so wurde mir die Besorgung des Ladens aufgetragen. Ich hatte nun auf den Messen nicht nur einzukaufen, sondern auch die im Brüderhaus gefertigten Waren zu verkaufen. Einst fiel ich auf der Reise nach Frankfurt aus dem Schiff in den Rhein mitten unter eine Menge anderer Schiffe und wäre ohne Rettung verloren gewesen, wenn ich nicht - ich weiß selbst nicht wie - ein Mastseil ergriffen hätte, an welchem ich mich festhielt, bis ich Hilfe bekam. Nach einigen Jahren wurde der Laden einem Bruder auf eigene Rechnung übergeben und mir aufgetragen, Gemeinnachrichten ins Französische zu übersetzen, welches ich mit vielem Vergnügen tat. Nur hatte ich dabei nicht mein Durchkommen und bezeugte Lust zur Erlernung der Uhrmacherei. Man willigte umso lieber in den Plan, als der Meister alt und stumpf war und man hoffte, ihm an mir eine Stütze zu verschaffen. Nach einem halben Jahr merkte ich, dass meine Augen zu so feiner Arbeit nicht taugen. Ich musste also zu meinem Leidwesen diesen mir übrigens sehr angenehmen Beruf fahren lassen und mein dazu angeschafftes schönes Werkzeug wieder verkaufen. Ich fing nun wieder an, zu übersetzen, Reden nachzuschreiben und Gedichte zu verfassen, so dass ich ganz ins geistliche Fach hineinkam.

Eben war ich in dieser mir sehr angenehmen Arbeit ganz vertieft, als mir aufgetragen wurde, entweder in die Handlung des Bruder Elsasser in Neuwied oder in die Gemeinhandlung in Neudietendorf zu gehen. Wenn ich nun auch lieber in der französischen Gemeine in Neuwied geblieben wäre, so zog ich doch den Dienst in einer Gemeinhandlung der Anstellung in einem Privatgewerbe vor und reiste also im Januar 1771 nach Neudietendorf, wo ich bei der großen Kälte halb erfroren ankam. Hier kam ich in eine harte Schule. Mein Vorgesetzter schien nicht zu mir zu passen. Ich hatte es deswegen sowie auch darum schwer, weil die Thüringer Mundart mir nicht so geschwind, als man es verlangte, geläufig werden wollte. Doch gab sich alles mit der Zeit. Als ich eben im besten Geschick war, bekam ich einen Antrag nach Ebersdorf zur Leitung der dortigen Gemeinhandlung. Dieser Antrag setzte mich in Verlegenheit, da ich mich einesteils zu diesen damals sich in Unordnung befindenden Geschäften unvermögend fühlte, andernfalls aber mich zum Gehorsam gegen den Heiland, aus dessen Hand ich den Ruf erhalten, verpflichtet achtete. Im Vertrauen auf seinen Beistand nahm ich in ihn schließlich an und kam am 16. Mai 1774 in Ebersdorf an. Ich übernahm die Direktion der Gemeinhandlung mit verzagtem Kleinmut, aber mit herzlichem Flehen um den Segen und Beistand des Herrn zum Besten seiner Gemeine. Er, auf dessen Segen alles ankommt, half mir auch bald auf eine so augenscheinliche Weise, dass ich schnell

Ursache fand, ihm für seinen reichen Segen mit Beugung und
von Herzen zu danken. Und das war mir ein abermaliger Beweis,
dass, wer mit aufrichtigem Herzen sein Vertrauen auf den Herrn
setzt, nie zuschanden wird.

Am 1 Juni 1777 trat ich in die Ehe mit ledigen Schwester
Margarete Elisabeth Kern. Diese Ehe ist mit fünf Kindern
gesegnet worden, von denen das älteste aber im ersten
Lebensjahr wieder aus der Zeit gegangen ist. Zwei Töchter
befinden sich in hiesiger Gemeine, ein Sohn und eine Tochter
sind in Neudietendorf. (Von drei Enkelkindern, die der selige
Bruder erlebt hat, ist nur eines noch am Leben.) Nach dem
Synodus 1782 wurde ich nach Neudietendorf berufen, um die
Direktion der dortigen Gemeinhandlung zu übernehmen. Durch
Krankheit und andere Umstände verzog sich aber meine Abreise
dorthin bis in den August 1783, wo ich dann meinen vergnügten
und mit Gottes Segen begleitet gewesenen, beinahe zehnjährigen
Aufenthalt im lieben Ebersdorf beschloss und mit meiner Frau
und zwei Töchtern nach Neudietendorf zog.

Hier wurde mein bisheriges Vertrauen auf die Hilfe des Heilandes
recht auf die Probe gestellt, denn ich fand die Handlung in einer
so verworrenen und gefährlichen Lage, dass es mich reute, die
Direktion derselben angenommen zu haben. Aber mein guter
Heiland war mit mir, segnete meine Arbeit und ließ sie zum
Nutzen der Gemeine gedeihen, wofür ich ihm von Herzen danke.
Da ich mich im 80. Jahr meines Alters zur ferneren Führung der
Geschäfte unvermögend fühlte, bat ich um meine Entlassung,
beschloss meinen 37-jährigen Dienst in Neudietendorf mit Lob
und Dank für alle erfahrene Hilfe und göttliche Wohltat und kam
am 19. Mai 1820 in meinem lieben Ebersdorf an, welches ich mir
zum Ruheplätzchen gewünscht hatte. Jetzt ist mein sehnlichster
Wunsch, meine noch übrigen Tage zur Ehre und Freude meines
lieben Heilandes und im seligen Umgang mit ihm zu verbringen.
Es wird von anderer Seite hinzugefügt:
Unser seliger Bruder lebte hier vergnügt wie von neuem auf, und
es war eine wahre Freude, den heiteren, würdigen Greis zu sehen

und sich mit ihm zu unterhalten. Er selbst erklärte sich sehr erfreut und dankbar für das ihm geschenkte glückliche Alter, indem man weder in der Lebhaftigkeit seines Geistes, noch in der Schärfe seines Gehörs und Gesichts die Spuren eines so hohen Alters wahrnehmen konnte.

Unser guter Vater, (so fahren seine hiesigen Kinder fort) verbrachte seine Ruhezeit hier vergnügt und im vertrauten Umgang mit dem Heiland, welches deutlich zu merken war, indem man ihn öfters laut betend antraf. Er genoss dabei eine für seine Jahre sehr erwünschte Gesundheit, und wenn er auch bisweilen die Beschwerden des Alters fühlte, so blieb doch sein Geist bis zum letzten Augenblick seines Lebens immer heiter. Bei seinem unerschütterlich festen Glauben an den Heiland konnte er auch mit heiterer Ruhe seinem Ende entgegensehen.

In der letzten Nacht zwischen dem 6. und 7. April war sein Gemüt viel mit der Ewigkeit beschäftigt. "Ach!", sagte er unter anderem, "wie bedeutend ist doch der Schritt, wenn Leib und Seele voneinander scheiden. Man bedenkt bei Lebzeiten nicht genug diesen wichtigen Schritt. Doch auch hier ist nur er meine Zuversicht allein, ich weiß sonst keine." Er bat den Heiland wiederholt, ihn nur nicht lange leiden zu lassen. Die selige Stunde war ihm auch näher, als er selbst in diesem Augenblick glaubte. Am 7. April in der Mittagsstunde wurde ihm unter einem sanften Friedensgefühl der Segen des Herrn und der Gemeine zu seiner Heimfahrt erteilt, wobei er ganz ruhig und sich gegenwärtig war und sich danach noch in das Andenken des Heilandes empfahl mit dem Zusatz: "Der Heiland erhört ja Gebet". Einige Minuten danach schlummerte er ganz sanft und lieblich in die Ewigkeit hinüber, seines Alters 81 Jahre, drei Monate und 12 Tage. Sein aufrichtiger, wahrheitsliebender Charakter, sein treuer Sinn für den Heiland und die Gemeine wird uns in unvergesslichem Ansehen bleiben. Schmerzlich fühlen wir seinen Verlust. Doch danken wir dabei dem Herrn, dass er ihn uns so lange erhalten und ihn nun so selig vollendet hat.

6. Sophie Kohler   1747 – 1837

Lebenslauf
 der verwitweten Schwester Friederike Sophie Kohler, gebornen
Luckner, heimgegangen zu Ebersdorf den 12. September 1837.

Er riss mich heraus, denn er hatte Lust zu mir! (Psalm 18,20)
Am 5 März 1747 erblickte ich zu Greiz im preußischen Voigtlande
das Licht der Welt. Meinen Vater verlor ich, als ich neun Tage alt
war. Meine Mutter tat alles, um mich und meine Geschwister in
der Furcht Gottes zu erziehen, und uns frühe mit dem Worte
Gottes bekannt zu machen. Durch ihre Erzählungen vom Herrn
Jesu fasste ich eine innige Liebe zu ihm und oft seufzte ich:
„Jesu, mein Trost, hör mein Begier, ach mein Heiland, wär ich bei
dir!" Da ich Fähigkeit zum Lernen zeigte, so schickte sie mich
schon in meinem vierten Jahr in die Schule. In meinem siebten
Jahr wurde ich im Waisenhause in die Schule getan, welche der
Bruder Auerbach hielt. Dieser liebe Mann pries den Heiland mit
solcher Herzenswärme an, dass vor Hingenommenheit oft ein
lautes Weinen entstand. Die folgsamen, fleißigen Kinder belohnte
er zuweilen mit einem Geschenk. Einst erhielt ich von ihm ein
Bild, welches den Heiland am Kreuze vorstellte, mit dem Vers:
„Mein Heiland, du bist mir zu Lieb in Not und Tod gegangen ..."
Ich und die neben mir sitzenden Kinder wurden darüber
nachdenkend, dass der Heiland auch für uns solche Marter
ausgestanden, und brachen in ein überlautes Weinen aus. Als
Bruder Auerbach die Ursache unserer Betrübnis vernahm,
erzählte er uns noch mehr von der Liebe Jesu, die Ihn in Not
und Tod getrieben, und dadurch entstand unter den meisten
Kindern eine Erweckung. Ich besuchte den guten Mann oft, da er
denn mit mir betete, wobei mir innig wohl war. Mehrere Eltern
wollten dies nicht leiden, und kamen klagend ein, dass er den
Kindern Herrnhutische Begriffe beibrächte. Darüber wurde er von
der Geistlichkeit zur Rede gestellt und ihm verboten, mit uns
nicht mehr von Jesu dem Gekreuzigten zu reden. Dies konnte er

nicht befolgen, und gab deshalb seinen Dienst auf. Mir
verursachte es großen Schmerz, meinen treu besorgten Freund
und Führer zu verlieren. An seine Stelle kam nun Herr Vieweg,
nachmaliger Oberpfarrer in Zeulenroda. Dieser rechtschaffene
Mann suchte zwar uns auf dem guten Weg fortzuleiten, aber bei
mir verlor sich nach und nach das selige Gefühl im Herzen.
Damals entstand durch den Rektor Keßler eine große Erweckung
in Zeulenroda. Herr Vieweg nahm uns öfters mit dahin, wo wir
am Abend in Häusern und Gärten betende Eltern und Kinder
hörten, denen es ums Seligwerden zu tun war. Dies diente mir zu
neuer Herzens-Anpassung und zu dem Entschluss. mich dem
Heiland hinzugeben. Bei der Vorbereitung zum erstmaligen
Genuss des Heiligen Abendmahls fehlte es nicht an guten
Rührungen, und mir ward bang, ob ich dies hohe Gut auch
würdig genießen werde.
Bei meinem leichten Sinn aber, verdrängte die Liebe zur Welt
bald wieder alle bessern Gedanken. Der Handschlag, den ich
gegeben hatte, dem Heiland treu zu bleiben, schreckte mich zwar
öfters aus meiner Ruhe, aber die Neigung, die Welt zu genießen
behielt gleichwohl die Oberhand. Nach beendigter Schulzeit fing
ich an, bei der Weberei mein Brot zu verdienen, und sah und
hörte nun manches mir schädliche. In meinem 16. Jahre kam ich
zu einer frommen, rechtschaffenen Frau in Dienste , bei der ich
wieder zum Guten angehalten wurde, aber mein leichtsinniges,
flüchtiges Naturell setzte sich über alles hinweg . Ich fing kann,
viel zu lesen, brach mir des Nachts den Schlaf ab, und unterhielt
mich mit Lesen von Schauspielen und Romanen, was meinen
lebhaften Geist aus aller Fassung brachte. Weil mich Hochmut
und Eigenliebe sehr plagten, so wünschte ich recht gelehrt zu
werden, um einmal in der Welt gut fortkommen zu können. Im
Dienst gedachter Dame wurde es mir bald zu enge, und ich zog
nach zwei Jahren in einen Gasthof. hier aber wurde ich mit
Schrecken inne, wie leicht ich in alle Sünden und Laster verfallen
könnte, und aus Furcht, einmal von der Sünde betrogen und vor
der Welt zu Schanden zu werden, zog ich nach einem Jahre

wieder ab. Nun kam ich zu einem Kaufmann in Dienst, bei dem ich im Äußern sehr gut hatte, denn in diesem Hause herrschte ein vornehmer Ton und großer Aufwand. Ich lebte ganz nach der Mode der Welt, aus Hochmut aber hielt ich sehr auf Ehre und Tugend. Hierdurch war ich zwar bei meiner Herrschaft wohl gelitten aber alle guten Gedanken verloren sich je mehr und mehr aus meinem Innern. Einstmals befand ich mich auf freiem Felde, und konnte, da ich von einem heftigen Gewitter überfallen wurde, nirgends unter treten. Der Gedanke, was aus mir werden würde, wenn Gott mich jetzt plötzlich aus der Welt abrufen sollte, versetzte mich in große Angst. Da fielen mir die Verse ein: "Einem armen schwachen Kinde, dass sich für verloren hält, krümmt und windet in der Sünde, wird sein Blut zum Lösegeld. Gnade strömt aus Jesu Wunde, dass man Abba sagen kann, und man sieht sich von der Stunde als ein Kind der Gnade an." Zugleich regten sich die süßen Gefühle, die ich ehedem in der Schule empfunden hatte, mächtig in meinem Herzen, und ich beschloss, weil ich in meinem Dienst vielen Versuchungen ausgesetzt war, denselben aufzugeben. Unruhe und Bangigkeit verfolgten mich täglich; ich konnte nicht mehr wie bisher sündigen, und suchte mich durch Lesen geistlicher Bücher zu beruhigen.

Hierauf zog ich wieder zu meiner Mutter. Nun aber trat 1770 die große Teuerung ein, und in Folge derselben nahmen Krankheiten und Sterben überhand. Auch wir wurden von der Seuche befallen, und bettlägerig. Da sah ich nichts vor mir, als ein schreckliches Gericht, weil ich dem Heiland, dem ich mich früher ergeben, wieder untreu geworden war. Als wir wieder genasen, fasste ich den festen Entschluss, mein Leben zu ändern und fromm zu werden. Ich wendete mich an die Herren Pfarrer, weil sie mich aber kannten, so hatten sie kein Zutrauen zu mir, wiesen mich aufs Beten und Kämpfen, und ließen mich gehen. Ich wurde nun mit mehreren erweckten Mädchen bekannt, und schloss mit einer derselben den Bund, uns zu bekehren, und alles Böse ernstlich zu meiden.

Dass wir aber, so schlecht wir waren, zum Heiland kommen, und ihm unsere von Grund aus verdorbenen Herzen zur Reinigung hingeben müssten, das wussten wir nicht und da uns niemand darauf aufmerksam machte, so erfuhren wir auch nicht, was ein Erlöser sei. Es lag uns sehr an, wahre Kinder Gottes kennenzulernen, wo wir aber dieselben finden sollten, das war uns verborgen. Nun fiel mir ein: sollten es wohl die Herrnhuter sein? Meine Freundin zog inzwischen nach Gera, und wir unterhielten einen fleißigen Briefwechsel. Einmal hatte ich ihr viel von meiner Herzens-Unruhe schriftlich mitgeteilt. Da sie nun nichts darauf zu erwidern wusste, so teilte sie meinen Brief einer Schwester mit. Diese schrieb mir nun: nicht der Satan und die Welt wären allein schuld an meinem unseligen Zustand, das Triebrad zu allem Bösen liege in meinem eigenen Herzen, dies müsse ich dem Heiland ganz hingeben, nur so würde mir geholfen werden. Als ich bei Eröffnung des Briefes sah, dass sie mich Schwester nannte, wollte ich anfangs denselben nicht lesen, und dachte: bekehren willst du dich zwar, aber nicht eine Herrnhuterin werden. Aus Neugierde aber nahm ich jedoch den Brief wieder zur Hand, um wenigstens die Grundsätze dieser Leute kennenzulernen. Wie so ganz anders wurde mir da zu Mute! Ich fand die süße Lehre von Jesu, dem Freunde der Sünder, und vernahm, dass alles Schlechte in meinem Herzen zu finden sei. Das hatte noch niemand mir so gesagt, auch hatte ich's in keinem meiner Bücher gelesen. Jetzt wünschte ich sehr mit den Herrnhutern näher bekannt zu werden, und die am Orte wohnenden Geschwister Bachmann kennenzulernen. Ehe ich aber ihr Haus betrat, sah ich mich zuvor um, ob jemand mich bemerkt habe, denn vor dem Namen Herrnhuter trug ich eine große Scheu. Bruder Bachmann redete viel mit mir, was mir durchs Herz ging, und sagte beim Abschied, wenn seine Worte mir gefallen hätten, so könne ich wieder kommen. Nach langer Zeit trieb mich die Unruhe meines Herzens wieder zu ihm, und ich wurde davon überzeugt, dass diese Leute die rechte Lehre hätten. Da ich aber noch so viel eigenes Gute behalten wollte, so kam es bei mir gleichwohl immer zu nichts Ganzem. Im Jahr

1774 besuchte ich zum ersten Mal hier in Ebersdorf. Wie mir da
zumute wurde, als ich einer Versammlung beiwohnte, das
beschreiben keine Worte. Ich wurde von der dabei waltenden
Gnade ganz hingenommen, und in meinem Herzen war mir völlig
ausgemacht: hierher gehörst du! Ich erneuerte den Bund mit dem
Heiland, seine zu sein und zu bleiben, und nahm mir fest vor,
nach meiner Mutter Ableben ein Mitglied der Brüdergemeine zu
werden. Nach meiner Heimkehr ging ich meinen Gang froh und
heiter, besuchte die Versammlungen der Geschwister in Greiz,
und mir war innig wohl. Da es aber zu keiner völligen Übergabe
des Herzens an den Heiland kam, so wurde mein Gang wieder lau
und träge. Es war ein beständiges Aufstehen und Fallen; was ich
heute versprochen, hatte ich morgen wieder vergessen, und
daraus entstand Unruhe und Angst. -
Am 17 April 1787 wurde ich mit meinem seligen Mann, dem
Schullehrer Georg Leonhard Kohler zur heiligen Ehe verbunden.
Er war Waisenhaus-Vater, und ich hatte nun auch für die Waisen
zu sorgen.
Den 12. August 1789 wurde uns eine Tochter geboren, die aber
der Heiland schon nach 14 Tagen wieder zu sich nahm. In den
ersten drei Jahren ging es uns gut. Meinem Stolz und meiner
Eigenliebe wurde viel geschmeichelt. Das gefiel mir, und ich kam
ganz ab von meinem Herzen. Nun aber kam auch Zucht über
mich, und oft glaubte ich unter derselben erliegen zu müssen. Es
wurden uns völlig unbegründete Veruntreuungen in der Anstalt
zur Last gelegt. Dies und andere geheime Bedrückungen bewogen
uns, unseren Abschied zu verlangen, den wir auch nach
manchen Schwierigkeiten endlich erhielten. Nun kamen wir in
Ruhe, und ich zum Nachdenken darüber, warum wohl alle diese
Widerwärtigkeiten über uns gekommen sein möchten? Ich
wendete mich zum Heiland, und bat ihn, unsere Unschuld an
den Tag zu bringen. Das tat er, und lies uns seine Durchhilfe
mächtig innewerden. Die Grundlosigkeit jener Beschuldigungen
wurde offenbar, und wir wurden aufgefordert, unseren Dienst
wiederum anzutreten, was wir jedoch ablehnten. Nun aber traf

mich ein harter Schlag. Mein Mann, der die Tätigkeit in der Schule gewohnt war, und so gern fleißig arbeitete, musste sich plötzlich ohne alle Beschäftigung sehen. Das war ihm unerträglich. Er wurde düster und schwermütig, und ich wusste mir keinen Rat, da ich mich Niemand entdecken wollte. Nachdem ich dies Leiden neun Monate in der Stille ertragen hatte, verließ mich mein Mann plötzlich. Von Hof aus erhielt ich einen Abschiedsbrief von ihm. Bei Nacht eilte ich ihm unverzüglich nach, war aber, da ich ihn nirgends ausfindig machen konnte, genötigt, traurig wieder heimzukehren. Was ich da empfand, ist dem Heiland allein bekannt. Tag und Nacht rief ich zu ihm, meinen Mann zu bewahren und ihn wieder ins rechte Gleis zu bringen. Er hörte mein Flehen, und eine Losung, die ich in diesen Stunden der Angst aufschlug, richtete mich unaussprechlich auf. Sie hieß: „Der Herr, der Gott Israel, wird dir deine Bitte geben, die du von ihm gebeten hast! - Ja er, der unaussprechlich liebt, hört's blöde Herz nie flehen, ohne dass er ihm die Hoffnung gibt: Armen, es soll geschehen!" Nun konnte ich in der Stelle mit ergebenem Herzen seiner Hilfe entgegensehen, und am dritten Tag kehrte mein Mann gesund wieder heim. Wir lebten nun recht vergnügt. Mein Mann, dessen Lieblings-Beschäftigung es war, sich mit Kindern zu Mühen, fing jetzt eine Freischule an, und war vollkommen heiter. Wir hielten uns zu den auswärtigen Geschwistern, und die Gemein-Nachrichten gereichten uns zu wahrer Stärkung. Nach einiger Zeit bekam mein Mann einen Schuldienst auf dem Lande, der aber mit mancherlei Zerstreuungen verbunden war. Da nahm ich wieder meine Zuflucht zum Gebet, dass uns der Heiland wieder von dort wegbringen möchte, was er in Gnaden erhörte. Denn nach fünf Jahren wurden wir nach Arnsgrün versetzt, wo mein Mann bloß die Schule zu besorgen hatte, so dass wir vom Geräusch der Welt entfernt leben konnten. - Hier dachte ich bloß für den Heiland zu leben, musste aber innewerden, dass ich ihn gar nicht hatte. Alle meine Sünden und Vergehungen, man Stolz, meine Eigenliebe,

meine Zweifel und mein Unglaube traten mir jetzt auf einmal
unter die Augen.

Der Heiland war mir so fremde geworden, dass ich kein Herz
hatte, zu ihm zu beten. Entdecken wollte ich mich niemand,
selbst meinem Manne nicht, denn der Geist der Offenherzigkeit
hat mir mein ganzes Leben hindurch gefehlt. So trug ich denn
diesen Zustand in der Stille, und ging viele Jahre so dahin. Ganz
unerwartet kamen in dieser Zeit die Geschwister Leupold zum
Besuch bei uns an, mit denen ich offen über alles ausreden
konnte. Ihre liebevolle Anfassung tat mir sehr wohl, und nun bat
ich den Heiland Tag und Nacht, sich auch mir als meinen
Versöhner zu offenbaren. Ach wie viele Tränen habe ich ihm da
vorgeweint mit der Bitte: dass er auch mein Heiland sein möchte.
Da erhielt auch ich zu seinen durchbohrten Füßen die Vergebung
meiner Sünden mit der tröstlichen Versicherung: Sieh, in meine
Hände habe ich dich gezeichnet. Diesen Gedankengang werde ich
nie vergessen, und erst in der Ewigkeit werde ich meinen Dank
vor seinem Thron niederlegen können, für die mir widerfahrene
große Gnade. Nun war meine Bitte zu ihm: Reiss das Eigene aus
dem Herzen, soll es auch sein mit 1000 Schmerzen! Jetzt ging ich
eine geraume Zeit vergnügt meinen Gang, und es lag mir an,
nach Gottes Wort zu leben.

Wenn ich aber späterhin mein Verderben und besonders meine
Schoßsünde, den Hochmut, wieder mehr und mehr fühlte, wollte
der Mut von neuem sinken, weil es schien, dass es bei mir doch
zu nichts bleibendem kommen werde. Aber da hielt mich die
starke Jesushand fest, ließ mich nicht sinken und half mir
glücklich über alles hinweg, dass ich ausrufen konnte: Ach, wo
wäre ich doch geblieben, wenn kein Jesus wär! Im Äußern kamen
neue Proben. Mein Mann wurde an Gehör und Gesicht
schwächer und ich genötigt, ihn beim Schulunterricht zu
unterstützen, bis ich endlich die Unterweisung von 60 Kindern
allein zu übernehmen mich gedrungen fand. Da lernte ich denn
aus Not gar oft ernstlich beten, und es war für mich eine doppelte
Schule im Inneren wie im Äußern. Da aber die Obrigkeit, der

Pfarrer und die Gemeine mit mir zufrieden waren, und ich auch
die Liebe der Kinder genoss, so war ich gern tätig, bis endlich
meine überhandnehmende Schwäche - ich ging damals in meinen
80-stes Jahr - solches fernerhin nicht mehr gestattete.
Im Mai 1826 ging mein Mann in seinem 84. Jahr selig aus der
Zeit. Bis zum letzten Atemzug war er sich gegenwärtig, und freute
sich unaussprechlich, den Heiland, den er über alles liebte,
leibhaftig zu sehen. 49 Jahre lang hatte er den mühevollen
Dienst als Schullehrer besorgt. Mich schmerzte sein Verlust tief.
Nach seinem Wunsch zog ich im Oktober desselben Jahres zu
meinem Vetter nach Plauen, welcher nebst seiner Frau
versprochen hatte, mir alle Pflege zuteilwerden zu lassen. Da ich
aber dort nicht eingewohnen konnte, so bat ich den Heiland
dringend, mich noch in meinen alten Tagen zur Brüdergemeine
zu bringen, und schrieb nach Ebersdorf um Erlaubnis, die mir
auch bald zu Teil wurde. Allein wegen eines Unfalls, da ich einst
in der Dämmerung eine 15 Stufen hohe Treppe hinabstürzte,
wobei ich mich sehr beschädigte, und wegen des strengen
Winters verzog es sich mit meiner Abreise noch einige Monate, bis
ich endlich am 31. März 1827 glücklich und wohl hier ankam,
mit dem schönen Tagestext: "ich weiß, welche ich erwählt habe. -
Auch ich darf mich durchs Erwählen Gottes zählen zu den
Leuten, welche seinen Ruhm verbreiten." Die große Freude, dass
ich noch in meinem hohen Alter den Ort erreicht hatte, wohin ich
so oft mich gesehnt habe, erleichterte mir das Eingewohnen, und
obgleich anfangs viele Proben kamen, so half der Heiland sie
leicht zu überstehen. Solange ich in der Einfalt blieb, war es in
meiner Seele lichte, wenn ich aber doppelt sahe, so verging mir
das Gesicht, und ich geriet in Gefahr, überall anzustoßen.
Endlich lernte ich einsehen, dass die Gemeine ein Krankenhaus
ist, wo der Kranken vielerlei sind, unter denen ich nun die Älteste
war und noch bin. Aber Gottlob, dass der Heiland der Arzt in
diesem Lazarett ist, dem man alles klagen und sagen darf. Meine
tägliche Bitte zu ihm ist: Heile mich von Grunde aus, wirf, was

dir missfällt, hinaus, bis ich ganz nach deinem Sinn durch dein
Blut gestaltet bin.

Nun lebe ich hier sehr vergnügt; nur dann bin ich missvergnügt,
wenn ich mich träge und gleichgültig fühle, und der Heiland sich
zurückzieht, und dann höre ich nicht auf mit Seufzen und Bitten,
bis er sich mir wieder offenbart.

Den 29. Februar 1828 wurde ich zu meiner unbeschreiblichen
Freude in die Gemeine aufgenommen, und noch in dem
nämlichen Jahr hatte ich die Gnade, unter die Gesellschaft der
engeren Beter-Gesellschaft zu kommen. Diesen Auftrag nahm ich
gern wahr, um mich und das Reich Gottes auf dem ganzen
Erdboden ihm recht oft und dringend ans Herz zu legen. Bis jetzt
genieße ich in der Gemeinde einen recht ruhigen Sabbat, und
danke meinem Erbarmer für alle Gnade und Geduld, womit er
mir mein ganzes Leben hindurch nachgegangen ist. Auch meinen
lieben Chorgenossen und allen meinen lieben Geschwistern
danke ich für die mir erwiesene Liebe und Geduld. Schmerzlich
muss ich oft fühlen, wie ich durch mein heftiges, übereiltes
Reden und Handeln nicht selten Anlass zum Anstoß und
Verdruss gegeben habe. Von Herzen bitte ich daher alle meine
lieben Geschwister um Vergebung, und versichere zugleich, dass
ich kein Missvergnügen gegen irgendeines mit ins Grab nehmen
will. Da ich Gnade und Vergebung vom Heiland erhalten, den ich
während meines langen Lebens so oft betrübt habe, so bitte ich
ihn täglich mir auch ein liebevolles versöhnliches Herz gegen
meine Geschwister zu schenken, damit ich, wenn man Stündlein
schlägt, über Alles getröstet von hinnen scheiden könne.

Soweit sie selbst, von Seiten ihres Chores wird noch hinzugefügt:

Den Schluss dieses Aufsatzes hat die selige Schwester noch beim
Eintritt in ihr 90. Lebensjahr niedergeschrieben. Bis dahin
genoss sie eine erträgliche Gesundheit. Ihr munterer Geist
richtete die schwächliche Hütte zu unser aller Erstaunen immer
wieder auf; oft freute sie sich innig ihres langen Lebens, und

besuchte, solange sie konnte, fleißig die Gemein-Versammlungen zum Segen für ihr Herz. Sie besaß eine außerordentliche Schriftkenntnis und einen reichen Schatz von geistlichen Liedern. An allen Weltbegebenheiten, vornehmlich aber an der Ausbreitung des Reiches Gottes unter Christen und Heiden nahm sie ein lebhaftes Interesse, und war oft hoch erfreut, dass der Heiland sie noch das schnelle Fortschreiten desselben habe erleben lassen. Da sie den großen Vorzug eines guten Gesichtes besaß, so konnte sie sich mit Lesen unserer m Missionsgeschichten und anderer Erbauungsschriften die Zeit lieblich verkürzen, und da ihr der Herr die schöne Gabe verliehen hatte, das Gelesene anderen mitzuteilen, so waren die Unterhaltungen mit ihr überaus erbaulich und lehrreich, vornehmlich auch durch den reichen Schatz von vielseitigen Erfahrungen, den sie während ihrer langen Wallfahrt hienieden einzusammeln Gelegenheit gehabt hatte. Außer den Beschwerden des hohen Alters hatte sie in den letzten zwei Jahren manche heftige Krankheits-Anfälle zu bestehen, wobei sie jedes Mal das Ziel ihrer Leiden bald erreicht zu haben glaubte. Ihre letzte Krankheit war außerordentlich schmerzhaft, sie litt nämlich an Entzündung der Eingeweide und besonders des Magens, so dass sie bei allem Hunger und brennendem Durst immer weniger und zuletzt gar nichts mehr genießen konnte. Oft forderte sie die Umstehenden auf, mit ihr den Heiland um Abkürzung ihrer Leiden angelegentlich zu bitten. Am letzten Tage ihres Hieniedenseins betete sie in große Verängstigung herzbeweglich: Jesu, hilft siegen, wenn Alles verschwindet, und ich mein Nichts und Verderben nur seh`, wenn kein Vermögen zu beten sich findet, wenn ich bin wie ein verscheuchtes Reh; so wollest du im Grunde der Seelen mir´s doch nicht lassen an Tröstungen fehlen! Und der Barmherzige er hörte ihre Bitte, und erhielt ihr die Glaubensfreudigkeit bis zu dem seligen Moment, da sie am 12. September vormittags von Leiden zu ewigen Freuden übergehen durfte, nach einer Wallfahrtszeit von 90 Jahren, 6 Monaten und 7 Tagen.

7. Agnes Lachenal   1769 – 1844

Lebenslauf der am 18. Februar 1844 in Ebersdorf seelig
entschlafenen, verwitweten Schwester Agnes Lachenal, geb.
Buxtorf.

Ich bin den 12. April 1769 in Basel geboren, wo mein Vater
Johann Ludwig Buxtorf, als Doktor der Medizin geliebt und
geachtet, lebte. Meine Mutter war eine geborene Sonntag. Es lag
besonders letzterer von Herzen an, ihre Kinder für den Heiland zu
erziehen, und sie übergab uns ihm von der Geburt an zu seinem
Eigentum, welches mir meine liebe Großmutter in der Folge oft
erzählte und mich dringend ermahnte, den Heiland um ein
gehorsames Herz zu bitten und ihn kindlich zu lieben, denn
leider verlor ich meine geliebte selige Mutter schon in meinem
vierten Jahr durch einen schnellen seligen Heimruf. Auch meine
zweite Mutter, wie mein geliebter Vater, war ernstlich bemüht,
uns Kindern eine gute Erziehung zu geben und uns fleißig zum
Besuch der Kirche anzuhalten, wo ich mich auch mancher
Anfassung des Heiligen Geistes und mancher Rührung an
meinem Herzen erinnere. In meinem 16. Jahr wurde ich durch
einen erweckten Prediger zum Genuss des Heiligen Abendmahls
vorbereitet und konfirmiert, was mir zu großem Segen für mein
Herz gereichte, doch kam es bei mir noch zu keiner völligen
Übergabe des Herzens an den Heiland, ich fing bald wieder an die
Welt und ihre Eitelkeiten lieb zu gewinnen und hätte gern ihre
Freuden mit genossen. Doch, um mich dieser Versuchung zu
entziehen, nahm mich meine geliebte Großmutter nun ganz in ihr
Haus. Sie war ein Mitglied der Brüder-Sozietät, und ich besuchte
fleißig mit ihr die Versammlungen, wo mir oft in der Liebe meines
Heilandes innig wohl war. Ich wurde bald in die Gemeinschaft
aufgenommen. Da hörte ich nun viel von der Bruedergemeine
und ihren schönen Einrichtungen und lernte sie lieben und
schätzen, wodurch das Verlangen in mir entstand, ein Mitglied
derselben zu werden. Meine Großmutter munterte mich auf um

Erlaubnis dazu anzuhalten, und sagte mir, dass es schon der
Wunsch meiner seligen Mutter gewesen sei, mich einmal da
geborgen zu wissen. Mein Vater erteilte mir darum auch gerne
seine Zustimmung. Die erste Frage[8] für mich erging nach
Neuwied, allein der Heiland genehmigte es nicht, was mir ein
rechter Schrecken war und mich tief betrübte, doch musste ich
darin bald die weise Führung und Treue meines lieben Herrn
erkennen. Er wollte mich noch zu gründlicherer Prüfung meines
Wunsches und Herzens veranlassen, ob es auch mein wahrer
Sinn sei alles hinzugeben aus Liebe zu ihm und für die Gemeine.
Nun erhielt ich bald Erlaubnis nach Ebersdorf, was mich sehr
erfreute und beschämte. Der Heiland wurde mir nun zum Freund
meiner Seele und in diesem Gefühl half er mir auch die
Anhänglichkeit an meine lieben Verwandten zu überwinden und
den Abschied zu erleichtern. Den 24. Juni 1789 traf ich hier in
Ebersdorf ein, den 12. September wurde ich in die Gemeine
aufgenommen, und den 1. Januar 1790 gelangte ich zum
erstmaligen Genuss des Heiligen Abendmahls mit derselben. Ich
habe einige sehr vergnügte Jahre in diesem lieben Chor
verbracht, und manche unvergessliche Gnaden- und
Segenszeiten genossen, so dass es beim Rückblick auf diese Zeit,
immer in meinem Herzen hieß: Lobe den Herrn, meine Seele, und
vergiss nicht was er dir Gutes getan hat!
Den 15. April 1793 wurde ich mit dem ledigen Bruder Christian
Ludwig Lachenal, Apotheker allhier, zur heiligen Ehe verbunden.
Der Heiland schenkte mir an ihm einen verständigen für mein in-
und äußeres Wohl treu besorgten Lebensgefährten und den drei
Kindern (zwei Söhne und eine Tochter), die uns geboren wurden,

---

[8] Um in einem Brüdergemeinort wohnen zu dürfen, musste man dieses
bei der Leitung der jeweiligen Gemeine beantragen. Die
Ältestenkonferenz entschied nach praktischen Gesichtspunkten, z.B. ob
ein Handwerker mit diesem Beruf in der Gemeine gebraucht wurde.
Zusätzlich befragte man das Los. Nach damaliger Auffassung hatte
dadurch Gott die letzte Entscheidung. Die Formulierung „der Heiland
genehmigte es nicht" heißt also, dass das Los negativ ausfiel.

einen zärtlich liebenden Vater.

Was unsere Ehe, und den Blick in die Zukunft oft betrübte, war seine schwächliche Gesundheit, wobei vorauszusehen war, dass er sein Alter nicht hoch bringen würde. Wir liebten uns herzlich und hätten gerne unsere lieben Kinder gemeinschaftlich großgezogen, aber es war nicht des Herrn Wille also, denn zu meinem großen Schmerz nahm er meinen geliebten Mann, den 23. Januar 1809 nach Verlauf einer sechzehnjährigen glücklichen Ehe, nach langem Siechtum, sanft und selig zu sich ins gesunde Reich hinüber.

Ich stand nun mit meinen drei unerzogenen Kindern einsam und verwaist da, und trat mit banger Sorge in meinen Witwenstand ein. Ich habe viel vor dem Heiland darüber geweint, und konnte mich schwer daran gewöhnen, auch weil ich mich nun in manche Einschränkung finden musste, und die Verhältnisse mit meinen Kindern sich nicht so gestalteten, wie der selige Vater und ich es gewünscht hatten, was mir sehr schmerzlich war. Doch hat sich der treue Heiland auch an uns Armen als Vater und Versorger der Witwen und Waisen bezeugt, mich vielmals getröstet, und mir über manche Schwierigkeit und Schwäche hinüber geholfen.

Im Jahr 1839 hatte ich die Freude meine einzige geliebte Tochter Friederike, die als Lehrerin in der Mädchenanstalt zu Königsfeld angestellt war, mit dem ledigen Bruder Christian Straubel glücklich verheiratet, zum Dienst bei der Mission auf Jamaika berufen zu sehen, und diese lieben Kinder noch einige Zeit hier in Ebersdorf bei mir zu haben. Für diese Freude in meinem Alter habe ich dem Heiland oft von Herzen gedankt, und mich und meine Kinder vertrauensvoll seiner Führung und Leitung übergeben. Nach Verlauf von zwei Jahren gefiel es dem lieben Heiland, diesen lieben Schwiegersohn, mitten aus seiner Tätigkeit heimzurufen und mich und meine liebe Tochter dadurch in große Betrübnis zu versetzen. Aber er beweist sich auch als Tröster an uns, und wird uns nicht verlassen noch versäumen, das traue ich ihm gläubig zu!

Da ich jetzt am Schluss meiner Lebenstage stehe, kann ich nur

sagen, ich bin viel zu gering aller Barmherzigkeit und Treue, die
der Herr an mir getan hat!
Meine Bitte und Stoßgebet ist nun: Ach lass deinen Tod und
Leiden, bis Leib und Seele scheiden, mir stets in meinem Herzen
ruhn! Und lass mir nie entfallen den Trost aus deinem Tod! Auch
bitte ich Dich mein Gott, durch Christi Blut, mach's nur mit
meinem Ende gut.

Soweit sie selbst.
Unsere selige vollendete Schwester hat 26 Jahre im hiesigen
Witwenhause verlebt, und sich durch ihren sanften friedfertigen
Charakter die Liebe der Schwestern erworben, liebte sie auch
wiederum, sodass man gerne, wo es nötig war, Geduld mit ihr
haben konnte. Sie verbrachte manche Stunde froh und vergnügt
im Kreis guter Freunde und das Beisammenwohnen im Chorhaus
war ihr sehr angenehm. Sie genoss eine ausgezeichnete gute
Gesundheit, bis in die späten Jahre ihres Alters, wo sich dann
aber oft heftiger Katarrh und Brustbeschwerden einfanden,
woran sie viel zu leiden hatte. Der Umgang mit ihrem hiesigen
Sohne und die kindliche Liebe und Pflege, die er ihr bewies, tat
ihr sehr wohl. So oft die selige Schwester konnte, besuchte sie
unsere Gemein-Versammlungen und außerdem erbaute sie sich
in stiller Einsamkeit durch das Lesen erbaulicher Schriften. Es
war ihr zwar nicht gegeben, sich über ihre Gefühle und
Erfahrungen aussprechen zu können, doch pries sie oft die Güte
und Liebe des Herrn und sein Vielvergeben und sagte: Ich kann
nur seufzen und rufen: „O Herr! Es kommt ein Sünder her, der
gern aus Gnaden selig wär!" Die letzten Tage hatte sie noch viel
an Brustengigkeit und Husten zu leiden, sodass man sie nicht
ohne einiges Mitleid ansehen konnte. Der Heiland machte es aber
sehr schön mit ihr. Ihr schweres Leiden währte nur einige Tage.
Am 18. dieses Monats früh ½ 7 Uhr ging sie ganz sanft und selig,
ohne schweren Todeskampf, in die ewige Heimat hinüber.
Ihr Alter hat sie gebracht auf 74 Jahre und 10 Monate.

8. Lucas Wenck   1786 – 1859

Lebenslauf des am 14. Oktober 1859 selig heimgegangenen
verheirateten Bruders Lucas Wenck
"Ich habe dich je und je geliebet, darum habe ich dich zu mir
gezogen aus lauter Güte ", Jer. 31,3.
Diese Worte des Herrn stelle ich meiner Lebensbeschreibung
voran, weil sich dieselben mein ganzes Leben hindurch an mir
bewährt haben, und weil mich der Herr würdigte, seine Gnade
von frühester Jugend an mich in meinem Herzen erfahren zu
lassen.
Ich wurde den 18. Februar 1786 in Basel geboren und einige
Tage darauf durch die heilige Taufe in den Gnadenbund Gottes
aufgenommen. Meine geliebten Eltern Martin Wenck, Gerber und
Ratsherr, und Helena Lindner, beide von Basel, von deren 14
Kindern ich das 8 war, suchten mich umso mehr für den Herrn
zu erziehen, da sie sich in meinem Geburtsjahre an die Sozietät
der Herrnhuter Brüder in Basel anschlossen. Bei dieser
Verbindung herrschte in meiner Jugendzeit ein besonders reges
Leben, das sich auch den Kindern mitteilte. Die Aufforderung, die
mir und anderen dadurch geboten wurde, uns von frühe an dem
Herrn zu ergeben, verfehlte auch bei mir ihre Wirkung nicht, und
obgleich der Leichtsinn, zu welchem mein Herz sehr hinneigte,
manche in den Predigten und Versammlungen empfangene gute
Eindrücke verdrängte, so ließ mir der Geist Gottes doch keine
Ruhe, und trieb mich immer wieder aufs Neue dazu an, der Welt
zu entsagen und mich dem Herrn mit Leib und Seele zuzusagen.
In meiner Eltern Hause wurden, außer den täglichen Morgen-
und Abendandachten aus Gottes Wort und unter Verlesung eines
Liedes, auch Sonntag abends Singstunden gehalten, welchen wir
jüngeren Kinder beiwohnten, während die älteren die zu gleicher
Zeit gehaltenen Sozietäts-Singstunden besuchten. Die
Handwerksgesellen meines Vaters, welche nach damals ziemlich
allgemeiner Sitte bei ihren Meistern in Kost und Logis waren,
wohnten, nebst dem übrigen Gesinde, dem Morgen- und

Abendsegen bei, was Manchem zu einem bleibenden Segen gereichte.

Im Jahre 1802 empfing ich den Konfirmations-Unterricht und genoss zum Segen für mein Herz das heilige Abendmahl zum ersten Mal. Vom September 1803 bis Juli 1804 war ich, zur weiteren Erlernung der französischen Sprache, bei Herrn Pfarrer Peters in Travers, wo ich zugleich Zeuge des gesegneten Wirkens und der Achtung war, in welcher derselbe im ganzen Lande und besonders bei seiner Gemeine stand. - Von meinen Eltern zum Predigtamt bestimmt, was auch mit meinem Wunsch übereinstimmte, machte ich meine theologischen Studien in Basel, wobei mir der Privatunterricht bei Herrn Professor Lindner, und in der Folge bei Herrn Obersthelfer Stückelberger, sowohl in den sonstigen Wissenschaften, als auch in den biblischen Grundsprachen zu statten kam.

Im Frühjahr 1808 wurde ich in die Zahl der Diener des göttlichen Wortes aufgenommen. Von 1809 bis 1814 vikarierte ich in mehreren Gemeinden des Kantons Basel. Bei der Besetzung der Pfarrstellen Sissach und Wintersingen ward ich in das Los genommen, fiel aber durch, was ich als einen Wink des Herrn ansah, mich zu dem wichtigen Beruf noch besser vorzubereiten. Die im Jahr 1814 während des grassierenden Nervenfiebers in Wintersingen als Vikar verbrachten fünf Monate waren für mich durch die an den Kranken- und Sterbebetten gemachten Erfahrungen zu besonderem Segen. Nachdem ich in den Jahren 1815 und 1816 die Stelle eines Gemeinhelfers in Basel versehen hatte, wurde ich im letztgenannten Jahre als Pfarrer an die Gemeinde Riehen bei Basel berufen und den 16. Oktober durch den Antistes von Basel zu diesem Amte eingesegnet.

Die damals herrschende Teuerung wurde für mich das Mittel, mich mit meiner Gemeine bald bekannt zu machen. - Den 12. Mai 1817 verehelichte ich mich mit Jungfrau Marianne Zäslin von Basel, welche mehrere Jahre als Lehrerin in Mädchen-Erziehungsanstalten der Brüdergemeine gedient hatte, und die mir eine von dem Herrn mir gegebene teure Gehilfen, sowohl im

Hause als im Amtsleben, wurde, und es mir auch jetzt, da wir uns im Ruhestand befinden, immer ist.

Unsere Ehe war mit einem Sohne gesegnet, der taubstumm geboren wurde, durch Gottes Gnade aber, vermittelst seines siebenjährigen Aufenthaltes in der Taubstummenanstalt des Herrn Jäger, Pfarrer in Schwäbisch Gmünd, sich so lieblich entwickelte, dass er, nach dort empfangenem Religionsunterricht, zu Pfingsten 1835 konfirmiert und zum heiligen Abendmahl zugelassen werden konnte. Der Herr hatte ihm aber keine lange Lebenszeit bestimmt, indem er die Auszehrung bekam und in seinem 18. Lebensjahre heimging.

Das Predigtamt, dass mir der Herr 42 Jahre hindurch (sieben als Vikar und 35 als Seelsorger) im Kanton Basel anvertraute, und das er mich auch hier noch von Zeit zu Zeit treiben lässt, bleibt mir groß und wichtig, nicht als ob mir das Predigen so leicht geworden wäre, als es manchem Anderen ist, sondern ich habe bis in meine letzten Amtsjahre meine Predigten größtenteils aufgeschrieben und auch so vorgetragen, und erst später änderte sich dieses, als mir der Herr etwas mehr Zeugenfreudigkeit verlieh. Blicke ich auf die mir vom Herrn zum Wirken im Predigt- und Seelsorgeramt an ein und derselben Gemeine eingeräumten 35 Jahre zurück, und vergleiche ich mich mit Predigern, welche in kürzerer Lebens- und Amtszeit und oft unter weit ungünstigeren Umständen weit mehr gewirkt haben, als ich, so geschieht es mehr mit beschämtem und gebeugtem, als mit freudigem Herzen und mit dem Ausrufe: "Herr, ich bin ein unnützer Knecht, ich habe nicht einmal getan, was ich zu tun schuldig war!" so wie mit der Bitte, dass Er mit Seinem vollgültigen Verdienste das bedecken, vergeben und ersetzen möge, was ich zu tun versäumt habe. Nachdem sich 1850 eine Gehörschwäche bei mir eingestellt hatte, welche zwar nicht von der Art war, dass sie mich an der Erfüllung meines Amtes gehindert hätte, welche aber Andere veranlasste, mir zu bemerken, diesen Anlass nach so vieljähriger Amtsführung zu ergreifen, um bei der hohen Regierung mit der Bitte um meine

Entlassung einzukommen, bevor diese Gehörschwäche
nachteiliger auf mein Amt einwirke, so nahm ich dieses als einen
Wink des Herrn an, mein Gesuch um Entlassung von meinem
Amte einzugeben, welches mir denn auch, unter Gewährung
einer dankenswerten Pension, im Januar 1851 bewilligt ward.
Sonntag, den 18. Mai desselben Jahres, verabschiedete ich mich
im Morgengottesdienst und in der nachmittags gehaltenen
Kinderlehre mit meiner Gemeine und am 22. reisten wir, meine
liebe Frau und ich, zu unseren Verwandten nach Basel.
Unsere von der Kindheit an sich herschreibende Verbindung mit
der Brüdergemeine erweckte in meiner Frau und mir den
Entschluss, unsere Ruhezeit in der Brüdergemeine Ebersdorf,
welche uns bei einem im Jahr 1836 daselbst gemachten Besuch
bekannt und lieb geworden war, und wo wir Verwandte und
Bekannte hatten, zu verbringen. Wir zogen daher im Juni 1851 in
diese Gemeine.
Während unseres Aufenthaltes allhier machte ich mehrere
Besuchsreisen zu lieben Verwandten in Herrnhut und
Neudietendorf, welche mir zu großer Freude gereichten, so wie es
mir sehr wichtig war, 1853 dem Kirchentag in Berlin, 1854 der
Säkularfeier der Prediger-Konferenz in Herrnhut und 1857 der
Einweihung des neuen Brüdersaales in Berlin beizuwohnen, so
wie auch in demselben Jahr meinem Neffen in Neudietendorf,
welcher zur Synode abwesend war, kurze Zeit aushelfen zu
können.
Die hinterlassene Witwe desselben fügt hinzu: Mein seliger Mann,
durch den ich in den 42 Jahren unseres Ehestandes viel Segen
genossen habe, hatte in den ersten Jahren seiner Amtslosigkeit
viel schwere Kämpfe durchzumachen, da er es nicht so einsehen
konnte, dass seine Kräfte im Alter nicht mehr so zulangten, wie
früher; und nur die Überzeugung, dass es die Führung des
Heilands mit ihm sei, konnte ihn beruhigen. Es war ihm daher
große Gnade und Freude, wenn er von Zeit zu Zeit auf dem
hiesigen Saal auftreten, oder benachbarten Predigern in ihren
Amtsverrichtungen zu Hilfe kommen konnte. Seine Aufnahme in

die Gemeine, am 13. August 1855, wurde ihm ein Anlass zu
neuer Hingabe an den Heiland, dem er gern noch länger gedient
hätte. - Als er Mitte August dieses Jahres die Nachricht von der
ernstlichen Erkrankung seines älteren Bruders in Basel erhielt,
wurde in ihm das Verlangen rege, denselben noch einmal in
diesem Leben zu sehen. Er reiste am 18. August von hier ab, und
es war ihm vergönnt, noch zwei Tage an dem Kranken- und
Sterbebett desselben zu weilen, indem am dritten Tag nach seiner
Ankunft die Vollendung des Kranken erfolgte. Es gereichte ihm
zu großer Ermunterung, seine früheren Pfarrgemeine Riehen
besuchen zu können, wo er von seinem Nachfolger sehr liebevoll
aufgenommen und ihm am Kommunionstag die Nachmittags-
Predigt aufgetragen wurde, nachdem er vormittags in dieser
Kirche das heilige Abendmahl genossen hatte. Nachdem sein
Aufenthalt durch den Besuch seines Neffen mit Frau und Kind
aus Neudietendorf in Basel verlängert worden war, reiste er mit
diesem und der einen Tochter seines kürzlich verstorbenen
Bruders zurück. Die Reise sollte über Zürich, Schaffhausen und
Königsfeld gehen; doch in Schaffhausen befiehl ihn, wohl in Folge
eines Schlaganfalls, eine solche Schwäche, dass an die Rückreise
auf dem kürzesten Wege gedacht werden musste. Diese war sehr
beschwerlich, zumal er, bei großer körperlicher Schwäche, auch
nicht bei völlig klarem Bewusstsein war. In diesem Zustand kam
er den 6. Oktober hier an. In den ersten Tagen schien es besser
werden zu wollen, doch sanken seine Kräfte immer mehr, so dass
man wohl sah, dass es zu seinem Heimgang gemeint sei.
Nachdem er am Donnerstag, den 13. Oktober, den Segen des
Herrn zu seiner Heimfahrt empfangen und noch eine schwere
Nacht verbracht hatte, ging er am 14. zu seines Herrn Freude ein
in einem Alter von 73 Jahren. Besonders schmerzlich ist es mir,
dass ich nach seiner Rückkehr nicht mehr ein vertrauliches Wort
mit meinem lieben Mann sprechen konnte, doch beuge ich mich
unter den Willen des Herrn, in der frohen Hoffnung auch meines
baldigen Heimrufs, der kurzen Dauer unserer Trennung und der
ewigen Vereinigung in der Vollkommenheit bei dem Herrn.

9. Christian Samuel Kossog   1786 -1859

Lebenslauf
des am 7. September 1859 in Ebersdorf heimgegangenen
verheirateten Bruders Christian Samuel Kossag.
(Von seiner hinterlassenen Witwe, seiner dritten Frau, aufgesetzt)

Da mein lieber Mann von seinem Lebensgang durch diese Zeit
selbst nichts aufgezeichnet hat, so kann nur folgendes Wenige
aus seinen Erzählungen daraus mitgeteilt werden.
Er war geboren den 31. Januar 1787 in Berthelsdorf bei
Herrnhut, wo sein Vater, Johann Gottfried Kossag,
Schuhmachermeister war und zur Brüder Unität daselbst
gehörte. Seine Eltern suchten ihm und seinen fünf Brüdern,
unter denen er der jüngste war, eine wahrhaft christliche
Erziehung zu geben und da sie dem Herrn von Herzen ergeben
waren, wünschen sie sich nichts sehnlicher, als das auch ihre
Kinder für ihn gedeihen möchten.
Seine Schuljahre verbrachte mein seliger Mann in Bertelsdorf
und wurde während derselben zum fleißigen Besuch der
Versammlungen in Herrnhut angehalten. Dieses war nicht immer
nach seines Herzens Neigung, indem er lieber währenddem mit
seinen Kameraden gespielt hätte, weshalb er auch bisweilen von
seinem Vater ernste Züchtigung erhielt, wenn dieser seinen
Ungehorsam bemerkte.
Nachdem er in seinem 14 Jahre in Berthelsdorf konfirmiert
worden war, lag es seinen Eltern sehr an, dass er seine Lehrzeit
in der Gemeine verbringen möchte, wobei es denn ihr
Herzenswunsch war, dass er einmal Mitglied derselben werden
möchte. Nach vielen Bemühungen gelang es dem Vater, in Niesky
bei dem Ortsbäckermeister eine Stelle für ihn zu finden. Ende
Juni 1801 trat er daselbst ein, und wurde schon im Oktober
desselben Jahres, zur großen Freude seiner Eltern, in die
Gemeine aufgenommen.

Seine Lehrjahre vergingen ihm in der Mitte der Gemeine vergnügt
und fröhlich. Als nach Beendigung seiner Lehrzeit sein Meister
starb, kam er zu Bruder Hahn in die Bäckerei des Brüderhauses.
In der Zeit des schweren Druckes in den Kriegsjahren, die auch
er mit zu empfinden hatte, besorgte er seine Geschäfte zu
allgemeiner Zufriedenheit und genoss auch die allseitige Liebe
seiner Mitbrüder, welche es daher sehr bedauerten, als er im
Jahr 1811 wegen bevorstehender Stellung zum Militär Niesky
verließ und nach Neusalz ging. Nachdem er vier Jahre daselbst
als Gehilfe in der Brüderhausbäckerei gearbeitet hatte, wurde
ihm durch den Vorsteher Bruder Luther die Meisterstelle
übertragen, welcher er auch 18 Jahre mit vieler Treue und
Angelegenheit vorstand.

Neusalz war ihm zur zweiten Heimat geworden und er sprach
immer mit vieler Vorliebe von dieser ihm so lieb gewordenen
Gemeine, in welcher es ihm auch im Äußeren sehr wohl ging und
er viel Liebe und Achtung von Seiten der Brüder genoss. Aus
Liebe und Anhänglichkeit an die Gemeine schlug er auch einige
vorteilhafte Anträge aus, welche ihm gemacht wurden.

Im Jahr 1833 erhielt er von den Brüdern der UAC den Antrag,
den Gasthof in Neudietendorf zu übernehmen, welchem er auch,
obschon ihm die Trennung von dem lieben Neusalz und allen
seinen Brüder sehr schwer wurde, doch im Vertrauen auf die
Durchhilfe des Herrn Folge leistete, ohne freilich zu ahnen, dass
Er es gut finden würde, ihn an dem Ort seiner neuen
Bestimmung in die Schule schwerer Erfahrungen und Prüfungen
zu nehmen.

Da seine Verheiratung mit seiner neuen Stellung verbunden war,
führte ihm der Herr in der Schwester Eberhardine Geisel eine
treue Lebensgefährtin und tüchtige Gehilfin zu, die ihm sowohl in
den Geschäften als auch in sonstigen Vorkommenheiten stets
treulich zur Seite stand und ungeachtet ihrer häufigen
Kränklichkeit (sie litt nämlich an der Gicht) doch ihr Hauswesen
mit großer Pünktlichkeit und Treue besorgte. Es war daher für
ihn eine sehr schwere Erfahrung, als der Herr über Tod und

Leben es für gut fand, ihm im Jahr 1838 diese treue Lebensgefährtin von der Seite hinweg zu nehmen. Nach einem einjährigen Witwerstand verheiratete er sich zum zweiten Mal mit der Schwester Anna Barbara Krieger aus Neuwied. Mit dieser lebte er in einer besonders glücklichen Ehe, ihre Herzen und Sinne waren in Liebe und Einigkeit im Herrn verbunden. Im Jahr 1840 segnete der Herr diese Ehe durch die Geburt eines Sohnes, zu großer Freude beider Eltern.

Dagegen waren die äußeren Verhältnisse im Gasthof meist schwer und drückend und es fehlte nicht an vielen schweren Erfahrungen mancherlei Art. Der Herr half sie immer gnädig tragen, jedoch wurde mein seliger Mann oft tief darnieder gebeugt und hatte manche Stunde des Jammers und Kummers. Die Geschäfte gingen zwar gut, aber es kamen mannigfache Störungen von außen dazu, welche auf die sonst so kräftige Gesundheit der Frau des lieben Seligen so heftig einwirkten, dass sie sich auf das Krankenlager legen musste, von dessen großen und schmerzlichen Leiden der Herr sie im Dezember 1843 durch den Tod erlöste.

Das so glückliche Eheband so bald wieder getrennt und den erst dreijährigen Sohn als mutterlose Weise zu sehen, war für den Seligen eine so schmerzliche Prüfung und Führung, dass er sich nur schwer und langsam darein finden konnte. Da seine Frau auf ihrem Kranken- und Sterbelager den Wunsch ausgesprochen hatte, dass der Sohn zu Geschwister Schmidt in Ebersdorf kommen möchte, so brachte ihn mein seliger Mann zur Pflege dahin. Im Jahr 1844 legte der Selige sein Amt im Gasthof nieder und erhielt 1845 den Antrag, den Bäckereiverkauf im hiesigen Brüderhaus zu übernehmen.

In Folge davon ging er im Jahr 1845 hierher nach Ebersdorf und da seine Umstände es nötig machten sich abermals zu verheiraten, so wurde mir der Antrag gemacht mit ihm in den Stand der Ehe zu treten, welchen ich auch aus der Hand des Herrn annahm und am 24. Juni mit ihm zur Ehe verbunden wurde.

Wenn ich auf die Zeit unserer Verbindung zurückblicke, so kann ich mit Dank gegen den Herrn es von ganzem Herzen aussprechen, dass wir in einer glücklichen und zufriedenen Ehe miteinander gelebt haben.

Das Gedeihen seines Sohnes lag ihm stets am Herzen und er hat manche Nacht im Gebet für ihn zugebracht, und der Herr hat ihm auch die Freude erleben lassen, frohe Hoffnung zu dessen Wohlgedeihen zu fassen.

Mein seliger Mann besaß die Art und Gabe nicht, sich über seinen inneren Herzenszustand auszusprechen, aber ich kann durch mehrjährige Erfahrung bezeugen, dass er im stillen Umgang mit dem Heiland lebte.

Er machte sich auch, besonders in der letzten Zeit, mit dem Gedanken, bald heimzugehen, vertraut und seufzte oft für sich: „Ich großer Sünder! Erbarme dich meiner."

In dieser Herzensstimmung schlug er sich einige Tage vor seinem Ende eine Losung auf. Es war die für den 27. Dezember, welche heißt: Fürchte dich nicht und lass deine Hände nicht lässig werden. Zeph. 3,16 - Stärk' meine schwache Glaubenshand, zu fassen auf dein Blut, als der Vergebung Unterpfand, das Alles machet gut. Dadurch fühlte er sich getröstet und gestärkt.

Obschon er sich mit Heimgangsgedanken beschäftigte, dachten weder er noch wir, dass sein Lebensziel schon so nahe sei. Wenngleich er sich oft sehr schwach fühlte, besorgte er doch selbst noch den letzten Tag vor seinem Heimgang seine Geschäfte. Die Nächte waren ihm am schwersten, da er in denselben an der Engigkeit, welche seit einigen Wochen besonders zugenommen hatte, am meisten zu leiden hatte. Auch den letzten Abend, es war am 6. September, ging er mit der Hoffnung zu Bette, doch ein wenig ruhen zu können und sagte selbst noch den Wunsch, am kommenden Tag, den 7. mit seinem Chor das Heilige Abendmahl genießen zu dürfen. Doch der Herr hatte es anders beschlossen. Um Mitternacht wurde er sehr unruhig und der Schmerz im linken Arm, den er schon längere Zeit gehabt hatte, wurde sehr heftig. Er ging erst noch in

der Stube auf und ab, setzte sich dann auf das Sofa, seine letzten
Worte waren „mein Heiland!" und nach wenigen Augenblicken
war seine Seele sanft und seelig heimgegangen, des morgens früh
¾ vier Uhr.
Tief betrübt stehe ich nun einsam da und blicke ihm mit
tränenden Augen nach, gönne ihm aber auch sein seliges Los,
beim Herrn daheim zu sein, und erwarte in Ergebenheit auch die
Zeit, wo es dem Heiland gefallen wird, auch mich zu sich
heimzurufen, wo wir vereint miteinander, dem Heiland noch
besonders danken werden für alles, was er hienieden an uns
getan hat.
Sein Alter hat mein seliger Mann gebracht auf 72 Jahre, 8
Monate und fünf Tage.

Nach dem, was wir soeben von unserem seligen Bruder
vernommen haben, bedarf es wohl von Seiten seines Chores nicht
mehr viel hinzuzufügen. Wir freuen uns, dass der Herr es so
gefügt, dass er nach so manchen schweren Prüfungen des
früheren Lebens eine Reihe mehrerer Jahre in ungetrübter
Tätigkeit mit seiner lieben hinterlassenen Witwe hier leben durfte.
Er stand mit großer Treue seinem Geschäft vor. Sein Wandel ist
uns allen bekannt und wenn es auch nicht seine Art und Gabe
war, gegen andere sich viel über seinen Herzenzustand
auszusprechen, so wusste er, an wen er glaubte und hielt sich an
den, den er nicht sah, so als sähe er ihn. Darum war ihm auch
der Tod, den er bei seiner zunehmenden Engigkeit doch bald
erwarten musste, kein Schrecken und es hieß bei ihm: Christus
ist mein Leben und Sterben ist mein Gewinn.
Wir gönnen ihm von Herzen sein schönes Los, beim Herrn
daheim zu sein, und erbitten es seiner hinterlassenen Witwe von
unserem lieben Herrn, dass er sie aus seiner Gnadenfülle trösten
und in ihrer nunmehrigen Einsamkeit als der beste und treueste
Freund, der, wenn uns auch alles verlässt, doch immer bei uns
bleibt, mit seinem Frieden und Heilsgenuss ihr stets nahe sein
wolle.

10. Rosine Caroline Jäck   1794 -1863

Lebenslauf der am 10. Januar 1863 in Ebersdorf selig
entschlafenen ledigen Schwestern Rosine Caroline Jäck
Ich bin den 8. Juni 1794 in Augsburg geboren. Meinen lieben
Eltern, Philipp Jakob Jäck, Doctor medicinae, und Elisabeth,
geborene Biet, lag es am Herzen, ihre sechs Kinder, von denen
aber zwei schon in der zartesten Kindheit ins himmlische Reich
versetzt wurden, in der Furcht Gottes zu erziehen. Mit 10 Jahren
kam ich in die Töchterschule, woselbst ich mich bemühte, ein
fleißiges und gehorsames Kind zu sein. Dass der Geist Gottes
schon damals an meinem Herzen arbeitete, und dass Er es allein
war, der mir die Kraft zum Vollbringen des Guten gab, ist mir erst
später klar geworden. In meinem 14. Jahr wurde ich vom Herrn
Dekan Geuder konfirmiert, welche Handlung einen
unauslöschlichen Eindruck auf mich hinterließ, und genoss
darauf am heiligen Ostertag zum ersten Mal das heilige
Abendmahl zu großem Segen für mein Herz. Wäre ich nur in der
Herzensstellung geblieben, in welcher ich mich damals befand,
aber leider gewann ich bald die Freuden dieser Welt lieb und so
blieb es bis in mein 20. Jahr. Da wurde ich durch eine
schmerzliche Erfahrung aus dem Taumel der Sinnenlust
aufgeweckt, indem mein lieber Vater an einem langwierigen
Leiden erkrankte, von dem er sogleich erkannte, dass es endlich
seinen Tod herbeiführen werde. Die schwere vierjährige
Prüfungszeit, da wir den Teuren so leiden sahen und er oft mit
uns zum HERRN um Hilfe schrie, wird mir immer unvergesslich
bleiben und war wohl geeignet, mich zum Nachdenken zu bringen
und mir die Welt zu verleiden. Endlich war es dem
Schwergeprüften am 14. Februar 1818 vergönnt, sanft und selig
heim zu gehen im 51. Lebensjahr. Zwei Jahre später entschlief
mein jüngerer Bruder zu unser aller, aber besonders zum
höchsten Schmerz unserer armen Mutter, die an dem
hoffnungsvollen Knaben mit besonderer Zärtlichkeit hing. Meine
liebe Mutter konnte den Verlust kaum ertragen und wollte sich

nicht trösten lassen, was uns große Sorge machte.

Im Jahr 1828 erkrankte meine liebe Mutter heftig und litt zwei Jahre lang unbeschreiblich. Da ich sie die ganze Zeit pflegte, war ich Zeuge ihrer vielen Leiden, bis sie im Mai 1830 selig heimging. Der treue Heiland stand mir mit seiner Hilfe und Gnade bei, und es war diese schwere Zeit eine Weckstimme an mein Herz.

Endlich hörte auch ich auf den Ruf: Wache auf, der du schläfest! Alle meine Sünden von Jugend auf standen mir vor meiner Seele und bekümmerten mich Tag und Nacht, bis mir eines Nachmittags, als ich in besonders große Angst war, die Maria Magdalena einfiel, die auch Vergebung ihrer Sünden erlangte. Ich fiel meinem treuen Heiland zu Füßen und es hieß in mir: "Ich muss Jesum selber sehen, ich muss Jesum selber sprechen, und ich weiß, es wird geschehen, es wird Ihm sein Herze brechen." Inbrünstig flehte ich um Vergebung aller meiner Sünden und Er, der gnadenreiche Heiland, der keinen von sich stößt, welcher mühselig und beladen zu Ihm kommt, ließ auch mir das Wort ertönen: "Wenn deine Sünde gleich blutrot ist, soll sie doch schneeweiß werden!" Ich war nun der Vergebung meiner Sünden gewiss, hatte auch keine Lust mehr an den Eitelkeiten der Welt und sehnte mich nach etwas Besserem. Da lernte ich 1832 eine liebe Freundin kennen, und wurde durch sie mit den Schriften der Brüdergemeine bekannt, welche ich mit großer Aufmerksamkeit las. Dabei wurde es mir klar, dass dieselbe die Gemeinschaft sei, in welcher ich Frieden für meine Seele finden würde. Ich besprach mich nicht lange mit Fleisch und Blut, sondern allein mit dem Freunde meiner Seele, bat Ihn, mir seinen Willen kund zu tun, mir Weg und Bahn zur Gemeine zu machen, oder, wenn er es nicht für gut fände, mir Hindernisse in den Weg zu legen. Er gab mir bald seine Zusage ins Herz; doch musste ich noch zwei Jahre warten. Als sich im Jahr 1834 meine einzige noch lebende Schwester verheiratete, zog ich ganz zu der obengenannten Freundin, wobei der Wunsch, in die Gemeine zu ziehen, immer mächtiger in mir wurde. Andererseits aber kostete für mich die Trennung von meiner lieben Schwester keinen

geringen Kampf. Ich bat den Heiland dringend, mir seinen Willen zu zeigen und Er gab mir in dem Spruch: "Wer nicht verlässet Vater oder Mutter, Schwestern und Brüder um meinetwillen, der ist mein nicht wert", eine bestimmte Antwort und ich war nun fröhlich und vergnügt. Noch an demselben Tag schrieb ich an die Vorsteherin des ledigen Schwesternchores in Ebersdorf, um anzufragen, ob ich daselbst angenommen werden könnte. Nach 14 Tagen erhielt ich eine bejahende Antwort und am 6. April 1835 reiste ich, nachdem mir der Herr den Abschied von meiner Freundin und Schwester über mein Erwarten erleichtert hatte, ganz allein von Augsburg ab, blieb zwei Tage bei christlichen Freunden in Nürnberg und langte am Tage vor dem Palmsonntag in Ebersdorf an. Auf meine Bitte wurde mir erlaubt, dem Liebesmahl auf dem Chorsaal der ledigen Schwestern beizuwohnen, wobei ich mich sehr selig fühlte. Am 6. Oktober erhielt ich die Erlaubnis zur Brüdergemeine und bezog bald darauf meine jetzige Stube, in der ich nun 23 Jahre wohne. Am 13. August 1836 hatte ich die Gnade, ein Mitglied der Brüdergemeine zu werden, nachdem ich zweimal im Los weggefallen war, was mir zu tieferer Selbstprüfung gereichte. Nach einem Besuch bei meiner Schwester in Augsburg im Jahr 1837 ergriff mich ein solches Heimweh, dass ich schwankend wurde, ob ich in Ebersdorf bleiben solle. Da bediente sich der Heiland eines Traumes, um mich von diesem Heimweh zu befreien. Ich sah nämlich im Traum das Lamm, das geschlachtet ward, und hörte von Engelstimmen singen: O Lamm Gottes unschuldig etc., wobei mein Herz von einer großen Freude erfüllt wurde, deren Eindruck mir auch nach dem Erwachen blieb und alle jene trüben Gedanken verscheuchte.
So weit gehen die eigenhändigen Nachrichten der selig Entschlafenen.
Im Jahre 1840 starb ihre einzige Schwester, was ihr sehr nahe ging. Sie schloss sich nun, da sie keine näheren Verwandten mehr hatte, mit desto größerer Liebe hier in Ebersdorf an einige Freundinnen und Chorgenossinnen an, von denen ihr aber im

Laufe der Zeit einige wieder entrissen wurden. Sie war dankbar, dass ihr die Eine, ihr besonders nahestehende, erhalten blieb. Der Bund mit derselben war ein sehr inniger und diente der Seligen in ihren letzten Jahren, bei zunehmender Schwäche des Geistes und des Körpers, zur Aufmunterung und zum Trost. In früherer Zeit genoss sie einer guten Gesundheit, aber, noch ehe sie hierher kam, hatte sie an einem Halsübel zu leiden, dass immer beschwerlicher wurde und keinem Mittel weichen wollte. Sie hatte in der Folge ein schweres Gemütsleiden, sowie mehrere ängstliche Krankheitsanfälle, in denen sie dem Ersticken nahe war und wobei man mehrmals ihr Ende erwartete, durchzumachen. Sie wurde jedoch so weit wieder hergestellt, dass sie außer dem Bette sein und sich mit Lesen erbaulicher Schriften oder Handarbeit beschäftigen konnte. Mehrere Jahre lang konnte sie wenig ausgehen und nur zuweilen dem gemeinschaftlichen Abendmahlsgenuss beiwohnen. Ihre Geistes- und Körperkräfte nahmen immer mehr ab, aber, wenn sie sich auch wenig darüber aussprach, so fühlte man es ihr doch ab, dass sie im Umgang mit dem Heiland stand, was sich auch in einem Aufsatz, den sie 1844 niedergeschrieben, ausspricht, in welchen sie dem Heiland besonders dankte, dass er sie teuer erkauft und zu sich gezogen habe.

Der am 8. Januar erfolgte Heimgang ihrer innig geliebten Freundin, Schwester Elisabeth Bischoff, ergriff sie tief. Sie konnte nicht mehr das Bett verlassen, da sie aber nicht eigentlich krank schien, so ahnte niemand, dass ihr Ende so nahe sei. Sonnabend den 10. Januar, in der sechsten Stunde wurde sie sichtlich schwächer. Auf die Frage, ob sie zum Heiland gehen wolle, antwortete sie: "Ja, aber nur aus Gnaden um Seines Blutes Willen! Gott Lob! Er hat meine Sünden gebüßt!" Dies waren ihre letzten vernehmlichen Worte und schon um 7 Uhr nahm der Heiland sie unbeschreiblich sanft zu sich heim. Ihr Alter hat sie gebracht auf 68 Jahre und 7 Monate.

11. Andreas Nimschke 1797 – 1858

Lebenslauf des verheirateten Bruders Andreas Nimschke,
heimgegangen den 3. August 1858

Unser vollendeter Bruder Andreas Nimschke hat von seinen
Lebensumständen keine schriftliche Nachricht hinterlassen,
daher nur folgendes wenige davon mitgeteilt werden kann.

Er war den 14. Dezember 1797 in Rodewitz bei Bautzen geboren.
Seine Eltern besaßen ein Bauerngut daselbst. Nach seiner
Konfirmation kam er nach Herrnhut, wo er das Schlosser-
handwerk erlernte. Auf seine Bitte um Erlaubnis zur Gemeine
erhielt er dieselbe nach Gnadenfeld. Er ging dann später in die
Fremde und kam auf seinen Reisen im Jahr 1820 nach Neuwied,
wo er bei Schlossermeister Bruder Peter bis 1825 arbeitete. Im
Juni desselben Jahres kam er hierher und übernahm die hiesige
Schlosserei. Im folgenden Jahre, am 30. Juli wurde er in Niesky
mit seiner nun hinterlassenen Witwe Johanne Eleonore, geborene
Publick aus Spreehammer bei Niesky zur Heiligen Ehe
verbunden. - Diese Ehe war mit zwei Kindern gesegnet, von
denen das erste vom Heiland bei seiner Geburt heimgerufen
wurde, das andere, ein Sohn Ludwig Daniel, ist vor acht Jahren
nach Nordamerika gegangen.

Der vollendete Bruder war in den ersten Jahren seines Hierseins
Mitglied des Aufseherkollegiums und besorgte auch eine Zeit lang
das Amt eines ersten Saaldieners.

Von besonderen Lebenserfahrungen kann weiter nichts mitgeteilt
werden, und was sonst noch zu erwähnen wäre, ist uns allen ja
bekannt.

Als er am vergangenen Donnerstag den 31. des Mittags nach
Hause zurückkehrte, wurde er von einem Schlagfluss getroffen,
der seinem Leben augenblicklich ein Ende machte.

Sein Alter hat er gebracht auf 60 Jahre, 8 Monate, 7 Tage.

Möge dieser schnelle Abruf seiner hinterlassenen Witwe, möge er
uns allen aufs Neue ernstlich zurufen: Seid bereit und wachet,
denn ihr wisset nicht welche Stunde euer Herr kommen wird.

12. Friedrich Wilhelm Bettermann 1840 - 1913

Lebenslauf des am 1. November 1913 in Ebersdorf selig
entschlafenen verheirateten Bruders Friedrich Wilhelm
Bettermann.

Die Zahl meiner Jahre sowie die zahlreich einlaufenden
Todesanzeigen von gleichaltrigen Brüdern und Schwestern aus
meinem ehemaligen Bezirk und ein seit einer Reihe von Jahren
jährlich wiederkehrendes Leiden, dass immer länger dauert und
heftiger auftritt, mahnen mich, an die Zeit meines Abscheidens
ernstlich zu denken.
Da will ich denn etwas aus meinem Leben aufschreiben. Das soll
geschehen, den Namen meines Heilandes zu ehren; zugleich aber
möchte ich auch dadurch einen Dank abstatten für den reichen
Segen, den ich so viele Jahre hindurch aus den Lebensläufen
heimgegangener Geschwister empfangen habe.
Ich bin am 2. Februar 1840 zu Calle bei Iserlohn in Westfalen
geboren. Mein Vater, Hermann Diedrich Bettermann, war
Besitzer eines der vier Bauernhöfe in Calle. Mein Vaterhaus war
ein gut kirchliches Haus. Ich habe es noch gut inne, wie mein
alter Großvater in feierlicher Weise den Hausgottesdienst hielt.
Stehend las er einen Abschnitt der Heiligen Schrift und ein Gebet
oder eine Betrachtung. Die Predigt wurde nie versäumt und mit
dem seligen Pastor Strauss bestand ein lebhafter Verkehr. Meine
selige Mutter, Friederike geb. Renzing, stammte aus Sundwig bei
Iserlohn, wo meine Großeltern einen Bauernhof mit
Getreidemühle und Bäckerei besaßen. Sie war aus einem Hause,
in welchem der lebendige Glaube wohnte. Seit einer langen Reihe
von Jahren wurde in dem Hause eine Versammlung gehalten, die
durch die Wirksamkeit der Brüdergemeine von Zeist aus schon in
der ersten Hälfte des achtzehnten Jahrhunderts entstanden war.
Seit 1761 wurden die Mitglieder und Freunde der Brüdergemeine
regelmäßig von Neuwied aus besucht.

Ich war das zweite Kind meiner Eltern. Drei Jahren nach meiner
Geburt wurde noch ein Bruder geboren, der aber zwei Monate
nach seiner Geburt schon wieder starb. Aber unser Haus sollte
noch in größere Trauer versetzt werden: Fünf Monate nach der
Geburt des jüngsten Bruders ging meine Mutter heim. Ich kann
mich nicht mehr darauf besinnen, denn ich war erst dreieinhalb
Jahre alt. Ihr Glaube, den sie aus dem Elternhause mitgebracht
hatte, hat sich auch im Sterben bewährt.
" An ihrem Sterbetage", so schreibt ihr Vater, „ war sie bei
völligem Bewusstsein und dabei in seliger Unterhaltung mit
ihrem Heiland. Dann sagte sie zu mir: "Sollte der Heiland nicht
heute auch zu mir sprechen wie einst zu dem Schächer am
Kreuz: Heute wirst du mit mir im Paradiese sein?" "Ja, mein
Kind", sagte ich, „habe nur noch ein wenig Geduld, heute darfst
du noch heimfahren in seinen Arm und Schoß." Darauf sagte sie
mit dankbarem Lächeln: „Ja, das wird er tun, er wird bald
kommen, und, lieber Vater, was haben wir heute für eine schöne
Losung: Ich freue mich im Herrn, und meine Seele ist fröhlich in
meinem Gott; denn er hat mich angezogen mit Kleidern des Heils,
und mit dem Rock der Gerechtigkeit bekleidet. (Jesaja 61)

    Das habe ich an mir wahrgenommen,
    Zu deiner Stunde ist's geschehen;
    Da bin ich meinem Feind entkommen,
    Da habe ich in dein Licht gesehn.
    Da wurde köstliches Geschmeide,
    Das Kleid des Heils, mir zugewandt,
    Da ward zugleich der Kindschaft Pfand
    Mir mitgeteilt, des Geistes Freude.

Wegen des großen Haushaltes musste mein Vater im Jahr darauf
wieder in die Ehe treten, aber diese Ehe dauerte nur vier Jahre,
denn am 4. November 1848 wurde auch mein Vater selig
vollendet.
Da meine Stiefmutter sich bald wieder verheiratete, waren mein
Bruder und ich nicht nur verwaist, sondern auch heimatlos. Aber
ein neues Heim tat sich uns in dem Hause der Großeltern in

Sundwig auf. Hier waren wir nach Leib und Seele gut
aufgehoben.

Wir Kinder mussten die Versammlung auch besuchen, ich aber
wäre lieber stattdessen mit meinen Kameraden in Feld und Wald
herumgelaufen. Doch bin ich den Großeltern noch heute
dankbar, dass sie mich streng erzogen und zur Versammlung
angehalten haben. Ich glaube, dass es in Gottes Hand ein Mittel
war, mich vor mancher Versuchung zu bewahren und in die
Wege einzuleiten, in denen ich weiter gegangen bin, als ich später
frei über mich verfügen konnte.

Das Lernen in der Schule machte mir keine Mühe, die
Ansprüche, die gestellt wurden, waren nicht groß. Da sich in
einer Privatschule die Gelegenheit zu besserer Schulbildung bot,
so wurden wir die letzten drei Schuljahre dorthin geschickt.

Als meine Schulzeit zu Ende ging, erkrankte mein Großvater, und
er konnte seinen ausgedehnten Geschäften nicht mehr
nachgehen. Da lag es mir ob, die Anordnungen des Großvaters im
Geschäft zum Teil auszuführen und zu überwachen. Ich musste
Woche für Woche auf den Kornmarkt, um den Bedarf an Getreide
einzukaufen, und musste die Kundschaft besuchen, Gelder
einzukassieren und außerdem in der Mühle und Bäckerei sowie
beim Ackerbau tüchtig mit helfen.

Nach ungefähr zwei Jahre trat mein Bruder, der in Neuwied die
Bäckerei erlernt hatte, an meine Stelle, und ich siedelte im Jahre
1857 dorthin über. Ich fand in der Ökonomie des Brüderhauses
Beschäftigung. Mein Bleiben in Neuwied war nur auf ein Jahr
vorgesehen, dann sollte ich wieder nach Sundwig zurückkehren.
Aber aus dem einen Jahr wurden fünf. Das Leben im Brüderhaus
war sehr angenehm und der Umgang mit ernst gesinnten
Brüdern war anregend und fördernd für das innere Leben. Wir
lernten Liederverse und übten uns im Singen der Melodien. Auch
beteten wir miteinander.

In den ersten Monaten des Jahres 1862 erging der Ruf an mich,
in die Unitätsknabenanstalt in Niesky einzutreten. Mich erfüllte
der Gedanke mit Sorge, ob ich den Anforderungen im neuen

Beruf würde genügen können, aber ich nahm den Ruf gern und
im Vertrauen auf den Herrn an und verließ Neuwied etwa um
Ostern 1862. Das Einrichten und Heimischwerden wurde mir
nicht leicht, doch bald wurde ich froh und dankbar, dass ich in
Niesky sein konnte. Fünfeinhalb Jahre habe ich in Niesky
verbracht und viele vergnügte und selige Stunden im Kreise der
Kollegen verlebt. Deshalb wurde mir auch der Abschied schwer,
als ich vor der Adventszeit 1867 Niesky verließ, um dem Ruf an
die Ortsknabenschule in Neusalz zu folgen. In Neusalz war ich
bald eingewöhnt, was ich hauptsächlich dem schönen Verhältnis
zu dem Brüderpfleger Br. Langerfeld verdankte. Für den
inwendigen Menschen war der Aufenthalt in Neusalz eine
gesegnete Zeit.
Noch nicht ganze drei Jahre war ich in Neusalz, da wurde ich
1870 für den mittelrheinischen Diasporaposten in Neuwied
berufen. Ich hatte nie daran gedacht, Diaspora-Arbeiter zu
werden. Vielmehr hatte ich immer gehofft, man werde mich auf
die Mission berufen. Alle Bedenken und Wünsche, die ich hatte,
kamen endlich darin zur Ruhe, dass ich im blinden Gehorsam
gegenüber dem Heiland den Ruf annahm. Äußerlich war ich nun
ruhig, doch ist die Frage: "Schickst du dich mit deiner Art für
einen solchen Beruf?" noch oft wiedergekehrt.
Mit meiner Berufung nach Neuwied war meine Verheiratung
verbunden. Ende Januar 1872 verlobte ich mich mit Schwester
Clara Schippang aus Kleinwelka, die damals Lehrerin in Neuwied
war, und Pfingsten fand unsere Verheiratung statt. Unsere Ehe
war mit drei Kindern gesegnet, zwei Söhnen und einer Tochter,
von denen das zweite, Johannes, nur zwei und ein halbes Jahr
alt geworden ist. Einen Monat nach der Geburt des dritten
Kindes wurde es meiner Frau klar, dass ihrem Leben bald ein Ziel
gesetzt werden würde. Es stellte sich ein Leiden bei ihr ein, das
ihre Kraft verzehrte. Ein Aufenthalt auf dem Lande bei Neuwied
brachte keine Besserung. Die letzten fünf Wochen musste sie
beständig im Bett verbringen und hat da alle Leiden und

Schmerzen geduldig und ohne Klagen ertragen. Am 18. Oktober 1876 schlug ihre Erlösungstunde.

Meine Gesundheit war schon vorher angegriffen, und durch die Kämpfe, die es in jener Zeit gab, kam sie so herunter, dass ich Bedenken trug, mich wieder zu verheiraten. Aber wollte ich mein Amt weiter versehen, so war meine Verheiratung geboten. Da sich mein Befinden auch wieder besserte, entschloss ich mich in Gottes Namen dazu. Am 14. Februar 1878 verlobte ich mich mit Schwester Emma Stolz in Niesky, und am 28. März war unsere Hochzeit. Es folgten nun Zeiten der Ruhe und Gesundheit, und ich konnte ungestört meinem Beruf nachgehen. In dieser Ehe wurden wir mit einem Sohn gesegnet.

Im Jahre 1902 verheiratete sich unser ältester Sohn mit Schwester Dorothea Furter. Nach der Hochzeit besuchten wir mit unseren unverheirateten Kindern die Schweiz und der kurze Aufenthalt dort kräftigte mich nach Leib und Seele. Eine zweite Schweizer Reise, die wir nach meiner Amtsniederlegung im Jahre 1905 machten, brachte mir nicht die gewünschte Erholung; vielmehr trat mein Magenleiden, an dem ich schon lange Zeit litt, in verstärktem Maße auf.

Dieses Leiden und andere Beschwerden hatten mich im Jahr Januar 1905 bewogen, um Abnahme meines Amtes zu bitten, und im Juli trat ich in den Ruhestand. Als Ort unseres Ruhestandes hatten wir Ebersdorf gewählt. Im Januar 1906 trafen wir hier glücklich und wohlbehalten ein. Wir waren hier bald heimisch und haben uns auch nach und nach an das rauere Klima gewöhnt.

Hier enden die Aufzeichnungen unseres Vaters, und wir fügen nur noch einiges über die letzten Jahre seines Lebens hinzu. Reichlich 7 Jahre hat unser Vater noch hier im Ruhestand verbringen dürfen. Es waren nicht immer leichte Jahre, und er ist dabei durch mancherlei körperliche Beschwerden und auch noch durch innere Anfechtungen gegangen. Freude und Erholung brachten ihm die schöne Natur in der Umgebung Ebersdorfs und besonders die Arbeit in seinem Garten, wo er das Wachsen und Gedeihen mit innerer Freude beobachtete. Das letzte Jahr seines Lebens brachte ihm noch einige besondere Freudentage. Im Juni wurden ihm in Oberstdorf im Allgäu in der Mitte lieber Freunde frohe und genussreiche Tage geschenkt. Am 23. September fand in Neudietendorf die Hochzeit seines jüngsten Sohnes statt, an der er mit besonderer Munterkeit und Geistesfrische teilnahm. Vielleicht ahnte er, dass es das letzte Zusammensein mit seiner ganzen Familie sei, denn er gab diesem seinen Sohn und seinen beiden älteren Kindern sein geistliches Testament mit auf den Lebensweg: Die Gnade Gottes in Christo Jesu als Mittelpunkt des ganzen Lebens.

Genau fünf Wochen nach dieser Hochzeit, am Dienstag, den 28. Oktober, befiel ihn ein Schwindel und zwang ihn, das Bett zu hüten. In der Nacht vom Mittwoch auf den Donnerstag traf ihn ein Gehirnschlag, der seine linke Seite lähmte und die Sprache undeutlich machte. Seine äußere Unruhe wurde dadurch noch vermehrt; doch suchte und fand er besonders in der Nacht Trost und Aufrichtung in der Unterredung mit seinem Heiland. Am Freitagabend verlor er das Bewusstsein und hat es bis zu seinem Ende nicht wieder erlangt, so dass er seinen am Sonnabend herbeigeeilten jüngsten Sohn nicht mehr begrüßen konnte. Auch einen ihm gesungenen Heimgangsvers hat er wohl nicht mehr verstanden. Am Sonnabendabend wurde sein Atem immer unruhiger und der Puls immer schwächer. Abends um halb elf Uhr durfte er ganz sanft und schmerzlos einschlafen, am Geburtstag seiner ersten Frau. Sein Alter hat er gebracht auf 73 Jahre und 9 Monate weniger ein Tag.

So gern wir unseren Vater noch länger behalten hätten, so müssen wir doch unseren Herrn danken, dass er ihn nur eine kurze Krankheit und ein geringes Maß an Schmerzen gegeben hat. Wir danken auch allen Geschwistern und Freunden für die vielen Beweise von Teilnahme und treuer Hilfe, die wir in den letzten Tagen erfahren haben.

13. Ida Klara Fuchs 1844 – 1921

Lebenslauf der am 6. Juli 1921 heimgegangenen ledigen
Schwester Ida Klara Fuchs

Hilf, Herr, ach hilf mir sorgen, wie ich leben mag,
Dass ich an jedem Morgen denk an den letzten Tag.
Und wird er einst anbrechen, so gib, dass ich erfreut
Von Herzen könne sprechen: Komm, Herr! Ich bin bereit.

Wenn ich einiges aus meinem Leben mitteilen will, so geschehe es
zum Preise meines Gottes und Heilandes, der mich in seiner
Gnade getragen hat bis ins Alter. Für seine oft wunderbare Hilfe,
für seine Geduld und Langmut kann ich ihm nicht genug
danken. Um seines zu Vergebung der Sünden vergossenen Blutes
Willen hat er mir alle meine Fehler, Unterlassungen und
Versündigungen vergeben. Alles Schwere hat er mir erleichtert
und tragen helfen, so dass ich seine Gnade nicht genug rühmen
und preisen kann.
Ich bin geboren am 13. Juni 1844 in Gera - Reuss, wo mein
lieber Vater Moritz Friedrich Eduard Fuchs damals
Regierungssekretär war. Meine liebe Mutter Friederike
Wilhelmine Ida geborene Melzer war die Tochter eines
Buchhändlers in Weimar. Ich hatte vier Geschwister und bin das
zweite Kind meiner Eltern. Schon in frühester Jugend bestätigte
sich die Wahrheit an mir, dass wir keine bleibende Stätte haben,
indem meine lieben Eltern mehrmals den Wohnsitz ändern
mussten. Im Jahre 1845 zogen wir nach Lobenstein, wo mein
Vater vier Jahre Justizrat war. Im Jahre 1849 wurde er nach
Ebersdorf versetzt, wo er 30 Jahre Landrat war. Dort besuchte
ich zunächst die Kleinkinderschule, die damals im Witwenhaus
war und wurde von Bruder Teuber und Schwester Panse
unterrichtet. Dann kam ich in die Anstalt und wurde 1859 von
Bruder Hennig konfirmiert. Mein Konfirmationsspruch lautete:
Weder Gegenwärtiges noch Zukünftiges, weder Hohes noch

Tiefes, noch keine andere Kreatur, möge dich scheiden von der Liebe Gottes, die in Christo Jesu ist, unserem Herrn. Römer 8, 38-39. Ich genoss mit heiliger Ehrfurcht am Gründonnerstag das Mahl des Herrn mit der Gemeine und erinnere mich, dass die Konfirmationszeit eine reiche Segenszeit für mich war. Mein Konfirmationsspruch ist mir tief eingedrückt geblieben und hat mich durch mein ganzes ferneres Leben begleitet und sich in vielfacher Erfahrung bewährt. Wenn ich auch schon in der Jugend meine Führung mit aufrichtigem Verlangen dem Heiland übergab und ich sein ganzes Eigentum werden und bleiben wollte, so zweifelte ich doch später oft an meinem Gnadenstande und musste immer aufs neue das Heil in Christo ergreifen und erkannte mich nach und nach immer mehr als arme Sünderin. Unter mancher Abwechslung von Freud und Leid verlebte ich doch sehr vergnügte Jahre im lieben Ebersdorf.

1864 machte ich meine erste größere Reise, indem ich mit einer kranken Dame vier Wochen in Karlsbad und drei Wochen im Harz verweilte. Dann ging ich als Gesellschafterin auf ein Jahr mit nach Berlin. Im Jahre 1866 war in Ebersdorf eine Typhus-Epidemie. Auch ich war am Typhus schwer erkrankt und man hatte mich schon für tot gesagt, doch erholte ich mich und konnte auf dem Kirchensaal das Genesungsfest mit feiern. Ich verfiel aber in anhaltendes Kränkeln, von dem ich mich lange nicht erholen konnte und musste mich im Park im Krankenwagen herumfahren lassen. Trotzdem musste ich die Führung unseres Haushaltes übernehmen, da meine liebe Mutter schwer krank darniederlag, so dass ich recht um Beistand von Oben ringen musste und des Herrn Durchhilfe erfahren habe. Meine fünf Jahre jüngere Schwester Marga war damals zu ihrer Ausbildung in Montmirail und meine zehn Jahre jüngere Schwester Antoinette war noch Schulkind. Meine jüngste Schwester Johanna war schon heimgegangen. Im Jahre 1869 kam mein einziger Bruder, der in Amerika war, mit seiner Familie nach Deutschland zurück. Da er seine Frau und sein 1 ½-jähriges Söhnchen besonderer Umstände wegen voraus reisen lassen musste, fuhr ich nach Bremen, um sie in Empfang zu nehmen und lernte bei dieser Veranlassung die Bremer Sozietät kennen.

Während des Krieges 1870 - 1871 wurde hier im Schloss fleißig für die Verwundeten gearbeitet. Als Napoleon gefangen genommen war, wurde das Telegramm vor dem Landratsamt (welches im Brüderhaus war) laut vorgelesen. Dann ertönten die Posaunen vom Turm und alle sangen "Nun danket alle Gott!". Im Jahr 1874 starb meine liebe Mutter nach langer, sehr schwerer Krankheit. Nachdem sich mein Vater wieder verheiratet hatte, wurde er 1880 nach Schleiz versetzt, und ich musste meine alte Heimat verlassen, was mir sehr schwer geworden ist. Im Jahre 1884 verheiratete sich meine jüngste Schwester. Mein Schwager hatte in Spanien eine Fabrik eingerichtet, und da meine Schwester Antoinette etwas leidend war, so ging ich zur Begleitung mit. Wir wohnten bei Ferrol am Meerbusen von Biskaya und haben bei unserem fünfvierteljährigen Aufenthalt viel Schönes, aber auch viel Schmerzliches erlebt. Inzwischen war meine Schwester Marga, die lange Zeit Lehrerin in der Brüdergemeine war, bei unseren Eltern. 1886 starb mein lieber Vater nach kürzerem Kranksein. Außer dem großen Schmerz der Trennung trat nun auch die Sorge ums äußere Durchkommen an mich heran. Da meine liebe zweite Mutter eine Tochter aus erster Ehe hatte, so hielt sie es für ihre Pflicht, zu dieser zu ziehen, um ihr bei der Erziehung ihrer sechs Kinder mit Rat und Tat beizustehen.

Ich errichtete nun eine Gymnasiasten-Pension und fand große Befriedigung in meinem Beruf als Pensionsmutter. In den Sommerferien und zu Weihnachten besuchte ich immer meine lieben Geschwister und Verwandten in Berlin und Niederschönweide. Ostern 1906 hob ich meine Pension auf und zog nach Saalburg, um meine zweite Mutter, die durch einen unglücklichen Fall bettlägerig und hilflos geworden war, mit zu pflegen. Vorher hatte ich noch die Aufgabe, einer verwaisten Nichte, die an der Post in Saalburg angestellt war, den Haushalt

zu führen. Dann ebnete mir aber der Herr den Weg und ich
konnte im Juni 1912 in meine alte Heimat zurückkehren, wo ich
mich gleich wieder heimisch fühlte. Den nächsten Winter verlebte
ich bei einer Freundin in Dresden, wo ich am 29. Januar 1913
von Bruder Williger in die Brüdergemeine aufgenommen worden
bin. Vor Ostern kehrte ich nach Ebersdorf zurück und möchte
nun hier in aller Stille mich zu meiner Heimfahrt zubereiten
lassen. Mein Wunsch ist, schnell und ohne lange Krankheit
heimgehen zu dürfen. Man darf ja den Herrn um alles bitten,
wenn man nur ganz in seinen Willen ergeben ist. Ja, man kann
dem Herrn nicht genug Liebe zutrauen, und so will ich es ihm
auch kindlich zutrauen, dass er es mit meinem Ende noch gut
und schön machen wird.

Soweit reichen die Aufzeichnungen der lieben Entschlafenen. Die
letzten sieben Jahre ihres Lebens verbrachte sie still ohne
besondere Erlebnisse. Ihre liebe, freundliche Art hat ihr manche
treue Freunde erworben. Auch hatte sie stets ein teilnehmendes
Herz für fremde Not. Vor allem aber suchte sie ihren Wandel alle
Zeit als rechte Jüngerin Jesu zu führen. An ihn hielt sie sich
auch in den mancherlei Sorgen, an denen es in den letzten
Jahren nicht gefehlt hat. Und sie konnte dann dem Herrn immer
wieder danken für mancherlei Durchhilfe und manche besondere
Freude, die er sie erleben ließ. Dazu gehörte im letzten Jahre der
Besuch ihres jüngsten Neffen, der 30 Jahre lang in Afrika als
wackerer Pionier des Deutschtums gewirkt hatte, und ihrer
beiden Nichten. Es war ein wunderschönes, friedliches
Wiedersehen, bei dem sich alle wieder in die sorgenlose
Jugendzeit zurückgesetzt glaubten. Überhaupt hing die
Entschlafene mit großer Liebe an ihren Verwandten, und es war
ihr schwer, dass sie so fern von ihnen weilte. Doch konnte sie
sich andererseits nicht entschließen, ihr geliebtes Ebersdorf und
die Brüdergemeine, mit der sie sich innig verbunden fühlte, zu
verlassen.

In den letzten Jahren stellte sich öfters ein Bronchialkatharr mit
starken asthmatischen Beschwerden bei ihr ein, und ein solches

Leiden war es auch, dass sie vor etwa einer Woche befiel und
bald durch hinzutretende Herzschwäche eine bedrohliche
Wandlung nahm. Auch der Entschlafenen war es klar, dass der
Herr sie wohl zu sich rufen werde. Ihren Wunsch, ohne langes
Krankenlager abgerufen zu werden, hat der Herr gnädig erfüllt.
Nach wenigen, freilich durch heftige Atemnot oft recht schweren
Tagen durfte sie am Nachmittag des vergangenen Mittwoch gegen
2 Uhr die Augen zum letzten Schlummer schließen.
Ihr Alter hat sie gebracht auf 77 Jahre und 23 Tage.

14. Emil Rostig   1856 – 1911

Lebenslauf des am 22. November 1911 in Ebersdorf
entschlafenen verheirateten Bruders Emil Rostig.
Mein lieber, nun selig entschlafender Gatte ist geboren am 27.
Juni 1856 in Gnadenfeld, woselbst seine Eltern den Gasthof
verwalteten. Er war der jüngste von fünf Geschwistern, von
denen aber zwei im zartesten Alter starben. Als mein Mann zwei
Jahre alt war, starb sein Vater an Lungenentzündung, und seine
arme Mutter musste mit einer ganz geringen Pension sich und
ihre drei Kinder durchbringen. Da galt es mit eisernem Fleiß von
früh bis abends zu arbeiten, um sich noch nebenbei das
allernötigste zum Durchkommen zu erwerben. Und oft hat mein
Mann davon gesprochen, dass seine Mutter sich lieber die Finger
blutig gearbeitet hätte, als einen Pfennig Armenunterstützung zu
nehmen. Natürlich musste der Knabe auch fleißig ihr zur Hand
gehen und lernte frühzeitig sich praktisch zu betätigen. Doch bei
allem Kampf ums Dasein muss es die Mutter wunderbar
verstanden haben, mit Kleinigkeiten Herz und Gemüt zu
erfreuen, was er ihr nie vergessen hat. Als kleiner Junge
erkrankte er sehr schwer an Masern. Bei einem gefährlichen
Rückfall wurde er an den Rand des Grabes gebracht. Er besann
sich lebhaft darauf, wie er während der Krise träumte in einen
wunderschönen Saal einzutreten, und wie enttäuscht er war,
dass beim Aufwachen alle Herrlichkeit wieder verschwunden
war.
Das Lernen wurde ihm sehr leicht, und seiner guten Begabung
wegen hätte es der damalige Brüderpfleger Bruder Johannes
Bauer gerne gesehen, wenn er zur Weitererziehung nach Niesky
gekommen wäre. Doch stieß dieser Plan wunderbarerweise bei
seiner Mutter auf unüberwindlichen Widerstand, was sich mein
Mann später nur dadurch erklären konnte, dass der ältere
Bruder durch das Studium der Familie mehr oder weniger
entfremdet worden war, was die Mutter zum zweiten Mal nicht
erleben wollte. Er wurde stattdessen einem Schlossermeister in

die Lehre gegeben, und damit fing für ihn wohl die schwerste Zeit
seines Lebens an. Seine ganze Natur sträubte sich gegen die
Verhältnisse und die Gesellschaft, in die er hier geworfen wurde,
und zeitlebens hat ihn die Frage beschäftigt, warum er damals so
geführt worden, und warum ihm die Laufbahn verschlossen
geblieben ist, welche ihm so beneidenswert erschien.
Nachdem seine Lehrzeit im Gnadenfeld beendet war, kam er in
die Schlosserei von Bruder Wünsche nach Herrnhut, wo er als
junger Bruder mit anderen Gleichgesinnten schönen Verkehr
pflegte und unter anderem ein eifriges Mitglied des Bläserchores
wurde. Von hier ging er nach Chemnitz, wo er in einer Fabrik als
Mechaniker einen für damalige Verhältnisse ganz guten Lohn
verdiente. Doch fühlt er sich in dieser Umgebung äußerst
unglücklich und unbefriedigt, und als er einige Zeit darauf von
seiner Militärpflicht losgesprochen wurde, stand bei ihm der
Entschluss fest, der bisherigen Laufbahn den Rücken zu kehren
und womöglich Lehrer zu werden. Er reiste darum gleich nach
Niesky, nahm Rücksprache mit Bruder von Dewitz, dem
damaligen Direktor des Seminars, und erhielt die Erlaubnis ins
Lehrerseminar einzutreten. Wie freute er sich darauf, nun endlich
dem ihm so lieben Studium obliegen zu können! Es kam aber
doch wieder anders, als er erwartet hatte. Anstatt als Schüler ins
Seminar einzutreten, erhielt er plötzlich den Ruf als Lehrer an der
Missionsanstalt in Kleinwelka, wo er gleich eintreten musste.
Zwar richtete er sich schnell in die neuen Verhältnisse ein, doch
war es nicht leicht für einen, dem jegliche Vorbildung fehlte,
besonders da bald nach seinem Eintritt die Regierung zum ersten
Mal die Forderung stellte, dass die nicht studierten Lehrer die
staatliche Prüfung machen müssten. Da galt es für ihn, neben
Aufsicht und voller Stundenzahl, die erforderlichen Kenntnisse
sich anzueignen, und wir gehen gewiss nicht fehl in der
Vermutung, das schon damals, bei dieser angestrengten Arbeit,
seine Gesundheit einen ernsten Stoß erlitten hat. Bald nachdem
er in Bautzen die Staatsprüfung glücklich bestanden hatte,
wurde ihm eine gute Stelle an einer der dortigen Schulen

angeboten; er nahm jedoch das Anerbieten nicht an, da es ihm
selbstverständlich erschien, in dem Dienst der ihm so teuren
Brüdergemeine zu bleiben. Und wie glücklich gestalteten sich für
ihn diese Jahre in der Kleinwelkaer Anstalt. Er war ein
begeisterter Lehrer und treuer Erzieher und wusste nichts
schöneres, als unter seinen Jungen zu weilen. Mit großem Fleiß
arbeitete er an seiner eigenen Weiterbildung und beschäftigte
sich besonders ernst mit der erzieherischen Seite seines Berufs.
Er erzählte z.B. oft in späteren Jahren, dass er sich stets
folgenden Grundsatz Salzmanns zu eigen gemacht habe, bei allen
Fehlern der Schüler den Grund zuerst bei sich selbst zu suchen,
und dass er hiermit immer gut gefahren sei. Nachdem er fünf
Jahre in Kleinwelka gewesen war, erhielt er im Jahre 1880 den
Ruf als naturwissenschaftlicher Lehrer an das Lehrerseminar in
Niesky. Das war wiederum eine keineswegs leichte Aufgabe für
den jungen Lehrer, dessen Schüler zum Teil älter waren als er.
Um sich die nötigen Kenntnisse anzueignen, musste er aufs
eifrigste Privatstudien treiben. Das Unterrichten wurde ihm auch
sehr erschwert dadurch, dass es fast keine Lehrmittel gab. Mit
Lust und Liebe ging er aber ans Werk, ließ sich keine Mühe
verdrießen, verbrachte aber fast alle freien Stunden in seinem
Laboratorium, um sich im Experimentieren zu üben oder
Apparate zu bauen, und eignete sich im Laufe der Zeit eine große
Sicherheit und Kunstfertigkeit, sowie gründliche und umfassende
Kenntnisse in allen naturwissenschaftlichen Fächern an. Der
persönliche Verkehr mit seinen Schülern war ihm aber hier, wie
in Kleinwelka, die liebste Seite seines Berufes, und sein Einfluss
ist gewiss manchem zum Segen geworden. Während der 8 Jahre,
in welchen er ganz im Seminar lebte, ist er mit dem Institut aufs
innigste verwachsen, und dessen inneres und äußeres Gedeihen
lag ihm sehr am Herzen. Aber auch dann, als er im Jahre 1888
einen eigenen Hausstand gründen durfte und die Verbindung mit
dem Institut in Folge dessen lockerer wurde, blieben seine Liebe
und sein Interesse, besonders für jeden einzelnen Schüler,
unvermindert rege. Am 24. Juni 1888 schloss er mit mir den

Bund fürs Leben, und wir konnten unser trautes Heim in Niesky
gründen. Und ach, was für eine glückliche Ehe fing da für mich
an! Ich durfte den ganzen Reichtum seines warmen Herzens,
seines tiefen Gemütes genießen, konnte auch in allen äußeren
Angelegenheiten bei ihm, dem erfahrenen, so praktischen Mann,
Rat und Hilfe holen.

Am 22. März 1889 schenkte uns der Herr unser erstes
Töchterchen, und damit ging für den treu besorgten, liebevollen
Vater eine neue Welt des Glücks und der Freude auf, aber auch
die Verantwortung für Leib und Seele, wie er es vom ersten
Augenblick an mit tiefem Ernst empfand. Ja, die Erziehung
unserer drei Kinder war meinem geliebten Mann stets ein gar
ernstes Anliegen, und er scheute auch nicht vor unerbittlicher
Strenge zurück, wenn ihm dieselbe nötig erschien. Wie konnte er
aber sonst so fröhlich sein mit seinen Kindern, wie nahm er
lebhaft Teil an allen ihren Freuden und Leiden, wie verstand er
es, alle Familienfeiern, namentlich das Weihnachtsfest, gemütvoll
auszuschmücken. So gestaltete sich unser Familienleben von
Anfang an gar lieblich und freundlich; die trüben Schatten
blieben aber auch nicht aus.

Vier Tage nach der Geburt unseres ältesten Kindes starb mein
lieber Vater und zwei Jahre später meines Mannes Mutter,
wodurch der Kreis lieber Verwandter, der uns in der Nieskyer Zeit
umgab, sich schmerzlich verringerte. Auch ein liebes Töchterchen
nahm der Herr nach drei Tagen wieder zu sich. Aber ein noch viel
dunklerer Schatten fing nun an, sich über unser Leben zu
senken. Meines Mannes schon vor unserer Verheiratung
angegriffene Gesundheit verschlechterte sich von Jahr zu Jahr,
wozu ohne Zweifel auch die beständige Sorge um das äußere
Durchkommen nicht wenig beitrug. Zwar ließ er sich in seinen
Unterrichtsstunden nie merken, wie sauer sie ihm oft wurden. Im
Lauf der Zeit konnte er aber nur mit Aufbietung aller Energie sich
über Wasser halten, und kam er nach Hause, so waren die Kräfte
auch erschöpft. Zwar frischte ihn ein Ferienaufenthalt an der See
oder im Gebirge dazwischen wieder auf, die Wirkung hielt aber

nie lange vor. Gegen Ende des Jahres 1897, einige Wochen vor
Weihnachten, brach er dann endgültig zusammen. Und nun
folgten lange, lange Wochen und Monate körperlicher und
seelischer Leiden, die man mit angesehen haben muss, um sie
einigermaßen verstehen zu können. Im Januar schickte ihn der
Nieskyer Doktor nach Karlsbad, wo er durch eine wunderbare
Fügung in die Pflege eines ausgezeichneten Arztes kam, dessen
treuen Bemühungen er, nebst Gott, sein Leben wohl damals zu
verdanken hatte. Nun war ja eine Wendung zum Besseren
eingetreten, aber ach, wie langsam kamen die Kräfte wieder. Es
war ein beständiges Fallen und wieder Aufstehen, und hätte der
Herr ihm nicht immer aufs Neue den Mut gestärkt und den festen
Glauben geschenkt, dass es besser mit ihm werden sollte, so
hätte er wohl den täglichen Kampf nicht mit solcher Willenskraft
fortsetzen können. Es war ihm ein Jahr Urlaub gewährt worden,
und nachdem ihm im Herbst die Mittel geschenkt worden waren,
wieder eine gründliche Karlsbader Kur zu unternehmen, kehrte
er an Leib und Seele wunderbar erfrischt und gestärkt zurück.
Auf der Rückreise hatte er noch die Freude, an der Einweihung
der neuen Knabenanstalt in Kleinwelka teilzunehmen. Nach
Weihnachten nahm er seine Arbeit im Seminar voll der schönsten
Hoffnungen wieder auf. Sie sollten ihm aber nicht in Erfüllung
gehen. Nur zu bald stellte sich die übergroße Ermattung wieder
ein, und kaum waren die anstrengenden Tage der
Austrittsprüfung zu Ostern 1899 überstanden, so war es mit
seiner Kraft auch ganz zu Ende. Nun erklärte aber der Arzt aufs
Entschiedenste, dass er seine Lehrtätigkeit ganz aufgeben
müssen; und so galt es, mit schwerem Herzen von dem Beruf
Abschied zu nehmen, in welchem er 23 Jahre hindurch so
überaus glücklich gewesen war.

„Der Herr hilft, der Herr hat geholfen, der Herr wird
weiterhelfen", so hatte es uns in Karlsbad aus einer
Felseninschrift entgegengeleuchtet, und nun dienten uns diese
Worte aufs Neue zum Trost und zur Aufmunterung. Da ein
Klimawechsel wünschenswert erschien, reiste mein Mann sobald

als möglich nach Königsfeld, und da ihm die dortige Luft sehr wohl tat und der Arzt der Meinung war, dass nur ein jahrelanger Aufenthalt im Höhenklima ihm helfen könne, entschlossen wir uns, ganz hinzuziehen. Von meiner lieben Mutter und Schwester begleitet, zog ich ihm also im September 1899 mit den Kindern nach. Hier in Königsfeld lebte mein lieber Mann meist sehr zurückgezogen, denn es war ihm nicht möglich, an gesellschaftlichen Veranstaltungen teilzunehmen, und auch der Besuch der Versammlungen blieb ihm noch jahrelang fast gänzlich versagt. Da er sich so viel als möglich in freier Luft aufhalten sollte, machte er sich zur Aufgabe, möglichst viele Spaziergänge in der schönen Umgebung ausfindig zu machen, und arbeitete einen neuen Führer für Königsfeld und Umgebung aus.

Außerdem fand er im Fotografieren eine schöne und auch lohnende Beschäftigung, und mit seinem ausgeprägten Kunstsinn, seinem gründlichen und geschickten Arbeiten erlangte er in dieser Kunst eine gewisse Vollkommenheit.

Im Jahre 1908 starb meine liebe Mutter nach zweijährigem schweren Siechtum. Meine Schwester zog nach England, und so löste sich der bis dahin gemeinsame Hausstand auf. Da sich zu gleicher Zeit die Aussicht eröffnete, hier in Ebersdorf im Schwesternhaus-Pensionat eine regelmäßige Beschäftigung zu finden, ergriffen wir wiederum den Wanderstab und zogen in dies stille Örtchen.

Hier fühlte sich mein lieber Mann vom ersten Augenblick an wohl und heimisch. Mit großer Freude nahm er eine mäßige Lehrtätigkeit wieder auf und genoss daneben in vollen Zügen die Schönheiten der hiesigen Gegend.Seine Gesundheit schien sich sichtlich zu stärken. Er konnte sich an Gesellschaft erfreuen, und, was ihm die Hauptsache war, er konnte wieder das Gotteshaus regelmäßig besuchen, ja, sich sogar an dem Halten der Versammlungen beteiligen. Wie hat er sich diese Gnade geschätzt, wie fleißig sich zu Nutze gemacht! Als er dann auch im Aufblick zum Herrn und im Vertrauen auf seine Durchhilfe im

Juli dieses Jahres das Vorsteheramt übernahm, schien für uns
alle eine ganz neue, überaus glückliche Zeit anbrechen zu wollen.
Mit großem Ernst, in gewohnter Pflichttreue und Pünktlichkeit
ging er an die neuen Aufgaben und war nach eigenem Ausspruch
stets bemüht, sein Amt so zu führen, dass er Gott und Menschen
jeden Augenblick darüber Rechenschaft geben könnte. Er hoffte
mit freudiger Zuversicht, dass ihm nun noch einige Jahre
fröhlichen Schaffens beschieden sein würden. Da traf ihn, wie ein
Blitz aus heiterem Himmel, die letzte schwere Krankheit, welche
ihn binnen 8 kurzen Tagen auf das Krankenlager und die
Totenbahre streckte! Welch erschütternder Schlag für ihn und für
uns alle! Wir konnten es kaum fassen, dass der Herr uns wieder
so dunkle Wege führen wollte. Doch der himmlische Vater half
seinem Kind, nachdem die erste schwere Enttäuschung
überwunden war, sich ohne Murren in seinen heiligen Willen zu
fügen. Er war bereit und konnte getrost sterben, wenn sein Herr
ihn rief. Nur in den ersten Tagen sprach er sich bekümmert
darüber aus, dass er seiner Gotteskindschaft, sowie der
Sündenvergebung nicht so fröhlich gewiss sein konnte, wie in
gesunden Tagen. Aber auch diese Erfahrung erfüllte ihn mit
liebevoller Sorge für seine Brüder. "Oh, könnte ich es ihnen
sagen", rief er öfters bewegt aus, "schiebt's nur nicht auf, bringt
beizeiten alles in Ordnung, glaubt nicht, dass auf dem
Krankenbett alles von selber werde, oh, wie töricht, das zu
meinen!" Und ein andermal sprach er: „Wenn es nur
irgendjemandem zum Segen wird, so will ich gerne leiden."
Gott sei Dank, blieb er die ganze Zeit bei Bewusstsein und konnte
sich der Gegenwart seiner herbeigeeilten Kinder herzlich freuen.
Auch über die vielen Beweise der Liebe und Teilnahme, die er
empfing, freute er sich innig, meinte aber beschämt: "ich habe es
gar nicht verdient, habe doch nur meine Pflicht getan."
Sehr schwere Stunden des Schmerzes und der Unruhe brachte
die hinzutretende Lungenentzündung mit sich, bis die vom Arzt
verordneten Mittel Erleichterung verschafften. Wie rührend
dankbar war der liebe Kranke für alle Handreichungen, die man

ihm tat, wie labte er sich an jedem kühlenden Trunk, den man ihm reichte.

Unvergesslich wird uns die schöne Stunde bleiben, wo er trotz aller Schwäche so herzlich in die Verse einstimmte, die wir an seinem Lager sangen. Noch unvergesslicher bleiben die feierlichen Augenblicke, in denen er, nach herzlichem Gebet von unserem treuen Prediger, zur Heimfahrt eingesegnet wurde. Ganz sanft und ohne Kampf trat schließlich am 22. November um 0:45 Uhr das Ende ein. Das müde Kind durfte Eingehen ins Vaterhaus. Wahrlich, wer so stirbt, der stirbt wohl.

Zum Schluss möchte ich noch ein paar Worte über das innere Leben des teuren Entschlafenen zu schreiben versuchen. Von einer einmaligen Bekehrung wusste er nicht zu berichten, vielmehr hat sich wohl auch bei ihm das innere Leben stufenweise entwickelt und vertieft. Die Beschäftigung mit den Naturwissenschaften hat ihn an seinem Glauben nie irre gemacht. Er meinte im Gegenteil, je tiefere Blicke der Mensch in die Wunder der Schöpfung tue, desto mehr müsse er seine eigene Ohnmacht und Unwissenheit erkennen und das wunderbare Walten einer höheren Macht erblicken. Die Predigten des seligen Bischofs Wunderling sind ihm in der Nieskyer Zeit oft zu großem Segen geworden, und er hat ihm stets ein dankbares Andenken bewahrt.

Er stand in kindlichem Umgang mit seinem Herrn und suchte in allem, selbst den äußerlichsten Angelegenheiten, sich von ihm leiten zu lassen.

Es war nie seine Art, viele Worte über sein Christentum zu machen. Wer ihm aber näher trat, besonders in den letzten Jahren, der musste es ihm abfühlen, dass er ein fröhliches Kind Gottes war, und so durfte er vielleicht durch Wesen und Wandel ebenso Zeugnis für seinen Herrn ablegen, als wenn ihm der Wunsch seiner Jugend, berufener Diener am Wort zu werden, in Erfüllung gegangen wäre.

15. Hermann Theodor Martin 1859 – 1928

Lebenslauf des verheirateten Bruders Hermann Theodor Martin
gestorben den 6.8.1928
Es lag eigentlich nicht in meiner Absicht, einen eigenhändigen
Lebenslauf zu schreiben. Aber auf die besondere Bitte meiner
lieben Frau hin will ich es nun doch tun, um, wenn ich vorher
aus der Zeit gehen sollte, ihr die Mühe zu ersparen.
Ich bin geboren am 10 Juli 1859 in Zeist in Holland, als Sohn des
Ofenfabrikanten Ernst Christoph Martin und seiner Gattin Marie
Wilhelmine, geborene Menzel. Unsere Eltern erzogen uns mit
Strenge und Liebe. Ich bin ihnen noch heute dankbar, dass sie
mir nichts durchgehen ließen, wenn sich Eigensinn und Trotz
regten. Ihre Güte habe ich aber auch in so reichem Maße
erfahren, dass ich auf die zwölf Kinderjahre in Zeist als auf eine
sonnige Zeit zurückblicke. Wir lebten in den denkbar
glücklichsten Familienverhältnissen miteinander. Nachdem ich
vom 4. bis 7. Lebensjahr die Kleinkinderschule als Schüler der
unvergesslichen Schwester Schaub besucht hatte, lernte ich von
1866 bis 1871 in der Knabenschule. Das Lernen fiel mir im
Allgemeinen leicht. Darum hatten meine Eltern die Absicht, mich
in Niesky und später im Gnadenfeld studieren zu lassen. Die
Schülerzeit in Niesky, ein Jahr in der Unitätsanstalt und sechs
Jahre im Pädagogium, ist mir noch in lieber Erinnerung. Ich war
kein Held in den Wissenschaften. Meine Entwicklung, wie mir
mein Direktor, Bruder Franz Müller, in seinen Briefen an die
Eltern bezeugte, vollzog sich sehr langsam. Wissenschaftliche
Interessen traten erst allmählich zu Tage. Für Mathematik jedoch
zeigte ich eine besondere Begabung und hatte in Folge dessen
auch Freude daran. Klavier spielen, auch etwas zeichnen, war
meine Lust.
Als Gemeinkind aufgewachsen, habe ich in meinen Kindheits-
und Jünglingsjahren niemals mit Glaubensnöten zu tun gehabt.
Ich war einverstanden mit allem, was Elternhaus, Kirche und
Schule mich lehrten und mir schenkten. Besonders angefasst

wurde ich in der Konfirmationszeit. Die Konfirmation durch den
seligen Bruder Curie ist mir immer unvergesslich geblieben und
hat jahrelang ihren Segensertrag gehabt. Manches davon ging
dann leider verloren, als die Versuchungen sich immer stärker
geltend machten und das Gebetsleben darunter litt, dass ich das
Schriftwort außer Acht ließ: "So jemand die Welt lieb hat, in dem
ist nicht die Liebe des Vaters." Zu meinem Beruf bin ich wohl
eigentlich mehr bestimmt worden, als dass ich ihn mir gewählt
hätte. Ich darf aber bekennen, dass ich niemals Widerwillen
gegen Theologie und Gemeindienst empfunden habe. Im
Gegenteil: mit wachsender Begeisterung studierte ich Theologie,
auch fortgesetzt nach den eigentlichen Studienjahren. Habe ich
das einem meiner Gnadenfelder Lehrer zu verdanken, so war es
wohl ganz besonders Bruder Bernhard Becker. Als ich schon als
Lehrer in Neuwied (von 1881 bis 1887) öfter Gelegenheit zum
Predigen fand, hat mir die Verkündigung des Evangeliums stets
große Freude bereitet, wenn mich auch das öffentliche Auftreten
viel Selbstüberwindung gekostet hat.
Ich habe den lebendigen Gott, Gott in Christo, an vielen Stätten
den Gemeinen angepriesen und habe auch, wie mir nicht selten
gesagt worden ist, bei manchen meiner Zuhörer Gehör gefunden.
Hätte nur auch immer das gepredigte Wort noch mehr der
eigenen persönlichen Erfahrung entsprochen!
Gott hat mir in seiner großen Gnade ein so volles Lebensglück
beschert, dass ich ihm nie genug dafür danken kann. Nach
absolvierter Studienzeit im Gnadenfeld, 1878 bis 1881, folgten in
Neuwied 6 Lehrerjahre, auf die ich teils mit Beschämung, teils
mit dankbarer Freude zurückblicke. Die eineinhalb Jahre als
Brüderpfleger in Christiansfeld sind mir in ungetrübter
Erinnerung. Dann kam die Berufung nach Stockholm, wo ich,
mit Unterbrechung eines Studienjahres in Deutschland, von
1889 bis 1893 Gehilfe des dortigen Sozietätspredigers Bruder Ph.
Aastrup war. Die Absicht mit dieser Einstellung war, dass ich
mich gründlich mit der Landessprache bekannt machen sollte,
was mir auch gelungen sein soll. Ich gewann dort liebe Freunde

unter den Amtsbrüdern, mit denen ich täglich umging. Da die
Arbeit in der Brüdersozietät gering war, war ich für den
Hilfsdienst in der deutschen Gemeinde besonders dankbar. In der
deutschen St. Gertrudskirche habe ich immer gern gepredigt. Die
erste selbstständige Stellung wurde mir in Gotenburg als
Sozialitätsprediger anvertraut. Damit hängt die Verheiratung mit
meiner lieben Frau, einer Freundin meiner Schwester,
zusammen. Was mir meine Frau bis heute wert ist, will ich auf
diesen Blättern nicht näher zum Ausdruck bringen. Sie ist mir
eine Lebensgefährtin geworden, deren ich nicht wert bin. - Auch
in Gotenburg gewannen wir liebe Freunde, mit denen wir zum
Teil noch heute in Verbindung stehen.
Die Berufung nach Gnadenfeld im Jahre 1898 war mir sehr
unwillkommen. Ich wollte ihr erst auch nicht Folge leisten, da ich
sie, hauptsächlich im Blick auf die erworbenen
Sprachkenntnisse, für nicht richtig hielt. Als der Ruf zum zweiten
Mal an mich erging, nahm ich an. In Gnadenfeld wurden wir
dann nach schweren Anfängen schließlich ganz glücklich, da die
dortigen Geschwister uns mit Vertrauen und Liebe begegneten,
so dass wir die Versetzung nach Gadenfrei im Jahre 1902
bedauerten. Dort haben wir wohl unsere glücklichsten Jahre
verbracht, von 1902 bis 1907. In der Gemeinde selber und in der
Umgebung von Gnadenfrei knüpften sich neue
Freundschaftsbande, namentlich auch mit den Habendorfer
Freunden, Herrn und Frau von Seidlitz, die mir im guten und
bösen Tagen zahlreiche Freundschaftsbeweise erwiesen haben.
In die Versetzung nach Niesky hätte ich nicht einwilligen sollen.
Ich war gesundheitlich den erhöhten Anforderungen, welche in
Niesky an mich gerichtet wurden, nicht gewachsen. Nachdem wir
1907 nach Niesky gezogen waren, erkrankte ich schon im Jahr
darauf schwer, so dass ich genötigt war, dass dortige Amt
niederzulegen. Wir lebten dann einige Jahre im zeitweiligen
Ruhestand im Gnadenfrei. Während dieser Zeit erholte ich mich
so, dass ich es wagen konnte, die 1911 an mich ergangene
Berufung nach Gnadau anzunehmen. Der Gemeine Gnadau habe

ich noch fast 15 Jahre lang dienen dürfen, bis zum Eintritt in den Ruhestand, im Frühjahr 1926, der uns hierher nach Ebersdorf führte. Mit voller Kraft habe ich im Gnadau nicht mehr arbeiten können. Aber es hat doch Zeiten gegeben, in denen ich ebenso viel, oder fast mehr geleistet habe, als in jüngeren Tagen. Ich habe bisher nichts von unserem Familienleben erwähnt. Gott hat uns fünf Kinder geschenkt, drei Töchter und zwei Söhne. Sigrid wurde uns in Gotenburg 1897 geboren. Karin im Gnadenfeld 1899, Oskar ebenfalls im Gnadenfeld 1901, Günter im Gnadenfrei 1903 und Dagmar in Niesky 1908. Es ging mit den Kindern durch mancherlei Krankheitsnöte. Aber der Herr hat immer wieder gnädig geholfen. Nicht minder erfuhren wir seine Durchhilfe in Zeiten, in denen unsere eigene Gesundheit gelitten hat. "In wieviel Not hat nicht der gnädige Gott über uns Flügel gebreitet."
Während unseres Dienstes in Gnadau wurden wir immer anhänglicher an die dortige Gemeine. Wir waren dort reichlich dreimal so lange, als je in einer Gemeine zuvor. Blieben auch Enttäuschungen nicht aus, die die Freudigkeit lähmten, so fehlt es doch auch nicht an zahlreichen Ermunterungen zum fortgesetzten Dienst am Evangelium. Auch hier in Ebersdorf hatte ich gehofft, diesen Dienst am Evangelium noch in beschränktem Maße fortsetzen zu können und durfte es auch fast ein Jahr lang mit Freunden tun. im Winter 1926/27 zeigte es sich jedoch, dass die Kräfte nicht mehr langen wollten. Wenn ich alles zusammenfasse, was sich mir an Gedanken über mein bisheriges Leben ergibt, so möchte ich es am liebsten mit den Worten tun: "An mir und meinem Leben ist nichts auf dieser Erd´. Was Christus mir gegeben, das ist der Liebe wert. "

Bis dahin schrieb unser lieber Vater im November 1927
Wir fügen seinem kurzen Lebensüberblick, der seinem zurückhaltenden, bescheidenen Wesen entspricht, noch ein paar Worte hinzu.

Das alte Nervenleiden unseres Vaters, dass im Sommer 1927
wieder auf besonders schlimme Weise ausbrach, besserte sich
vorübergehend im Herbst und Winter 1927/2. Von Beginn des
neuen Jahres an jedoch wurde er wieder leidender bei
zunehmender körperlicher Schwäche, die durch eine Art
Schlaganfall in der Nacht vom 27. auf den 28. Juli sehr vermehrt
wurde. Von da ab spürten wir, wie sich seine immer ruhiger
werdende Seele langsam aus seinem kranken Körper löste, bis sie
dann am 6. August abends um 10 Uhr ihre sterbliche Hülle ganz
abstreifte.
Wir sind voll Dank, dass unser lieber Vater nach so viel
seelischem und körperlichem Leiden der Krankheitszeit in
solchem Frieden sein irdisches Haus verlassen durfte.
Wir danken allen denen, die unserem lieben Vater während
seiner letzten Erdenzeit, und uns, nachdem er nun von uns
gegangen ist, durch ihre Teilnahme wohl getan haben, aufs
wärmste.

16. Richard Johannes Martin   1859 – 1941

Lebenslauf von Richard Johannes Martin, geboren am 18. April 1859 in Neudietendorf.

Am 18. April des Jahres 1859 wurde dem Neudietendorfer Schultheißen und Postmeister Heinrich Leopold Martin und seiner Ehefrau Marie Emilia Martin, geborene Hoffmann, ein Junge geboren. Neben der um 10 Jahre älteren Schwester Emma, der nachmaligen Schwester Westphal, wuchs dieser im väterlichen Haus am Kirchplatz auf unter der Führung eines tüchtigen und gewissenhaften Vaters und der Fürsorge der wesentlich jüngere Mutter, die aus Döben bei Gnadau stammte. Gern erzählte der Heimgegangene seinen Kindern und Enkeln, wie er als kleiner Junge vom Vater angeleitet wurde, die großen quadratischenThurn- und Taxis'schen Briefmarken aus dem ganzen Bogen sauber heraus zu schneiden. Frohe Kindheitstage verlebte er auch auf dem Gute der Großeltern Hoffmann in Döben. Als Kind erlebte er die Zeit des Deutsch-Französischen Krieges von 1870 und 71 und sah auf dem Bahnhof Neudietendorf und in einem Erfurter Lager gefangene weiße und farbige Franzosen mit ihren bunten Uniformen. Auf dem Dietendorfer Bahnhof sammelte sich besonders die Jugend, wenn hochgestellte Persönlichkeiten einen Zugaufenthalt benutzen, um im Bahnhofsgebäude zu speisen. Bei solchen Gelegenheiten konnten die Kinder dann dem alten Kaiser Wilhelm, Bismark und Moltke zujubeln.

Schon als zehnjährigem Jungen wurde ihm der Vater durch den Tod genommen. Die Vormundschaft übernahm sein Onkel Heinrich Jordan, der Mann einer Schwester der Mutter, der tatkräftige Verwalter des Dietendorfer Gutes. Obwohl ihr der Schwager zur Seite stand, war es für die Mutter nicht leicht, als alleinstehende Frau für ihre Kinder zu sorgen. Und doch ermöglichte sie - nach Schwester Bickels Kinderschule und dem Unterricht in der Knabenanstalt - ihrem Sohne den Besuch des Gymnasiums Ernestinum in Gotha. Einen Pendelverkehr vom

Lande nach der Stadt gab es damals noch nicht. So musste der
junge Schüler ganz nach Gotha ziehen, wo er in der Familie
Wendelmuth, aus der auch der spätere Hofrat stammte, eine
schlechte Aufnahme fand.
Höchstens zum Wochenende konnte er einmal mit seinem
Freunde Alex Fabricius nach Hause zurückkehren. Mit einem
bemerkenswerten Gedächtnis, das ihm auch im Berufe
zugutekam, hat er viel von dem in Gotha Gelernten bis in sein
späteres Alter genau behalten. Auch die Erinnerung an seine
Lehrer, an ihre Persönlichkeit - aber auch an ihre Eigenheiten -
ist ihm stets lebendig geblieben.
Nach der Gothaer Schulzeit wurde er durch seinen Onkel Jordan
an den Apotheker Schulze in dem Lippischen Landstädtchen
Schötmar empfohlen. Unter der Anleitung dieses Mannes wurde
ein guter Grund für die spätere berufliche Arbeit und die
wissenschaftlichen Interessen gelegt. Die auf diese Lehre folgende
Praktikanten-Zeit wird zur Erweiterung des Gesichtskreises
benutzt. Sie führt ihn bis nach Niesky, hauptsächlich aber ist er
in thüringischen Apotheken tätig gewesen, unter anderem auch
in der in Neudietendorf und in der Brockmann´schen am Markt
in Arnstadt - unterbrochen wurden diese Wanderjahre durch den
einjährig-freiwilligen Dienst beim Königl. Preuß. Infanterie
Regiment Nr. 71 auf der Cyriaxburg in Erfurt. Soldat war er mit
Leib und Seele und ist es geblieben mit seinen Interessen über
eigene Übungen und ein Kaisermanöver für Wilhelm den Ersten
hinaus bis zum aufmerksamen Verfolgen der großen
Entscheidungen im Feldzuge von 1941 gegen die Bolschewisten. -
Eine zweite Unterbrechung bedeutete das Universitätsstudium in
Jena. Als Student fesselte ihn neben der für die Berufsausübung
grundlegenden Chemie vor allem die Botanik. Mit der ihm
eigenen Gewissenhaftigkeit und Akkuratesse erfasst er die
feinsten Unterschiede der einzelnen Pflanzen und ruhte nicht
eher, bis er eine ganz genaue Bestimmung durchgeführt hatte.
Die Vorbereitung auf eine selbstständige berufliche Tätigkeit war
noch nicht abgeschlossen, als sich ihm die Gelegenheit bot, die

Verwaltung der Apotheke in Ebersdorf zu übernehmen. Sein Freund Gustav Kühn aus Saalburg, den er von Jena her kannte und schätzte, hielt ihm die Stelle offen bis zum Jahre 1888. Schon der Urgroßvater Conrad Ramming (1738 - 1791) war mit Wunsiedeler Erweckten aus dem Bayereuthischen für kurze Zeit nach Ebersdorf gekommen, wo "sein Herz kräftig angefasst wurde"; das Verlangen aber, bei der Gemeine zu bleiben, wurde ihm in Neudietendorf erfüllt. Auch ein Martin war einmal vorübergehend in Ebersdorf gewesen. Es war sein Großvater, der Webermeister Johann Gotthold, der aus Auerbach im Vogtlande stammte und später in Neudietendorf ansässig wurde. Sein Enkel aber hat mehr als 45 Jahre hindurch die Apotheke der Brüdergemeine am Ebersdorfer Platz betreut. Dadurch verwuchs er nicht nur mit der Brüdergemeine, sondern auch mit dem Leben des ganzen, zunächst noch in zwei politische Gemeinden zerfallenden Ortes wie seiner Umgebung. Nicht bloß in Krankheitsnöten wandte man sich immer wieder an die stille Apotheke hinter den Spalierobstbäumen. Für all die vielen Hilfe oder Rat suchenden Menschen hatte der fleißige Apotheker Verständnis und ein offenes Wort - teilnehmend, ermunternd und aufrichtend. Er verstand es prächtig, sich auf die einzelnen, ganz verschiedenartigen Anliegen seiner Besucher einzustellen und wusste jeden richtig zu behandeln, mochte es ein unbeholfenes Kind vom Dorfe sein oder ein Angehöriger des Reussischen Fürstenhofes, der sich für die Sommermonate regelmäßig in Ebersdorf aufhielt. Zu allen Tageszeiten - wenn es nötig war, auch nachts - stand er den Leuten zur Verfügung, die oft aus stundenweit entfernten Dörfern zu ihm gekommen waren. Selten ist jemand unbefriedigt aus seinem Hause gegangen, und mancher hat freundschaftlich den Weg zu ihm zurückgefunden. Unter ihnen waren auch viele brüderische und auswärtige Sommergäste, die in dem freundlichen Orte Erholung suchten. Zum Teil kamen sie mit wissenschaftlichen Anliegen. Dann zeigt er ihnen gern sein Herbarium gesammelter und gepresster Pflanzen und das von Professor William Verbeek geerbte, wie

auch die Steinsammlung mit manch funkelnden Kristall. Ganz beglückt war er, wenn er auf Verständnis für seine botanischen Interessen stieß. Beruflich und menschlich verband ihn eine enge, nie getrübte Freundschaft mit seinem Nachbarkollegen Gustav Kühn, der die väterliche Apotheke in Saalburg übernahm und später die Hofapotheke in Schleiz erwarb. Der Freund war noch stärker an die entsagungsvolle Wirkungsstätte gebunden; so blieb oft nichts anderes übrig, als vor der Tagesarbeit im Morgengrauen auf der Höhe von Pöritzsch zusammenzutreffen, um dort "mündlich Freud und Leid auszutauschen und sich Rats zu erholen". - In zahlreichen Ehren- und Nebenämtern war der praktische und klar blickende Apotheker für das Gemeinwohl bemüht, so als Mitglied des Ältestenrates, im Gemeinderat, als Standesbeamter und Steuereinnehmer, wie als Vorstandsmitglied des Thüringerwald-Vereins. Die Gemeine Ebersdorf hat er vertreten bei Jubelfeiern in Herrnhut (1900) und in seiner Heimatgemeine Neudietendorf.
Fast während der ganzen Zeit dieses innerlich und äußerlich gesegneten Berufslebens in Ebersdorf stand ihm seine Gattin Lucia Elisabeth, geborene Hennig, zur Seite. Bereits im Juni 1889 hatte er sich mit ihr als der Tochter des in den Ruhestand von Neudietendorf nach Ebersdorf verzogenen Predigers Franz Wilhelm Hennig verlobt. Dieser traute auch das junge Paar am 8. Oktober des folgenden Jahres vormittags um 11 Uhr im Ebersdorfer Kirchensaal, worauf die weltliche Feier oben auf der Bellevue stattfand. Der Einsegnungsansprache legt der Schwiegervater die Worte zugrunde: "ich bin Gott, der Gott deines Vaters, fürchte dich nicht, ich will mit dir ziehen!"- Und Gott ist mit dem Paare gewesen, in der reichen Arbeit, die ihm auferlegt war, in der Freude, die im beschert wurde und auch in dem Leid, dass ihm nicht erspart bleiben sollte.
Die Großmutter Caroline Sophie Hennig, geborene Cunow, sollte die Ankunft des ersten Kindes nicht mehr erleben. Der Großvater aber hat vom Meck'schen Nachbarhaus am Parke aus bis zum Jahre 1903 das Heranwachsen von zwei Jungen und einem

Mädchen treu und fürsorglich liebend verfolgen können. Die Tochter, die nach der Mutter die Vornamen Lucia Elisabeth erhielt, ist am Ausgange des Weltkrieges in blühendem Alter einem Leiden erlegen. Dieser schwere Verlust warf eine nicht wieder aufzuhellenden Schatten auf das Alter des Ehepaares. Die Mutter hat den frühen Tod der inniggeliebten Tochter nie überwinden können, obwohl sie auch diesen Schicksalsschlag als eine Schickung aus Gottes Hand nahm. Der Vater fand Ablenkung bei unentwegte Arbeit weit über das Ruhestandsalter hinaus. So blieb er in dem anstrengenden Berufe, während er zusehen musste, wie die Gattin immer kränker wurde. - Eine Freude für beide war es aber, dass die Söhne Erich Richard und Cunow Leopold nach Überstehen des Weltkrieges in Greiz in Thüringen und in Gnadenfeld in Oberschlesien eigene Familien gründen konnten. Der ältere teilte die geographisch-naturwissenschaftlichen Neigungen mit dem Vater, der jüngere die gleichfalls starken auf technischem Gebiete. In Notzeiten hielten die Gnadenfelder Kinder mit drei Enkelsöhnen für länger Einkehr im Elternhaus, um nach Wiedereintreten von besseren Verhältnissen nach Neudietendorf überzusiedeln. Dies aber sollte die Mutter nicht mehr erleben, die am 1. Dezember 1933 die Augen für immer schloss und auf dem Ebersdorfer Gottesacker zur letzten Ruhe gebettet wurde, wo auch Eltern, Schwester und Tochter ihre Grabstätte fanden. Einsam geworden, hat der Vater dann die Berufstätigkeit im folgenden Juli - also in seinem 76 Lebensjahre - niedergelegt.

Die Trennung von Ebersdorf war nicht leicht, als er darauf zu seinen Kindern nach Greiz zog. Es ist hier nicht der Ort, dankbar all der Ebersdorfer Familien namentlich zu gedenken, mit denen die Familie Martin über Jahre und Jahrzehnte hinweg Freud und Leid geteilt hat. Unter ihnen fanden sich auch Verwandte von Otto und Fanny Bernhard, die von Braunschweig kommend in Ebersdorf ihren Ruhestand verlebten, wie deren aus Suriname zurückgekehrten Kinder Heinrich und Hanna mit ihren Söhnen und Töchtern. Neue verwandtschaftliche Bande wurden geknüpft

mit den Geschwistern Fliegel, die im Weltkriege von Kleinwelka
nach Ebersdorf kamen und deren Tochter Dora am 20. Juli 1921
in Ebersdorf den älteren Sohn Erich heiratete. Mit ihm
zusammen konnte sie den Vater nach seinem Eintritt in den
Ruhestand in Greiz aufnehmen.

Trotz seines schon recht hohen Alters hat Vater Martin in den
nun folgenden Jahren des Ruhestandes noch manches
dankerfüllt genießen können, was ihm das abgeschiedene Leben
in Ebersdorf schuldig geblieben war. Obwohl er dort in einer
bemerkenswert schönen und wissenschaftlich interessanten
Gegend lebte, war er doch beruflich so angehängt gewesen, dass
er sich kaum in Ruhe der schönen Gottesnatur erfreuen konnte.
In früheren Jahren hatte er einen Ausgleich gesucht und
gefunden durch Sommerurlaubsreisen in die über alles geliebte
Alpenwelt. Vor der Ebersdorfer Zeit hatte er solche Reisen sogar
bis nach Oberitalien, bis nach Mailand und Venedig, ausdehnen
können. Die meisten dieser köstlichen Alpenfahrten hat er mit
der Gattin erlebt, die manches Gebirgsbild und manche
Bergblume mit Stift und Pinsel festgehalten hat. Seit dem
Weltkriege und nach dem harten Schicksalschlage konnte und
wollte er sich nicht mehr aus seinen vielfältigen Verpflichtungen
in Ebersdorf herauslösen. Nun aber im Ruhestand befindlich, hat
er 1934 und 1935 mit dem älteren Sohne noch zweimal in die
Alpen reisen können. Auf der ersten Fahrt besuchte er die
Oberammergauer Festspiele, sah er die Gebirgswelt
hineinleuchten in das packende Spiel der Bergbauern. Vom
nahen Garmisch aus brachten ihn Bergbahnen bis zum Gipfel
der Zugspitze, wo ihm das Glück einer besonders klaren Aussicht
beschert war. Im folgenden Jahre konnte er von Traunstein aus
ganz achtbare Höhen sogar selbst erreichen. In der Hoheit und
Reinheit der Berge verehrte er Gottes schönste und erhabenste
Schöpfung. Von den Erinnerungen an solche Gebirgsreisen
zehrte er, als es seine Kräfte nicht mehr zuließen, größere
Wanderungen zu unternehmen. Mit seinen lebensfrischen Sinnen
hat er jedoch bei seinen Kindern in Greiz und Neudietendorf, wo

er sich mehrfach im Sommer längere Zeit aufhielt, alles eingefangen, was an Schönem und Interessanten in seine Altersstube drang. Zu alten Freunden fanden sich neue, in Greiz besonders Herr Georg Hempel, mit dem er viele kleinere Spaziergänge unternommen hat und manche Stunde plauderte. Seine Hauptfreude war es, dass Heranwachsen der sechs Enkelkinder - vier Jungen und zwei Mädchen - zu verfolgen. Konnte er sich noch irgendwo nützlich machen, so war ihm das hochwillkommen. Gern half er in der Greizer Ida-Apotheke und noch im vergangenen Sommer in der ihm von Jugend an bekannten in Neudietendorf. Die Beobachtungen der Greizer Wetterwarte hat er noch Anfang Dezember säuberlich abgeschrieben. Mit regem Geiste hat er auch in ernsten Krankheitstagen das neue gewaltige Heldenringen unserer Wehrmacht begleitet. Seinen Ausgang aber hat er nicht mehr erleben sollen. Es war Gottes Wille, dass dies gesegnete Leben am 15. Dezember 1941 in Greiz einen stillen Abschluss fand - an einem Abend der Adventszeit, in der der Verstorbene in früheren Jahren die Krippenfiguren für das Bethlehem bereitstellte, um mit Jung und Alt in echt deutscher Weise Gott zu loben für das Licht, dass er in den Finsternissen des Winters für uns hat strahlen lassen.

17. Otto Franz Schaffert 1893 – 1980

Lebenslauf Otto Franz Schaffert geboren am 25.01 1893 in
Falkenstein Kreis Friedeberg Neumark Provinz Brandenburg.

Wir waren sechs Geschwister, vier Brüder und zwei Schwestern.
Ich war noch nicht zwei Jahre alt, da starb unsere Mutter nach
der Entbindung meines jüngsten Bruders Paul, somit lernte ich
meine Mutter nicht kennen. Paul und ich kamen zu den
Großeltern im selben Ort. Nach einem Jahr bekamen wir eine
zweite Mutter. Paul kam ins Elternhaus und ich blieb bei den
Großeltern bis zum ersten Halbjahr der Schule. Dann zog Vater
weg vom Gutshof in eine andere Umgebung, aber noch im Kreis
Friedeberg. Vater hatte dort ein kleines Eigentum gekauft, aber
zu klein für die große Familie, um diese ernähren zu können,
denn es folgten Geschwister aus zweiter Ehe. Ich war nur ein
paar Tage dort im Hause, da kam ich zu einem Viehhändler, um
das Vieh zu hüten und ein paar Kinder. Nach einem halben Jahr
kam ich zu einer Witwe und ihrem 18-jährigen Sohn. Diese
hatten einen Landhandel. Sie kauften Butter, Eier und Hühner
auf und fuhren mit diesen Produkten zum Markt nach Landsberg
oder Berlin.
Ich ging zur Schule und hütete das Kleinvieh. Manchmal musste
ich beide mit Pferd und Wagen von der Bahn abholen, 8 km
Entfernung. Hier hatte ich es gut, lernte alle häuslichen und
auch außerhäuslichen Arbeiten kennen. Des Abends half mir die
Witwe bei den Schularbeiten, auch lernte sie mir die Hände falten
und das Gebet, besonders das Vaterunser und die zehn Gebote.
Dann ging's an die innerhäuslichen Arbeiten: Flicken, Stopfen
und Nähen. Drei Jahre war ich in diesem Haushalt und hatte so
manches gelernt. Dann zog Vater wieder weg auf ein Rittergut als
Gutsarbeiter. Gern wäre ich bei der Witwe geblieben, doch ich
musste mit. Nur ein paar Tage, dann war ich wieder bei einem
Bauern das Vieh zu hüten. Nach eineinhalb Jahren zog Vater
nach dem nächsten Rittergut im Dorf Braunsfelde als

Gutsarbeiter. Ich kam sofort zu einem Bauern als Hütejunge, blieb auch das nachts dort und schlief mit dem Großknecht zusammen in einem Bett im Pferdestall. Nach einem halben Jahr musste ich in ein anderes Dorf, Mansfelde, zu einem Großbauern als Schafhirte (120 Schafe). Aber ich musste nicht nur die Schafe hüten, sondern auch allerlei landwirtschaftliche Arbeiten verrichten. Auch hier schlief ich mit dem Großknecht zusammen in einem Bett im Pferdestall in einer mit Brettern abgetrennten ganz kleinen Kammer. Sechs Arbeitspferde waren im Stall, somit nahm das Kettengerassel in der Nacht kein Ende. Der Großknecht ging jeden Abend ins Dorf und kam zumeist spät nach Hause. Währenddessen machte ich meine Schularbeiten an einem ganz kleinen Tischchen. Zuweilen schlief ich auch dabei ein vor übergroßer Müdigkeit. Dann wurde ich mit Ungestüm vom Großknecht geweckt und kam in die Falle. Früh morgens um halb vier Uhr ging es wieder raus, das Vieh mit zu versorgen. Im Sommerhalbjahr begann die Schule Punkt 6 Uhr und endete um 9 Uhr. Dann bekam ich meine Stulle in die Hand gedrückt und sogleich ging es zum Schafstall. Ich ließ die Schafe zur Tränke an einen kleinen Teich und dann auf die Weide. Sogleich begannen meine Nebenarbeiten: Kartoffeln und Rüben hacken, in der Getreideernte abraffen, binden und Garben aufstellen, zwischendurch im Galopp zur Schafherde, um sie zurecht zu bringen und vieles andere. Mein Mittagessen wurde mir zumeist aufs Feld gebracht.

8 Uhr abends trieb ich dann die Schafe in den Stall und schloss zu. Dann ging's zum Bauernhof zum Abendessen, gegen halb 9 Uhr war endlich Feierabend und nun ging es in den Pferdestall. Doch bevor ich zum Schlafen kam, musste ich meine Schularbeiten bei der Sturmlaterne mit Petroleum machen. Der nächste Tag ging ungefähr in derselben Folge weiter, auch der Sonntag war nicht viel anders, nur keine Schule. Zwei Jahre war ich bei dem Bauern und wurde auch dort konfirmiert. Jetzt begann ein neuer Lebensabschnitt für mich!

Sogleich musste ich nach der Konfirmation ins andere Dorf und
zum ersten Mal direkt ins Elternhaus, wo inzwischen etliche
Stiefgeschwister vorhanden waren.

Gleich am nächsten Tag ging es zur Arbeit als Hofgänger auf
dem Rittergut. Ich musste in der ersten Zeit viel mit drei Ochsen
umherfahren, um Futter für die Viehställe zu besorgen, dazu
wurden mir zwei ältere Mädel zugestellt. Sogar mit zehn Ochsen
vorgespannt, wurde ich zum Landpflügen eingesetzt. Auch
musste ich mit einem Pferd und einer Breitsämaschine Klee, Gras
und Luzerne auf die großen Felder einsäen. Dann ging es ans
Heu machen, alles Handarbeit. In der Getreideernte hieß es:
Raffen, binden und Garben aufstellen, was mir nicht schwer fiel,
weil ich das alles schon bei den Bauern gelernt hatte. Viel
Getreide wurde gleich auf dem Felde gedroschen mit
steinkohlenbeheizem Dampflokomobil. Und so ging es in
abwechslungsvoller Arbeit ein ganzes Jahr lang. Dann zog Vater
von hier weg nach Weißwasser in der Oberlausitz. Und nun
begann für mich wieder ein neuer Lebensabschnitt!
Ich kam sogleich zu einem Glasbläsermeister in die Lehre und
auch bei ihm in Kost und Logis und somit war und blieb ich ganz
und für immer vom Elternhaus getrennt. 2 Jahre dauerte dieses
gute Verhältnis mit dem Meister. Da brach ein großer Streik aus
in Weißwasser in allen Glasfabriken. Der Meister redete mir sehr
zu, ich solle bleiben, denn ich hätte gute Fortschritte gemacht
und dazu gutes Geld gespart, um den Streik zu überstehen,
derselbe dauerte 13 Wochen.

Doch ich konnte das Faulenzen nicht ertragen und so ging ich
wieder zurück in die Landwirtschaft nach Braunsfelde zu dem
Bauern, wo ich in der Schulzeit als Hütejunge gewesen war. Doch
zuvor musste ich ja mit Vater reden und ihn um eine
Bescheinigung bitten, dass ich in Zukunft keinen Vormund mehr
brauche und somit selbstständig handeln und entscheiden
könnte in allen Dingen. Vater gab mir ein solches Schreiben und
sagte: Du bist ja doch nie zu Hause gewesen, tue weiterhin wie
du willst.

Damit ging ich zur Polizei und dort wurde es gestempelt und
unterschrieben. Somit hatte ich einen gültigen Ausweis, denn ich
war ja noch nicht ganz 17 Jahre alt. Und nun begann wieder ein
neuer Lebensabschnitt für mich.

Die Umstellung in der Arbeit war ja nicht schwer für mich. Doch
da kam noch im selben Jahr wie ein Blitz aus heiterem Himmel
ein Ereignis in meinem Leben: Am 09.09.1919 bekam ich einen
Bauchschuss durch eine Platzpatrone. Es war ein Militärmanöver
in unserer Gegend und da blieben viele Platzpatronen in den
Quartieren liegen. Wir sammelten sie auf und eines
Sonntagnachmittags bei versammelter Dorfjugend schlugen wir
die Dinger auf einem Steinhaufen auf. Bei der letzten Patrone
wollte ich den Burschen wegstoßen mit den Worten: Lass sein, es
könnte noch bei der letzten Patrone etwas passieren. Und im
selben Moment war es geschehen. Ich hatte die ganze Ladung in
den Unterleib bekommen. Die ganze Dorfjugend trabte ins Dorf
und verbreitete diese Begebenheit. Ich lief und kroch ins Dorf zu
meinem Bauern und berichtete selbst was geschehen war. Der
Großknecht spannte sogleich zwei Pferde vor den Kutschwagen
und holte den Arzt aus der nahen Kreisstadt. Ich bekam einen
festen Verband und lag im Pferdestall. Der Bauer persönlich in
Begleitung mit dem Milchkontrolleur fuhren mit mir zum
Krankenhaus nach Landsberg an der Warte, 35 km. Der
Kreisarzt hatte alles per Telefon dort im Krankenhaus zur
Operation vorbereiten lassen. Des Nachts kam ich dort an. Im
Operationsraum sah ich an der großen Standuhr, dass es 1 Uhr
war. Das konnte ich noch wahrnehmen und schon hatte ich die
Narkose. Wie lange ich ohne Besinnung im Isolierzimmer gelegen
habe, hat man mir nicht gesagt, nur dass die Operation lange
gedauert hätte, da im Leib und den Därmen vieles kaputt war.
Am linken Unterschenkel behielt ich durch die lange dauernde
Operation eine Thrombose, dieselbe ist nie ganz ausgeheilt
worden.

Es folgten nun viel schwere Tage und Wochen. Ein Vierteljahr
blieb ich im Krankenhaus in ständiger Behandlung. Dann wurde

ich entlassen zu meinem Bauern und lag dort noch längere Zeit im Pferdestall zusammen mit dem Großknecht in einem Bett. Hier wurde ich von der Großmagd aus großer Nächstenliebe betreut, treu und gewissenhaft mit Kamillentee innerlich und äußerlich mit warmen Umschlägen. Ganz langsam wurde es besser mit mir und ich versuchte leichte Arbeiten zu verrichten. 14 Tage waren vergangen, ich warf Futterstroh in der Scheune herunter über der Scheunentenne und plötzlich verlor ich den Boden unter den Füßen. Beim Fallen hatte ich die Arme ausgebreitet und hing nun zwischen zwei Balken in der Luft und schrie um Hilfe. Doch eher der Bauer und der Großknecht mich herunterholen konnten, stürzte ich herab auf die harte Scheunentenne. Eine dicke Bohle folgte mir im Fallen nach, schlug mir auf den Hinterkopf und ich blieb bewusstlos liegen. Erst des Nachts erwachte ich aus der Bewusstlosigkeit. Nun folgten wieder viele Tage und Nächte in Schmerzen, denn im Leibe hatte sich vieles gezerrt von der Operation her. Doch auch dieses alles durfte ich überwinden mit Gottes treuer Hilfe, denn das durfte ich als junger Mensch klar erkennen und glauben, wo der Herr sagt: Ich bin der Herr dein Arzt, kommet her zu mir alle, die ihr mühselig und beladen seid, ich will euch erquicken. Und wer zu mir kommt, den werde ich nicht hinausstoßen und das geknickte Rohr werde ich nicht wegwerfen. Vertraue deinem Gott, denn hilft Er nicht zu jeder Frist, so hilft Er doch wenn's nötig ist. Gelobt sei Sein heiliger Name.

Langsam ging es nun mit meiner Gesundheit voran und es folgte eine Zeit der Erquickung. Zweieinhalb Jahre blieb ich bei diesem Bauern, dann sollte ich bei ihm als Großknecht weiter bleiben, doch dazu fühlte ich mich körperlich nicht kräftig genug, weil ich doch in der Entwicklung etwas zurückgeblieben war. Nun zog ich zu einem anderen Bauern als Kleinknecht. Hier hatte ich es gut, denn diese hatten keine Kinder und kümmerten sich um ihre Arbeitsleute. Es war ein gutes Verhältnis und Verstehen zueinander. Zwei Jahre blieb ich da. Inzwischen hatten wir uns kennengelernt, meine Frau und ich. Meine Frau war aus einem

anderen Dorf und zog im nächsten Jahr wieder nach dort zurück
und ich zog mit, aber zu einem anderen Bauern. Hierselbst war
das Zusammenleben nicht gut und ich blieb nur ein dreiviertel
Jahr dort. Inzwischen war der erste Krieg ausgebrochen und ich
ging zu Armierungsarbeiten beim Militär. Am 4. Januar 1915
wurde ich zum Militärdienst einberufen. Und wieder begann für
mich ein neuer Lebensabschnitt und zwar ein sehr ernster: Nur
vier Wochen wurden wir zusammen mit meinem Schwager, dem
Bruder meiner Frau, ausgebildet und schon befanden wir uns im
Schützengraben in vorderster Linie, an einem Nebenfluss der
Weichsel.

Hier gab es viele Tote, zumeist Kopfschuss. Am 5. August 1915
begann der Vormarsch und unsere Division ging auf Warschau
zu. Unser Regiment erstürmte die Vorfestung Blonie und einige
Festungswerke von Warschau. Dann markierten wir an der
Weichsel stromaufwärts bis zur Festung Nowogeorgiewsk. Hier
gab es viele Erkundungsgänge durch den dichten Wald. Auch ich
wurde desöfteren mit eingesetzt, weil ich etwas polnisch sprechen
konnte, und konnten manchen Erfolg verbuchen. In dieser
Stellung bekamen ich und noch mehr Kameraden die Ruhr und
wurden nach Warschau transportiert. Viele davon starben. Als
die deutschen Ärzte kamen, wurde auch ich untersucht und
nach Deutschland zurückgeschickt und dort auskuriert. Aber
nur kurze Zeit, dann war ich wieder in vorderster Front bei
derselben Division, doch bei einem anderen Regiment, 12.
Grenadiere. Und gleich waren wir mittendrin in dem grausamen
Kriegsgeschehen. Unser Nachbarregiment Nummer 19 wurde im
Morgengrauen von den Russen im Graben überrumpelt. Hier
stand nun Mann gegen Mann im engen Schützengraben.
Zahlenmäßig waren die Russen überlegen. Unser Regiment lag
seit zwei Tagen in Ruhestellung, aber ganz in der Nähe und
wurde alarmiert und wir vertrieben den Feind und übernahmen
den Grabenabschnitt. Doch hier sah es grausam aus, Freund
und Feind durcheinander. An dem Platz, wo meine Gruppe hin
kommandiert wurde, machte ich mich daran, die Toten

rauszuwerfen über die Rückwand des Schützengrabens. Unser
Zugführer, ein Leutnant, sah mir zu und wandte sich ab. Er
machte Meldung beim Kompanieführer und sobald holte mich
der Leutnant zum Hauptmann. Vor seinem Bunker lagen so viele
Tote. Er bat mich, doch auch diese wegzuräumen.
 In den nächsten Tagen wurden ich und noch einige andere
Kameraden abkommandiert hinter die Front zum Arzt, um dort
Anweisungen zu bekommen, wie man mit Verwundeten
umzugehen hat, wie man Wunden verbindet und was man mit
Kranken tut. Und somit war ich Sanitäter in der Kompanie und
blieb es bis zum Schluss. Viel Elend habe ich persönlich in
diesem Kriegsdienst erlebt, aber immer die Bewahrung und
Leitung meines Gottes.
Als der Krieg in Russland zu Ende war, kam unsere Division
nach Frankreich mit sofortigem Einsatz an besonders brenzligen
Stellen. Als erstes auf Combres, wo wir auch unter anderen
besonders unter Flöhen und Ratten zu leiden hatten. Dann
kamen wir auf den Winterberg, etwa 18 km nördlich von Laon.
Ein Hochplateau an der Oise-Aisne. Hierselbst hatte ein
bayerisches Regiment die vielen Angriffe abgelehnt und unser
Regiment eingesetzt. Alle paar Tage wurde ein Sturmangriff auf
den feindlichen Graben unternommen, wobei es immer Tote und
Verwundete gab. Wir hatten hier in der Mehrheit schwarze
Truppen vor uns. In der Nacht war der Berg dauernd erleuchtet
durch beiderseitige Leuchtkugeln, die feindlichen hatten seidene
Fallschirme. Ein halbes Jahr blieben wir auf diesem Berg, dann
zogen wir uns zurück, denn der Berg war von beiden Seiten
unterminiert. Eine kurze Zeit kamen wir in Ruhestellung und
Ergänzung der Mannschaft.
Ich wurde zum Arzt befohlen. Bei der Untersuchung sagte der
Arzt zu mir: Ihr Herz ist nicht mehr in Ordnung und Sie werden
eine Zeit ausspannen. Ich kam weit hinter der Front nach Belgien
in ein Lazarett als Handlanger im Operationssaal, doch nur kurze
Zeit. Dann sagte der Arzt zu mir: Sie sind doch Landwirt, sie
kommen hinter der Front als Posten in die Landwirtschaft bei 80

Frauen, um dieselben in der Arbeit anzuleiten und auf Ordnung zu achten. Ich sagte zum Arzt: Das kann doch keine Erholung sein, denn ich kann doch kein Wort französisch. Aber er meinte: Das lernen Sie schnell. Und so geschah es auch, denn in der Kolonne war eine Studentin, die aus Paris nach hier verschlagen war und nun in der Landwirtschaft arbeitete. Dieses Fräulein sprach ein sehr gutes Hochdeutsch und übersetzte mir alles. Somit war eine Verständigung gut möglich und die Frauen sagten, dass ich das Französisch gut spreche. Siebeneinhalb Wochen war ich dort und hatte mich gut eingearbeitet, da bekam ich eine Aufforderung von der Kompanie, ich solle mich sofort in Marsch setzen und zurückkommen. Sämtliche Frauen protestierten und überredeten mich, ich solle nicht mehr in den Krieg gehen an die Front, denn der Krieg wäre doch bald zu Ende. Ich sollte mir einen Bauernhof aussuchen und im Dorf bleiben und ein ganzer Franzose werden. Ich kam wohl ins Schwanken, doch dann nach längerem Überlegen entschloss ich mich für die Kompanie. Nach ein paar Tagen langte ich dort an, diese lag in einem großen Sumpfgebiet.

Die Stellung konnte nicht in, sondern über der Erde aufgebaut werden mit Strauchwerk und gefüllten Sandsäcken. Etwa vier Wochen war ich dort, dann bekam ich das Sumpffieber, die Malaria. Das Thermometer reichte nicht mehr aus, also 42°. Der Kompanieführer sagte: Sieh zu, wie du hier wegkommst, denn Transportmöglichkeit gibt es hier nicht. Ich ging mit dem hohen Fieber durch Schrapnell- und schweres Artilleriefeuer hindurch, bis ich am Verbandsplatz unversehrt ankam. Der Arzt sagte: Ich brauche Sie nicht erst untersuchen, denn ich sehe was mit Ihnen los ist. Ich bekam die nötigen Chinintabletten und wurde mit dem nächsten Beförderungsmittel abtransportiert. Drei große Zelte waren hier und in einem wurde ich untergebracht. In derselben Nacht warf der Feind Bomben auf die Zelte, obwohl es gegen internationale Verordnung war. Zwei Zelte hatten Volltreffer, das dritte bekam nur wenig ab und somit blieb ich unverwundet. Alles wurde abtransportiert bis zur nächsten

Bahnstation. Ich kam nach Strassburg im Elsass in ein
Seuchenlazarett. Hier hatte ich es gut und wurde auskuriert. Bei
der nächsten Großuntersuchung wurde ich als
arbeitsverwendungsfähig für die Heimat geschrieben und
entlassen.

Als ich zu meiner Frau kam, lag sie krank an der Gelbsucht. Als
die Ärzte nichts anderes ihr verordneten als Bettruhe, ging sie
zum Homöopathen und bald war sie wieder auf den Beinen. Die
Verpflegung war sehr mies und reichte nicht für eine Person. Ich
fuhr am zweiten Tag mit der Bahn nach Schneidemühl etliche
Stationen ostwärts zu einer Flugzeugfabrik und wurde sogleich
eingestellt als Hilfsmonteur. Hier hatte ich es gut im Essen und
im Verdienst. Sechs Wochen dauerte diese Arbeit, dann war der
ganze Krieg zu Ende und auch die Arbeit. Ich musste mich auf
dem Bezirksamt melden und wurde nicht gleich entlassen, erst
am 4. Januar 1919 endgültig und somit war ich genau auf den
Tag vier Jahre Soldat gewesen.

Und wieder begann für mich ein neuer Lebensabschnitt: Ich fuhr
zu meinen Geschwistern, kam zu meinem Bruder Hermann nach
Lauta in ein Aluminiumschmelzwerk und sogleich wurde ich
eingestellt am elektrischen Schmelzofen. Hermann redete mir zu,
ich solle dort bleiben. Auch von der Werkleitung wurde mir
zugeredet. Hermann hatte schon ein eigenes Haus vom Werk und
mir wurde dieses in Aussicht gestellt über ein Jahr. Doch meine
Frau wollte nicht übersiedeln zur Industrie und so zog ich zu
meiner Frau. Zuerst arbeitete ich in einem Sägewerk. Früh
morgens 13 km hin zu Fuß und des Abends 13 km zurück. Das
konnte natürlich auf die Dauer nicht so weitergehen. Ich melde
mich in einer Papierfabrik und wurde angenommen. Hier hatte
meine Frau die letzten Kriegsjahre gearbeitet. Nach acht Tagen
wurde ich gefragt, ob ich im Werk einen Posten für immer
übernehmen würde, und ich sagte ja. Drei Wochen hatte ich
einen Kurzlehrgang und schon musste ich die
Hauptbetriebsmaschine bedienen, 450 PS. Hiermit wurde auch
sämtliches Licht für den Betrieb erzeugt. Auf diesem Posten

verdiente ich viel Geld und wäre sehr gern dort geblieben, denn auch der Besitzer dieses Werkes sagte zu mir: Aber Herr Schaffert, dies ist eine Lebensstellung für Sie. Ich sagte: So etwas suche ich. Doch nach einem halben Jahr war alles zu Ende, denn sämtliche Arbeiter streikten ein ganzes Vierteljahr und somit war auch meine Lebensstellung dahin. Ich setzte mich in Verbindung mit meinem Schwager, derselbe war auf einem großen Rittergut. Ich wurde dort vorstellig und wurde eingestellt. Schon nach drei Tagen wurde ich mit der Familie und dem Hausrat abgeholt durch ein Pferdegespann. Nach drei Wochen wurde ich von der gesamten Arbeiterschaft als Betriebsratsvorsitzender gewählt, denn hier war alles organisiert. Beinahe jeden Tag hatte ich Verhandlungen mit dem Gutsbesitzer zu führen. Auch hier kam es zu einem Streik, doch nur für einen Tag. Es handelte sich um eine Geldnachzahlung, die zu Recht bestand und der Besitzer selbst schriftlich und mündlich zugesagt hatte. Der Schlichtungsrat wurde herbeigeholt und alles geregelt, so dass die Arbeit noch am selben Tag wieder aufgenommen wurde. Drei Jahre ging alles in friedlicher Atmosphäre dahin. Nach einem Vierteljahr hatte ich es erreicht, dass der Besitzer einwilligte, die Arbeiterwohnungen zu renovieren. Eine Zeit lang gingen wir, nämlich der Arbeiterausschuss und der Besitzer mit seinem Stab, des sonntags nachmittags ins Dorf, um etliche Wohnungen zu besichtigen. Alles wurde aufgeschrieben, was verändert und erneuert werden musste. Zum Beispiel: Als erstes der offene Rauchfang in der Wohnstube, wo allerlei von oben durch den Schornstein in den Kochtopf fiel und außerdem der Rauch in die Wohnstube kam. Denn neben dem Hausflur war ein großer schwarzer Raum wo man den Himmel sehen konnte und dieser Raum wurde dann zu einer schönen Küche umgebaut und in der Wohnstube die Kochstätte gänzlich zugebaut. Schon allein diese Veränderung löste bei den Frauen ganz große Freude aus.
Dann wurden die Fußböden gedielt und die Wände tapeziert und die Fenster in Ordnung gebracht, so dass es nun ein menschliches Wohnen gab, auch gesundheitlich. Es war überall

große Freude im ganzen Dorf. Dann nach drei Jahren kamen
Wermutstropfen in diesen Freudenwein. Wir bekamen einen
Administrator aufs Gut, der mehr Vollmacht hatte als der
bisherige Oberinspektor. Dieser Mann war ein starker Trinker
und kam manchmal durcheinander. Er wollte alles mit seiner
Eiche (Handstock) regieren und so ging er eines Morgens bei der
Arbeitsausgabe auf einen Mann drauf zu und schlug nach ihm.
Doch der Mann konnte gerade noch ausweichen und versetzte
dem Administrator einen starken Kinnhaken, so dass derselbe
blutend zu Boden fiel. Ich versuchte mein Möglichstes und es
gelangt mir, dass es nicht zur Großschlägerei ausartete, denn der
Schweizer (Melker) mit Anhang wollte hierbei eine Schlägerei
verbreiten und ich konnte ihn daran hindern und die Arbeiter zur
Arbeit drängen.
Doch diese Begebenheit hatte ein gerichtliches Nachspiel, wobei
die Arbeiterschaft ins schiefe Licht geschoben wurde. Der Schluss
war, dass sechs Arbeiterfamilien entlassen wurden, auch ich,
doch die Wohnungen räumten wir nicht, weil es zu der Zeit keine
andere gab.
Ich ging nun in der ersten Zeit als Waldarbeiter, dann zusammen
mit einem jungen Mann nach Bochum bei einer Großbaufirma
als Steinträger und lernte nebenbei das Maurerhandwerk.
Eineinhalb Jahre war diese Arbeit, denn der Arbeitskollege wollte
nicht mehr länger dort bleiben, weil er sich mit dem Polier nicht
verstanden hat. Aber allein in dieser Großstadt wurde er nicht
fertig. Und so ging ich mit ihm zu einer Gleisbaufirma. Doch
auch hier war unser Bleiben nur von kurzer Dauer und wir
fuhren wieder zurück zu unseren Familien. Ich bekam sogleich
wieder eine selbstständige Arbeit, nicht weit von unserer
Wohnung im staatlichen Forst. Grubenholz schälen, welches
zugeschnitten und gestapelt war, viele tausend Kubikmeter, also
Arbeit auf lange Sicht und gutem Verdienst. Doch da kommt
eines Tages meine Frau zu mir auf die Arbeitsstelle mit einer
Zeitungsanzeige, dass in der Bruchniederung bei einem
Großbauern ein Wirtschafter mit Familie gesucht würde,

Wohnung vorhanden. Meine Frau drängte mich, ich solle mich doch um diese Stelle bewerben, damit doch endlich das Drängen vom Gut aufhöre, dass wir die Wohnung sollten freigeben. Und nun fuhr ich mit dem Fahrrad hin und ward vorstellig. Ich wurde sogleich angenommen und war schon am zweiten Tage in der neuen Arbeit tätig und nach 14 Tagen holte ich die Familie nach. Milchviehzucht und alles was dazu gehört. Meine Frau musste tagtäglich tüchtig mitarbeiten, dazu das Handmelken.
Zweieinhalb Jahre hatten wir beide durchgehalten, da ging es eines Tages mit mir nicht mehr. Der Arzt stellte fest: Darmverschlingung, sofortiger Abtransport zum Krankenhaus, muss heute noch operiert werden. Und so geschah es denn auch. Die Operation verlief so einigermaßen, doch die Nachwehen waren sehr schwierig. Auch die Thrombose am linken Unterschenkel war sehr schmerzhaft und im Innern wollten die Därme nicht recht funktionieren.
Wieder lag ich ein Vierteljahr im Krankenhaus und lag dann noch viele Wochen zu Hause fest im Bett. Zu der Zeit kamen des öfteren Glieder der Brüdergemeinde zu uns, auch leitende Brüder und hielten in unserer Wohnung Versammlungen ab, auch Bruder W. Hartmann aus Driesen. Er fragte mich eines Tages, ob ich nicht für ein Jahr nach Herrnhut gehen würde, auf die Bibel- und Missionsschule. Nach längerem Überlegen sagte ich ja. Und so ging alles seinen Lauf, ich verblieb dort ein volles Jahr. Es war für mich eine schöne Zeit für Leib, Seele und Geist. In der letzten Zeit wurde ich schon ausgesandt auf den Dörfern, um Versammlungen zu halten. Zu Hause angekommen, lagen für mich schon Aufträge bereit und so ging es dann zwei Jahre ganz regelmäßig. Doch den Lebensunterhalt für die Familie musste meine Frau verdienen, was ja auf die Dauer nicht ging. Ich ging zu einer großen Baufirma an einen großen Löffelbagger (zwei Kubik) als Vorstrecker und verdiente den Lebensunterhalt für die Familie, denn der bisherige Lohn, pro Tag eine Mark, reichte bei Weitem nicht aus. Ein dreiviertel Jahr hatte ich diese Arbeit. Dann holte uns Bruder Heinrich Meyer nach dem Neudresdner

Bezirk, nach Streitwalde, in einen Gemeinschaftssaal als
Hauseltern und Versammlungshalter, auch für viele Dörfer, aber
ohne Gehalt. Am Tage arbeitete ich in einem Sägewerk, und
abends hielt ich Versammlungen in verschiedenen Dörfern.
Zwei Jahre hatte ich Arbeit in dem Sägewerk, dann wurde es
stillgelegt und alle Arbeiter entlassen. Nun arbeitete ich in
Neudresden bei den Großbauern. Auch hier hielt ich abends
Versammlungen nah und fern, am Sonntag aber in unserem
Wohnort, vormittags in der Landeskirche, weil der Pfarrer
überlastet war, und nachmittags zuerst Kinderstunde,
anschließend für Erwachsene, dann bis abends noch auswärts. 9
Jahre hatte ich diesen Dienst etwa so inne. Zweimal hatten wir in
dieser Zeit Evangelisation und dadurch eine Erweckung, ganz
besonders unter der Jugend, und dadurch bekam ich von der
Jugend in dieser Arbeit viel Unterstützung.
Ein Großbauer aus unserer Brüdergemeinde riet mir zu, ich
sollte mir eine Landwirtschaft suchen und er würde alles
Geldliche für mich bereithalten. Ich fand eine Landwirtschaft in
der Nachbargemeinde für mich und meine Frau passend und wir
wurden uns mit der Übergabe einig. Nach 14 Tagen zogen wir
schon dorthin. Fünf Jahre hatten wir hier die Wirtschaft in
Händen und kamen gut vorwärts. Wir konnten zusehends
erleben, dass Gottes Segen auf unserer Hände Arbeit lag, und
brauchten die Unterstützung des Bruders nicht in Anspruch
nehmen. Meine Frau stand mir treu und tüchtig zur Seite und
wir lebten beide in vollem Frieden. Doch nun kamen die Russen
und zerstörten alles! Mich hatte man etlichen Wochen vorher
noch zum Militär einberufen und ich hatte in derselben Gegend
120 französische Kriegsgefangene in der Landwirtschaft zu
überwachen. Als nun die Russen näher kamen, wurden wir
abtransportiert, 4000 Kriegsgefangene, alle in einen langen Zug,
lauter Viehwagen. Bei Hof wurde unser Transport von feindlichen
Fliegern bombardiert durch verschiedene Treffer. Ich war im
Schlusswagen und auch wir bekamen einen Volltreffer, denn an
unserem Wagen war das Schlusslicht und wahrscheinlich hatte

der Flieger es darauf abgesehen. In unserem Wagen waren verschiedene Tote und Verwundete, ich persönlich war unversehrt, ich saß neben einem Feldwebel, derselbe bekam ein Sprengstück quer durch den Hals. Sofort stand der Zug still. Nach einiger Zeit kamen Sanitätsautos und räumten auf. Dann ging es weiter bis Ingolstadt. Dort kamen wir auf einen großen Platz unter freiem Himmel.

Rings um das Lager war ein Kabel gezogen und des nachts alles hell erleuchtet und viel Posten ringsum. Nach 8 Tagen bekamen wir ein halbes Stückchen Brot, doch nur trocken und nichts zu trinken. Ich schmuggelte mich durch das Lager bis zum Ausgang und dort wurde milchkannenweise Donauwasser ausgegeben und erwischte eine volle Kanne und kam durch viele Widerstände zu meiner Korporalschaft, 50 Mann und verteilte dieses Wasser, pro Mann ½ Trinkbecher. Nach 14 Tagen kamen wir in die leeren Pferdeställe, denn Ingolstadt war vorher Hengststation gewesen. Es gab nun sehr viele Kranke. Ich kam in die große Küche und musste zwei Kessel betreuen. Somit war für mich die Not mit dem Essen vorüber und ich durfte essen soviel ich wollte und nahm für meinen Kollegen, der auf meine Sachen aufpasste, auch mit so viel er essen wollte. Es war eine gute Erholungszeit. Sechs Wochen dauerte dieser Zustand, dann wurden wir abtransportiert mit LKWs und landeten in Rothenburg ob der Tauber, in einem früheren Arbeitsdienstlager. Die Verpflegung war sehr mies, nur einmal am Tage gab es eine dünne Zwiebelsuppe, sonst nichts. Die erste Zeit hatte ich mit meinem engsten Kameraden noch gut zuzusetzen. Dann meldete ich mich in die Landwirtschaft bei einem Gutsverwalter beim Stadtgut, 1000 Morgen, und wurde Gehilfe bei dem Schweizer. Es galt das Großvieh zu betreuen, 60 Milchkühe mit sämtlichem Jungvieh, auch den ganzen Dung auskarren. Des Morgens früh halb vier Uhr begann die Arbeit im Stall und um halb zehn Uhr musste ich aufs Feld Luzerneheu laden, denn einige hundert Klee-Reuter waren einzufahren. Das Essen war sehr mies. Nach vier Wochen meldete ich mich zurück ins Lager. Doch der Verwalter wollte mich nicht freigeben und beauftragte einen Posten, mich zu überwachen in einer Stube des Hauses. Ich hatte nur Schlüpfer an und es wurde mir ungemütlich, denn der Raum war ja nicht geheizt. Außerdem machte sich der Posten mich zu seinem Spielzeug, indem er mit seinem scharf geladenen Gewehr auf seinen Knien hin und her spielte und dann mit diesem Gewehr ab und zu auf mich zielte. Einige Male ließ ich dieses Spiel an mir vorübergehen, dann stand ich auf und sagte laut zu ihm: Du nix Posten für mich? Denn man kann diesen Burschen nicht trauen, dass sie plötzlich das Gewehr abdrückten. Als er meinen Ernst merkte, wollte er wissen, worum er nicht Posten für mich wäre. Ich sagte zu ihm: Ich Dokument. Das wollte er sehen und ich sagte zu ihm, er solle mit mir kommen in mein Quartier und zeigte ihm das Schriftstück. Dieses war mein Ausweis, dass ich ohne Posten sein durfte, auch des abends bis 10 Uhr. Solchen Ausweis hatten wir sechs Männer, die auch des nachts auf der Arbeitsstelle ohne Posten blieben. Dann ging er unter lautem Lachen von mir weg. Dann packte ich meine paar Sachen zusammen und wollte mich vom Bauern abmelden, doch er wollte mich nicht weglassen, konnte mich aber nicht halten. Ich ging nun zur Bürgermeisterei, um mit dem Stadt- und Lagerkommandanten zu reden. Wir hatten eine sehr vernünftige Aussprache und er bescheinigte mir, dass ich wieder ins Lager zurückgehen könnte, doch zuvor noch zum Arzt gehen sollte. Derselbe bestätigte, dass ich diese schweren Arbeiten auf die Dauer nicht mehr leisten könnte und somit kam ich wieder ins Lager, in ärztliche Behandlung und für längere Zeit von jedem Dienst befreit. Bald wechselten wir in ein anderes Lager. Dort bekam ich den Posten, mit der Kreissäge Brennholz schneiden fürs ganze Lager und die Küche. Es waren dort lauter Wohnbaracken für 1000 Mann, nur Holzfeuerung. Das Holz musste ständig im Wald geschlagen und mit LKWs angefahren werden. Auch hier blieben wir nicht lange und kamen dann nach Moosburg in Oberbayern, nicht gar zu weit von München, 84.000 Kriegsgefangene, alles Baracken wie eine große Stadt. Hier hatte

ich die Aufgabe für 35 Wachmannschaften die Verpflegung hin zu fahren mit einem kleinen gummibereiften Handwagen, die tägliche Versorgung auszuteilen, zusammen mit noch einem Kameraden. Auch hier war eines Tages dieser Dienst zu Ende. Denn die Amerikaner zogen ein und befreiten alle Kriegsgefangenen, außer einem bestimmten Teil von deutschen, die unter dem Verdacht standen, Teile der SS zu sein. Ich protestierte, doch alles war vergeblich, denn der Truppenteil, bei dem ich war, gehörte unter das Kommando der SS und das ist uns nie gesagt worden und somit blieb es dabei: Ein Jahr Kriegsgefangenschaft!
Zeitweise besonders in der ersten Zeit, war es sehr hart, auch ging es durch viele verschiedene Lager. Doch endlich war auch diese Drangsalszeit vorüber und endlich hieß es: Entlassung! Doch nun hieß es für mich - wohin? Denn erst jetzt wurde mir gesagt: Nach der Heimat könnte ich nicht mehr zurück, denn dort ist alles vom Polen besetzt! Ich stand nun vor einem völligen Nichts. Ich wurde gefragt, ob ich nicht noch einige Verwandte hätte und ich sagte: Ja, in Weißwasser Oberlausitz, weiß aber nicht ob diese noch leben. Nun hieß das nächste Ziel Weißwasser, denn dorthin wurde ich zunächst entlassen. Meine richtige Schwester war nach Bayern evakuiert und so ging ich zu einer Stiefschwester, die hatte ein eigenes Haus und war auch zu Hause. Sie nahm mich sogleich auf und sagte mir, dass sie in Postverbindung mit meiner Frau stehe und somit wusste ich auch sogleich, wo meine Familie ist, denn die drei Frauen: meine Frau, Tochter und Schwägerin waren zusammen. Vier Tage blieb ich dort, hatte aber am selben Tage an meine Frau geschrieben. Als meine Post dort ankam, wollte sie es nicht glauben und sagte: Otto ist doch tot. Und eines Tages war ich lebend mitten unter ihnen. Doch der Lebenskampf ging weiter! Schon nach drei Tagen kam der Bürgermeister und sagte Unterstützung gäbe es nicht, auch nicht für Heimkehrer. Ich könnte im Staatsforst, oder auf einer Großbaufirma Arbeit bekommen. Ich wählte den Staatsforst. Leider dauerte diese Arbeit nur sechs Wochen. Denn

der Förster sagte, wir verdienten zu viel Geld, pro Tag 10 Mark.
Wir waren drei Mann zusammen und dürften nur sechs Mark pro
Tag verdienen, aber bei derselben Arbeitsleistung. Ich machte
sofort Schluss. Wir hatten schon an alte Bekannte geschrieben,
die ein Sägewerk verwalteten, dorthin fuhren wir. Leider war in
diesem Dorf die letzte Siedlungsstelle vergeben, denn das war
meine Absicht, zu siedeln.

Und nun wanderte ich durch verschiedene Ortschaften, bis ich
eine feste Siedlungsstelle hatte. Dann fuhren wir nach Hause und
verpackten unsere Habseligkeiten in einen Waggon und fuhren
dem neuen Ziele zu. Hier bauten wir ganz neu auf. Haus, Stall,
Scheune und alles, was zu einem Bauerngehöft gehört. Die
Landbestellung musste vorläufig ein größerer Bauer mit
übernehmen, bis ich eine eigene Zugkraft zur Verfügung hatte
und das war ein starker Esel. Zwei Jahre hatte ich das Tier, doch
endlich bekam ich ein Pferd zu kaufen. Fünf Jahre wirtschafteten
wir noch selbständig und hatten uns auch schon Vieh genug
zusammengebracht. Da kam die LPG und sagte: Nun gib man
alles her! Die Kühe, welche wir uns mit großer Mühe und
Geldaufwand zusammengebracht hatten, keine unter 1000 Mark,
die wurden uns nun mit 500 Mark angerechnet, und so ähnlich
auch alles andere. Trotz allem wurde ich Mitglied der LPG, weil
ich mir sagte: Später wird alles harter Zwang und so wurde es
dann auch. Die meisten Mitglieder waren vorher Landarbeiter
und mussten das Selbständige sich erst aneignen.

In der LPG war es in der ersten Zeit eine gewisse Fortsetzung als
Gutsarbeiter. Hier hatte ich nun verschiedene selbständige
Arbeiten: Druschmaschinist, Dunglader mit einem 1/2 Kubik
Greifer, Umgang mit den Drillmaschinen usw. Als die MAS dann
entstand, war ich als Bedienungsmann an verschiedenen
Maschinen tätig und verdiente dabei doch etwas mehr Geld als
bei anderen Arbeiten. Kartoffelkäferplage! Da gab's viel Arbeit:
Zuerst Handbestäubung, dann bekam ich eine 4 m breite
Bestäubungsmaschine und ein Pferd, damit arbeitete ich den
ganzen Tag und so lange, bis ich abends guten Erfolg sehen

konnte. Dann ging die Erntearbeit los, als Binderfahrer, auch bis
spät in die Nacht hinein. Dann ging das Setzen der
Getreidemieten los, niemand hatte diese Arbeit je geleistet und
ich lernte nun zwei Männer auch zu dieser Arbeit an. Dann war
ich sechs Jahre Druschmaschinist, für vier Dörfer, die zur LPG
gehörten, manchmal Tag und Nacht, mit Beleuchtung natürlich.
Einmal hatte ich im Inneren des Dreschkastens eine Reparatur,
es war in unserem Wohndorf, da kam meine Frau zum
Dreschkasten und suchte mich, sie hörte wohl das zeitweilige
Klopfen, sah aber niemand und rief laut meinen Namen, bis ich
es hörte. So ging denn die Arbeit hin, unter viel Abwechslung bis
zu meinem Rentenalter. Dann gab ich alle Maschinenarbeit auf
und wollte mich zur Ruhe setzen. Doch da lachten sie mich aus
im Vorstand und überredeten mich so lange, bis ich ja sagte und
übernahm den Hühnerhof, 1000 Hühner. Derselbe war
vollständig verwahrlost, nämlich alle Hühner vollständig nackt,
nur noch die Flügelspitzen. Sie hockten am Drahtzaun und
warteten bis eine umfiel, dann pickten die anderen drauf los, bis
nichts Lebendes mehr an dem Tier war. Ich suchte alle
Getreideböden ab und da fand ich an einer Stelle 20 Pappeimer
mit Ferkelsahn mit viel Vitaminen. Alle Eimer obenauf eine
Pilzdecke, das war das Aufzuchtsfutter und für die Hühner wie
gerufen. Ich durfte mir dieses alles holen und begann mit dieser
Beifütterung, mit gedämpften Kartoffeln und verschiedenen
Schrotsorten durchknetet zu einem dicken Brei, dazu
Buttermilch zum Trinken, kein Wasser. Zusehens wurden die
Hühner gesund und die Federn wuchsen wieder schnell nach.
Die Hühner fingen wieder an zu singen und ich hatte meine helle
Freude daran. Ich schrieb an ein Fischkombinat wegen dieses
Beifutters und brauchte nicht lange warten, so hatte ich eine 2-
Zentner-Tonne da, gar nicht so teuer. Es dauerte auch nicht
lange, da waren die ersten Eier auch da. Schnell ging es vorwärts,
nach eineinhalb Monaten war die tägliche Legeleistung 500 Stück
und stieg dann bis auf 750 Stück pro Tag. Eine ganze Zeit lang
40 Pfennig das Stück, aber dann wurde alles gewichtsmäßig

abgeliefert, so dass immerhin pro Stück 30 bis 35 Pfennig gezahlt wurden. Die Ablieferung war im Nebenhaus bei einem Kleinbauern und Rentner immer des Abends. Meine Frau half mir bei dem Zurechtmachen und Transport mit zwei Handwagen. Das war einmal eine fette Zeit der Einnahmen für die LPG und natürlich auch für mich. Der Kreisvorstand forderte von mir, ich sollte mich verpflichten, bis zum Jahresschluss noch zusätzlich 6000 Eier zu liefern. Dieses Ansinnen lehnte ich ab.

Mit meiner Frau wurde es immer schlechter und so traten wir in Verbindung mit den Altersheimen Ebersdorf und Kleinwelka und erhielten die Zusage von beiden an ein und demselben Tage zur Vorstellung zu kommen. Zuerst nach Ebersdorf und wurden hier gleich einig, dass wir in 14 Tagen hier einziehen, was dann auch geschah.

Am 08.07.58 Umzug mit dem LKW von unserer LPG mit Anhänger, worauf Holz und Kohle und auch noch etwas Bauholz verstaut wurden, 386 km, so dass insgesamt mit Hänger 798 km zu bezahlen waren = 471 Mark (zur Vorstellung mit Taxi 350 Mark).

Eines hatte ich noch vergessen, dass ich dort in der LPG ein Jahr als Vorsitzender funktionierte.

Und nun beginnt wieder ein neuer Lebensabschnitt, hoffentlich der letzte?

Ja am 08.07.58 zogen wir hier in Emmaus ein, in derselben Stube, worin ich zur Zeit noch wohne (allein). Am 15.07.58 war dann mein erster Arbeitstag hier in Emmaus. Im Allgemeinen wiederholten sich die Arbeiten hier. Doch auf das Ganze gesehen, bauten wir die Landwirtschaft erst richtig auf und pachteten immer noch etwas Land hinzu, anfangs mit einer, dann mit zwei Kühen gemeinsam ackerten und fuhrwerkten wir ständig, alles was besorgt werden musste. Auch hatten wir eine gute Schweinezucht und Mast nebenbei, weil ja viel Abfall anfiel. So verliefen nun die Jahre, so dass es für mich zehn reiche Arbeitsjahre wurden. Doch nebenbei verliefen auch noch 15 Jahre Heizdienst der zwei Heizöfen im Kirchensaal ganz regelmäßig. Das letzte meiner Arbeiten war das Mitarbeiten bei dem Ausbau der Zentralheizung, denn zum Ende dieser Arbeiten fing mein Herz an zu streiken und ich legte die Arbeit nieder, bis auf das Heizen im Kirchensaal, noch fünf Jahre.

Nun wurde es ganz stille in meinem Lebenslauf. Doch am 21. Februar 1975 beim Mittagessen wurde es noch stiller, so still, dass kein Laut von mir zu hören war und niemand glaubte, dass ich jemals wieder irgendein Lebenszeichen von mir geben würde, denn drei Wochen lang lag ich besinnungslos im Bett, ohne irgendwelche Nahrung zur Erhaltung des Lebens zu mir zu nehmen. Später als ich dem Leben wieder zurückgegeben war, berichtete mir meine Frau, dass sie mir alle drei bis vier Stunden etwas Tee, mittels einer Schnabeltasse durch den Mund hat laufen lassen. Er lief von selber runter, dann wartete meine Frau ein paar Minuten und dann war diese Flüssigkeit schon unten in der Glasflasche. Noch etwas geschah mit mir: Ab und zu fiel ich nachts aus dem Bett und nahm bei dem Fallen das Zudeck mit raus, aber das geschah immer etwa um die Mitternachtszeit. Meine Frau getraute sich nicht, um diese Zeit jemanden zu Hilfe hinzuzuholen, und quälte sich nun allein, um mich wieder ins Bett zu bringen. Ich selbst wusste ja von alledem gar nichts. Meine Frau zog sich dabei mal eine Hüftgelenksentzündung zu, die sie mit ins Grab nahm.

Am 8. Dezember 1976 verstarb nun meine liebe Frau ohne ein langes Krankenlager. Am letzten Abend nahmen wir zusammen mit F. Neumann das heilige Abendmahl ein, bei voller Besinnung, dargereicht durch Bruder Biedermann. Spät abends war Schwester Thieme noch längere Zeit bei meiner Frau und dann wachte ich bei ihr. Früh um halb sechs Uhr tat sie den letzten Atemzug in vollem Frieden!

Und nun bin ich allein und einsam auf meinem Pilgerwege, wie lange noch, das weiß der Herr.

Ergänzung:

Am 18.12.1979 heiratete er Frau Anna Thieme. Seine Kräfte nahmen ab, bis er am 14.12.1980 heimgerufen wurde.

18. **Werner Burckhardt   1901 – 1989**

Um das Jahr 1900 war Kleinwelka ein Ort, wo die Einwohner, besonders die Mitglieder der Brüdergemeine, sehr genau über fremde Erdteile und die Evangeliumsverkündung dort Bescheid wussten. Lebten doch in den beiden Missionskinderanstalten für die Mädchen und für die Jungen je 70 oder mehr Kinder von Missionaren der Brüdergemeine (neben anderen Pensionären); und zum Urlaub kamen die meisten Missionare nach Kleinwelka, damit ihre Kinder für das Urlaubsjahr nicht die schule wechseln mussten und nicht ganz aus der Umgebung gerissen wurden, in der sie dann nach dem schmerzlichen Abschied von ihren Eltern doch wieder leben mussten.

Im Pilgerhaus in Kleinwelka wohnten wohl zumeist sieben Missionarsfamilien auf Urlaub. Alle berichteten der Gemeine von ihrer Arbeit in fremdem Land und hielten dann und wann auch die Kinderstunde am Sonntag. Und mancher Kleinwelkaer hatte mehr gute Bekannte im südamerikanischen Paramaribo als im benachbarten Bautzen.

In diesem Kleinwelka bin ich am 06. April 1901 geboren. Mein Vater Eduard Burckhardt war Direktor der Mädchenanstalt. Meine Mutter Elisabeth Burckhardt geb. Erxleben leitete die Hauswirtschaft und gab Klavierunterricht und auch Einzelgesangsunterricht.

Mit zwölf Jahren kam ich in die Nieskyer Knabenanstalt. Dort habe ich mich schnell eingelebt. Dazu half, dass wir schon mehrmals wochenlang zu Besuch bei unserer Nieskyer Großmutter Marie Erxleben geb. Christoph gewesen waren und auch noch andere Verwandte dort hatten. Während meiner Anstalts- und Pädagogikstudium verbrachte ich meist den Donnerstagnachmittag bei der Großmutter im Stammhaus der Maschinenfabrik Johannes Ehregott Christoph, Horkaer Straße 2, und den Sonntagnachmittag beim Onkel Hermann Erxleben, Direktor jener Christophschen Maschinenfabrik, und seiner Familie mit den vier Kindern.

Prägend haben auf uns alle wohl unsere Lehrer und
Stubenbrüder gewirkt. Eine ganze Anzahl von ihnen fiel im ersten
Weltkrieg. Sport, Spiel und weite Wanderungen in der näheren
und weiteren Umgebung spielten eine große Rolle. Jedes Jahr
wurde das Pädagogiums-Olympia gehalten mit zum Teil
beachtlichen Leistungen. Bei mir hat es nur einmal zu einem
zweiten Platz im Hochsprung gelangt.
In der Schule wurden wir zu selbständigem Denken und Arbeiten
angeleitet. In der Prima, also im zwölften und dreizehnten
Schuljahr, schrieben wir die Klassenarbeiten ohne Aufsicht, und
man konnte sich darauf verlassen, dass keiner bei den Arbeiten
in den Fremdsprachen Wörterbuch oder Grammatik benutzte,
obwohl diese Bücher bei jedem im Bücherbrett über seinem
Arbeitsplatz griffbereit standen.
Wir lebten in christlicher Hausordnung. Aber uns wurde der
Christenglauben nicht aufgedrängt. Das war weise und ist für
viele zum Segen geworden.
Konfirmiert wurde ich mit fünfzehn Jahren. Der Segen der
Konfirmationsstunde und der ersten Abendmahlsfeier wurde
erheblich gestört durch die neue, Ungewohnte Kleidung, die man
mit dem Konfirmationstag anlegte, besonders durch das steife
Vorhemd, den scheuernden Kragen und die rutschenden
Manschetten. Gott sei Dank hat sich da inzwischen
Entscheidendes geändert. Aber mein Konfirmationsspruch hat
mich durchs Leben begleitet: „ Selig sind die Friedfertigen; denn
sie werden Gottes Kinder heißen."(Matth. 5,9) Bei meiner Neigung
zu Jähzorn hatte ich vielleicht diese Mahnung recht nötig.
In der zweiten Hälfte des ersten Weltkrieges haben wir
Pädagogisten in Niesky oft Hunger gehabt. Ich besinne mich,
dass ich einmal,vielleicht auch mehrmals, nach dem Abendbrot
schnell in die Anlage Monplaisier gegangen bin, damit die
Kameraden nicht sähen, wie ich vor Hunger weinte. Als Primaner
gingen wir wohl am Sonnabendnachmittag in das zehn Kilometer
entfernte Seifersdorf (jetzt: Niederseifersdorf) und dort von Hof zu
Hof, um etwas Brot und Kartoffeln zu erwerben. Auf der Prima-

Wohnstube im Pädagogikum teilte uns dann unserer älterer
Kamerad Martin Schärf Brotscheiben und Kartoffeln auf der
Briefwaage gewissenhaft zu.

Der Zusammenbruch des deutschen Kaiserreiches im November
1918 traf uns hart. Väter und ältere Brüder meiner Kameraden
waren vielfach Offiziere. Mancher Pädagogist stammte aus einer
Adelsfamilie. Eines Morgens schlossen sich die Belegschaften der
Nieskyer Betriebe zusammen zu einem Hungermarsch zum
Landratsamt in Rothenburg. Als sie über den Platz zogen,
steckten die törichten Obertertianer aus ihren Fenstern im
Pädagogikum schwarz-weiß-rote Fahnen hinaus und riefen
beleidigende Worte zu den Demonstranten hinunter. Und kein
Lehrer oder Erzieher im Haus! Ich war damals Senior der Prima.
Ich lief schnell in die Wohnstube der Obertertianer und erzwang
unter dem Angebot von Ohrfeigen das Einholen der aufreizenden
Fahnen und das Schließen der Fenster. Die Demonstranten
beschränkten sich dann zum Glück auf einige zornige Drohrufe
und verzichteten darauf, das Pädagogikum zu stürmen.

Die älteren Kameraden waren aus dem Krieg noch nicht
zurückgekehrt. Unsere Klasse bestand nur aus zwei Schülern.
Und mein Kamerad Johannes Marx meldete sich freiwillig zum
Grenzschutz. So löste sich die Klasse auf und ich siedelte für das
letzte Schuljahr an das Gymnasium in Bautzen über. Ich konnte
zu Hause in Kleinwelka wohnen. Die Aufnahmeprüfung für das
Bautzener Gymnasium war sehr gründlich: fünf Stunden lang
wurde ich allein geprüft, in Latein, Griechisch und Mathematik,
und dann noch eine Stunde lang in Französisch zusammen mit
zwei anderen Aufnahmebewerbern. Das Abitur im Jahr darauf
war dagegen ein Kinderspiel.

Als ich mein Abitur machte, war das kleine Vermögen der Eltern
noch nicht völlig durch die Inflation hingeschwunden. So
konnten sie mir freistellen, welches Studium ich wählen wollte.
Für mich stand aber fest, dass es nur die Theologie sein konnte;
weniger wegen des Studiums als wegen des Dienstes, zu dem das
Theologiestudium zurüsten sollte.

Von 1920 – 1923 habe ich am Theologischen Seminar der
Brüderunität studiert. Anfangs wohnten wir noch in Herrnhuter
Häusern verstreut, unsere Gruppe im Dachgeschoss des
Unitätshauses an der Zittauer Straße, Ecke Uttendörferweg. Den
Vorlesungssaal und den Essraum hatten wir im Brüderhaus
(jetzt Gästeheim). Erst einige Monate später konnten wir ins
Theologische Seminar umziehen, das in der ehemaligen
Brüderhaus-Gerberei entstanden war (Jetzt ist darin die
Schulküche untergebracht).
Über die Geschichte der Erneuerten Brüder-Unität las Bruder
Gerhard Reichel, der spätere Bischof. Er ist für meine
Entwicklung wahrscheinlich entscheidend wichtig geworden. Bei
ihm hatten wir Studenten auch unsere Bibelstunden. Er stand in
inniger Gemeinschaft mit dem greisen Bischof Reinhold Becker,
dessen Frau die Schwester meines Vaters war. Bei diesem
Ruheständler im weißen Haar sammelte sich gern die Jugend.
Ich ging in seinem Hause wie ein Sohn ein und aus und verdanke
ihm viel. Ähnlich war es auch bei anderen Studenten. Auch nach
seinem Heimruf ist das Beckersche Haus noch durch Jahrzehnte
Sammelpunkt der Jugend gewesen.
Meinen ersten Gemeindienst tat ich von 1923 bis 1928 an der
Missionsknabenanstalt in Kleinwelka.
Am meisten zu danken habe ich aus dieser Zeit unserem
Anstaltsdirektor Bruder Peter Buck. Er lebte uns echtes
Christsein vor, das ja wohl im Vergeben und Sich-Vergeben-
Lassen besteht. Wenn er, der Ordnungsmensch, sich über eine
Unordnung stark erregt, Schüler bestraft, Erzieher getadelt und
dabei über das Ziel hinaus geschossen war, bat er oft bald
danach in derselben Öffentlichkeit die Getadelten um Verzeihung
und behielt trotz dieses Rückziehers seine pädagogische und
menschliche Autorität. Er wurde sehr geachtet und auch geliebt,
auch seine Frau.

Auf die Lehrerzeit folgte für mich ein Jahr als Brüderpfleger in
Niesky. Ich hatte mich um die ledigen Brüder und Großknaben

zu kümmern und auch im christlichen Verein junger Männer
Dienst zu tun.

Schon nach einem Jahr, im Herbst 1929, bekam ich den Ruf, den
schwer kranken Bruder Alexander von Dewitz im Ebersdorfer
Pfarramt zu vertreten. Ehe ich dort eintreffen konnte, war er
schon heimgerufen worden. Auf Bitte der Ebersdorfer ledigen
Brüder und auch des Ältestenrates der Brüdergemeine Ebersdorf
berief mich dann einige Zeit später die Direktion endgültig in das
Amt des Gemeinhelfers; und ich habe dieses Amt vom Herbst
1929 bis zum Herbst 1950 innegehabt, war freilich in diesem
Zeitraum reichlich vier Jahre zum Kriegsdienst abwesend.

Hier in Ebersdorf haben wir unsere Familie gegründet. Meine
Frau Charlotte geb. Kücherer war die zweite Tochter des
Schuhmeisters Kücherer in Niesky und seiner Frau Marie
Kücherer geb. Böhme. Am 30. August 1930 hat uns mein Vater
in der Nieskyer Kirche getraut. Unsere sieben Kinder sind alle in
Ebersdorf geboren: Erika 1931, jetzt verheiratete Schulz, Ilse
1933,Wilfried 1934, Guntram 1936, Dietlinde 1937, jetzt
verheiratete Krieg, Waltraud 1939, jetzt verheiratete Geyer, und
Frohmut 1944. Die Last der Versorgung der Familie und der
Erziehung der Kinder hat meist ganz auf meiner Frau gelegen, da
ich in den schwierigen Zeiten meist abwesend war, 1941 bis 1945
im Kriegsdienst und dann 1950 – 1960 im Reisedienst von
Gnadau aus. Während dieser Reisejahre war ich durchschnittlich
zweihundert Tage im Jahr unterwegs, und alle Familienlast lag
auf meiner Frau.

Die Ebersdorfer Jahre waren eine reiche und glückliche Zeit. In
der Gemeine fanden wir viel Liebe und Hilfe. Die Jugendarbeit
wurde meist gemeinsam von Brüdergemeine und lutherischer
Kirchgemeinde getan, wie denn überhaupt der Zusammenhalt
mit der landeskirchlichen Gemeinde am Ort sehr eng war. Mit
dem dortigen Oberpfarrer Alwin Schmidt waren wir im Tiefsten
verbunden, auch während der Zeit des Kirchenkampfes. Oft habe
ich in der lutherischen Kirche in Ebersdorf und in ihrem Filial

Schönbrunn und auch sonst in der Umgebung gepredigt. An den
zweiten Feiertagen der großen Feste war der Kanzeltausch feste
Sitte; und als nach dem zweiten Weltkrieg Oberpfarrer Schmidt
schwer krank lag, habe ich ihn zweimal monatelang vertreten, im
Ganzen wohl ein Jahr lang. In dieser Zeit fand der
Sonntagsgottesdienst abwechselnd im Kirchsaal der
Brüdergemeine und der lutherischen Kirche statt, und beiden
Kirchgemeinden war die Liturgie der anderen Gemeinde vertraut
wie ihre eigene.

Besonders vertrauensvoll war die Zusammenarbeit im Ältestenrat
der Ebersdorfer Brüdergemeine. Und wenn ich vom Kriegsdienst
nach Ebersdorf dachte, stand mir neben meiner Familie als
Wunsch vor Augen die Abendmahlsfeier am Gründonnerstag und
eine Sitzung des Ältestenrates.

Im ersten Jahr meiner Arbeit in Ebersdorf gelang es, in Ebersdorf
eine Jugendherberge zu schaffen, für die Mädchen im
Schwesternhaus – für die Jungen im Brüderhof, und eine
Ortsgruppe des Jungendherbergsverbandes zu gründen. Sie
gehörte schon wenige Tage nach der Gründungsversammlung zu
den prozentual stärksten Deutschlands.

Bei der nur kleinen Zahl der ortsansässigen Gemeindeglieder
legte sich in Ebersdorf eine ausgedehnte Gemeinbereichsarbeit
nahe. Freilich gab es zunächst noch keine
Gemeinbereichseinteilung. Der Vorschlag, Gemeinbereiche zu
schaffen, ist kurz nach dem zweiten Weltkrieg von der
Brüdergemeine Ebersdorf an die Synode gestellt worden und hat
sich durchgesetzt.

Die Gemeinbereichsarbeit machte ich ab 1939 mit einem kleinen
Motorrad. Dieses Fahrzeug brauchte ich auch für den Dienst in
Zwickau und Roßbach (jetzt Hranice in der CSSR). In Zwickau
war der Christliche Verein Junger Männer von der
nationalsozialistischen Regierung aufgelöst worden. Der Sekretär
dieses Vereins war Erich Schumann. Er hatte in Voraussicht
dieser Maßnahme schon vorsorglich Verbindung mit der Diakonie
in Herrnhut aufgenommen, da die deutsch-christlichen Pfarrer in

Zwickau sich für die Auflösung des Vereins Christlicher Junger
Männer eingesetzt hatten. So trat der Familienkreis des Vereins
unter das Rechtsdach der Brüder-Unität; die Zwickauer
Geschwister wurden in der Kartei der Brüdergemeine Ebersdorf
geführt, und ich war amtlich der Pfarrer dieser neuen
Brüdergemeine. Wir fingen mit Bibelstunden in einer
Privatwohnung an und mieteten später einen Saal. Nach einiger
Zeit wurde Bruder Erich Schumann zum Pfarrer dieser neuen
Gemeine berufen.

In Roßbach bei Asch hatte sich Pfarrer Ottmar Müllner mit
einigen hundert Gemeindegliedern infolge seiner eigenartigen
theologischen Spekulationen von der Kirche augsburgischen
Bekenntnisses getrennt. Wie mir später Glieder der Gemeinde
erzählt haben, suchten er und seine Vertrauten dann im Lexikon
nach einer Kirche, die ähnliche Bekenntnisgrundlagen hätte wie
die Kirche augsburgischen Bekenntnisses in der
Tschechoslowakei, und fand die Brüdergemeine als solche
verwandte Kirche. So erklärte sich nun das Häuflein um Pfarrer
Müllner als Gemeine der Brüder-Unität und schloss sich dem
Verband der deutschen Brüdergemeinden in der
Tschechoslowakei an.

Als das Sudetenland dem Großdeutschen Reich eingegliedert
wurde traten Dauba, Roßbach und Herzogwald der Deutschen
Brüder-Unität bei, während Bodenbach und Gablonz sich von der
Brüder-Unität trennten. Damals wurden die Geschwister in
Roßbach in die Kartei von Ebersdorf eingetragen und ich selbst
wurde auch noch amtlich Pfarrer der Brüdergemeine Roßbach,
bis die Geschwister dort nach Kriegsende ihre Heimat verlassen
mussten. So hatte ich also in meiner Ebersdorfer Amtszeit kaum
100 Gemeindeglieder am Ort selbst; die anderen musste ich
immer wieder in einer Entfernung von 55 km, Roßbach, oder 80
km, Zwickau, aufsuchen.

Als ich im Mai 1945 vom Heeresdienst zurückkam, fand ich zwar
den Weg nach Bad Steben, Nürnberg und München versperrt;

hingegen galt es, viele Übersiedler aus Schlesien und sonst aus dem Osten aufzusuchen, die im Vogtland, Erzgebirge und Westthüringen zum Teil recht kümmerlichen Unterschlupf gefunden hatten.

Am 11. Mai 1945 kam ich zu Fuß von Wuppertal in Ebersdorf an, fand meine Familie unversehrt vor, obwohl vor der Besetzung Ebersdorfs durch amerikanische Truppen Granaten nahe hinter dem Haus eingeschlagen waren. Die Losung dieses Tages drückte aus, was ich empfand, 1. Samuel 1, 27: „Nun hat der Herr meine Bitte gegeben, die ich von ihm bat."

Die Einwohnerzahl war durch das Kriegsende gewaltig gewachsen. Zu den 800 ursprünglichen Einwohnern kamen 1200 Umsiedler und 1200 sowjetische Soldaten, deren Unterkunft das Schloss war. So war es im Winter von 1945 auf 1946. Im Sommer 1945 war die Zahl der Umsiedler noch bedeutend höher gewesen. In unserer Wohnung wohnten, als ich zurückkam, 27 Personen darunter 15 Kinder. Nach einiger Zeit trafen auch meine Mutter und meine Schwester Leni aus Herrnhut und meine Schwägerin Lenel Kücherer aus Niesky bei uns ein. Die Wohnung der Mutter in Herrnhut und das Küchererhaus in Niesky waren bei Kriegsende abgebrannt.

Im Winter 1945 auf 1946 konnten wir nur Küche und Amtszimmer heizen. Dort drängte sich die große Familie zusammen, dort wurde gegessen, gespielt, musiziert, Schularbeiten gemacht, Weihnachten gefeiert. Den Tag über gehörte die Amtsstube der Familie, von 11 Uhr abends bis 6 Uhr früh arbeitete ich dort und schlief dann den Vormittag über. Ich verwaltete damals neben dem Pfarramt der Brüdergemeine auch praktisch die lutherischen Gemeinden Ebersdorf und Schönbrunn.

Zu meinen Amtspflichten gehörte auch die Seelsorge im überfüllten Krankenhaus. Sie beanspruchte meist den Donnerstagnachmittag. Im Krankenhaus taten damals Emmausdiakonissen Dienst. Die Diakonissenanstalt Emmaus

war ja im Februar 1945 unter der Leitung von Bruder Theodor
Schmidt auf der Flucht nach Ebersdorf gekommen.
Eine Zeitlang hatte ich den Vorsitz in der örtlichen
Volkssolidarität. Das brachte mich in Verbindung mit den
Leitungen der Massenorganisationen unseres Ortes und führte zu
einer recht guten und eifrigen Arbeit zum Wohl der vielen
Umsiedler. Die eingesessenen Einwohner unterstützten die Arbeit
in großer Gebefreudigkeit, viel besser als in den Bauerndörfern
ringsum.
Für die Brüdergemeine langten ab und zu Lebensmittel- und
Kleidersendungen aus dem Ausland an, besonders aus Amerika
und Schweden. Der Hilfsausschuss bemühte sich um gerechte
Aufteilung, auch unter die auswärts wohnenden Glieder der
Brüdergemeine und unter Berücksichtigung auch nicht zur
Brüdergemeine gehörender Ortseinwohner. Neben viel
Dankbarkeit ergab sich auch mancher Ärger, besonders wenn die
Kleiderpakete aus den USA wohl viel nette, leichte Kleidchen für
die jungen Mädchen enthielten, aber nicht die so dringend nötige
warme Unterwäsche für betagte Umsiedlerinnen. So waren wir
schließlich doch froh, als diese Hilfesendungen aufhörten.
1950 berief mich die Direktion in den Reisedienst; und wir zogen
im Oktober 1950 nach Gnadau. Meine Aufgabe war, im
Gemeinbereich Gnadau die auswärts wohnenden Glieder der
Brüdergemeine, besonders die Umsiedler, zu besuchen, etwas
von der Diasporaarbeit in der Altmark wieder aufleben zu lassen
und da und dort Versammlungen für die Losungsleser zu halten.
In den Jahren 1951 – 1959 habe ich jedes Jahr durchschnittlich
236 Orte aufgesucht, 666 Hausbesuche gemacht und 207
Vorträge oder Predigten gehalten.

1950 war an die Benutzung eines eigenen Kraftwagens noch
nicht zu denken. Ich habe meine Reisen also mit der Eisenbahn
oder mit dem Bus gemacht, wobei zu bedenken ist, dass damals
nur da und dort Busverbindungen waren und wenig Wagen zur
Verfügung standen. Vielfach war man doch auf seine Beine

angewiesen, auch wenn man sein Gepäck 10 oder 20 km weit tragen musste. Zu dem Gepäck gehörte oft auch der Bildwerfer, da damals die einzelnen Pfarrämter durchaus nicht überall Bildwerfer besaßen. Bei Wanderungen durch Schnee und Frost habe ich mich manchmal getröstet mit der Strophe des Bruder Schick, der zweihundert Jahre vorher auch zu den Geschwistern in Mitteldeutschland gewandert ist: „Unsre Reis durch Schnee und Eis geht auch um eine Seel allein manche Stund...". Es traf manchmal wortwörtlich zu. Für die letzte Zeit meines Reisedienstes konnte ein Fahrrad mit Hilfsmotor beschafft werden. Es erwies sich aber doch als nicht ganz den Anforderungen genügend.

Für meine Gesundheit war es sicher vorteilhaft, dass ich 1960 nach Herrnhut berufen wurde zum Dienst als Losungsbearbeiter und Archivar, in letzterer Stelle als Mitarbeiter des Bruders Richard Träger, der jahrelang die Last dieses schweren Amtes alleine hatte tragen müssen.

Ich habe die Jahrgänge 1963 bis 1972 des Losungsbuches ausgearbeitet. In diese Zeit fielen mancherlei Veränderungen an den Losungen. So durfte ich vom Jahrgang 1967 an ab und zu ein Prosagebet statt der Liedstrophe unter Losung oder Lehrtext setzen und von 1970 an die Strophe unter dem Losungsspruch weglassen und den Lehrtext gleich an die Losung anschließen. Dafür durfte ich den Wochenspruch in vollem Wortlaut bringen und auch das Wochenlied nennen.

Bei der Verschiedenartigkeit der Losungsleser nach Bekenntnis, theologischer Meinung und Frömmigkeitsprägung hat es nie an Kritik aus dem Leserkreis gefehlt. Und manche Enttäuschung galt es schon dann zu verkraften, wenn die durchsehenden Brüder mir die Ergebnisse ihrer Prüfung zusandten. Aber man wird wohl auch sagen können, dass die Christenheit wenig Ämter zu vergeben hat, die weiter greifen als das Amt des Losungsbearbeiters. Man erschrickt immer wieder vor der ungeheuren Verantwortung, weiß die Arbeit aber auch getragen von einem großen Beterkreis.

Im Archiv der Brüder-Unität habe ich manche Frage beantworten
und beim Entstehen mancher wissenschaftlichen Arbeit
Zubringerdienste leisten können.

Als meine Frau und ich ins Rentenalter gekommen waren und ins
Ausland reisen konnten, haben wir auch drei Aufenthalte in der
Schweiz dazu genutzt, um je einen Monat lang die Akten der
Brüdergemeine in der Schweiz zu ordnen oder wenigstens so
vorzuordnen, dass man das Wichtigste finden kann. Vielleicht
gibt mir Gott jetzt im Ruhestand noch etwas Zeit, einige Arbeiten
auf hymnologischem und liturgischem Gebiet fortzuführen und
zu vollenden.

Nach Abfassung dieses Lebenslaufes wurden unserem Vater noch
10 Jahre geschenkt. In diesen 10 Jahren ging er fast täglich,
soweit es seine Kräfte zuließen, in die für ihn eingerichtete
Arbeitsecke im Archiv. Zu seinem großen Bedauern war die Arbeit
jedoch zu umfangreich, um sie zu vollenden.

Mit großem Interesse und Fürbitte verfolgte er bis auf sein
Sterbebett sowohl die Entwicklung der Gemeine als auch das
politische Tagesgeschehen. Natürlich war Vater für uns und bis
zu ihrem Tod 1987 auch Mutter das Zentrum der Familie. Kein
Enkel vergaß, seine Freundin bzw. seinen Freund dem Großvater
vorzustellen, auch wenn es nicht immer zur Heirat kommen
sollte. Die bis zu seinem Heimgang geborenen 12 Urenkel kannte
er durch die treuen Besuche der Enkel ebenfalls persönlich.

Zur Feier ihres 50. Geburtstages am 7. August hatte Waltraud
uns Geschwister eingeladen. Bis auf eine Schwester konnten wir
alle in Herrnhut sein. Die Geburtstagsfeier sollte auch gleichzeitig
Vaters Abschied werden. Er nahm bewusst von uns Kindern und
Schwiegerkinder Abschied. Zusammen mit ihm und den
Mitarbeitern des Altenheims feierten wir noch Abendmahl.

Vier Tage musste er noch ringen, ohne auf uns reagieren zu
können. Am 18. August 1989 gegen 22 Uhr durfte er in Frieden
heimgehen.

19. Erica Frey   1901 -1968

Lebenslauf von Erika Frey, geborene Jean-Richard
Auf der Missionsstation Montgomery auf der schönen Insel
Tobago, nördlich von Trinidad kam ich am 6. September im Jahre
1901 als erstes Kind meiner Eltern Samuel Jean Richard und
seiner Frau Elfriede geborene Beck zur Welt.
Meine Eltern hatten mich mit Gebet erwartet und wählten auch
Paten, die alle gläubig waren. Meine Mutter schrieb mir, dass ich
als anderthalbjähriges Kind eine besondere Bewahrung erlebte.
Mutter machte in der Speisekammer sauber und ich saß am
Boden und spielte. Plötzlich wäre ich aufgestanden und hätte
mich Hilfe suchend an ihrem Rock gehalten, als im selben
Augenblick sich eine große Bananentraube von ihrem Haken
löste und auf die Stelle fiel, wo ich gerade gesessen hatte. Der
Strick war gerissen.
Als ich drei Jahre war, spielte ich mit meiner nur ein Jahr
jüngeren Schwester Ball auf der unteren Galerie. Da rollte der
Ball unter eine Bank und wir hinterher! Plötzlich hatte ich ein
blutüberströmtes Gesicht, und meine Schwester schrie aus
vollem Halse. Ein Nagel, der mit seiner Spitze aus der Bank stak,
hatte mir eine klaffende Wunde über dem linken Auge gerissen.
Glücklicherweise war an dem Morgen der Arzt zum
Krankenbesuch auf der Station. Vater kam dann bald mit ihm
und dem Hausburschen, der auch die Pferde der Eltern versorgte.
Damals wurde alles geritten - heute fährt man mit dem Auto. Der
Arzt nähte also den Riss über dem Auge, ohne Betäubung,
während Vater, Mutter und John mich festhielten.
Wenn einer auf der Station heim ging und am nächsten Tag der
Begräbniszug am Haus vorbei kam und wir auch vom Haus aus
sehen konnten, wie eine lange Kiste in ein mit Palmwedeln
ausgeschlagenes Grab gesenkt wurde, da wurde Vater befragt,
wann er heimkam. Er sagte uns, dass die Menschen, die auf
dieser Erde nicht mehr bleiben könnten, weil sie alt oder krank
wären, in ein weißes Bett kämen und in einem Kämmerlein

schlafen dürften, bis sie einst, vom Posaunenschall der Engel
Gottes geweckt, den Heiland sehen dürften.

Einer meiner Lieblingsaufenthalte war an einem Abhang unter
dem dichten Schatten eines Kaschonbaumes, zwischen zwei
Gräbern. Da sah man auf das blaue, weite Meer hinaus. An der
felsigen Küste donnerte die Brandung und brach mit weißem
Gischt auf die Felsen unter Wasser. Über mir rauschten die
Kokospalmen, und die trockenen, herunterhängenden, großen
Blätter schlugen im stetigen Passatwinde gegen die schlanken
Stämme der Palmen. Ich mag etwa 5 Jahre alt gewesen sein, als
ich wieder einmal dort lag. Da empfand ich ganz intensiv die
Schönheit, und mein Ohr horchte auf das verschiedene Rauschen
in der Natur. Ich war so gebannt, dass ich nicht vernahm, dass
nach mir gerufen und ich gesucht wurde.

In der Kirche mussten wir immer auf der ersten Bank sitzen. Was
ich da verstanden habe, habe ich vergessen, aber ein Kirchenlied
ist mein ganzes Leben mit mir gegangen:

> Jesus loves me
> This I know
> For the Bible tells me so.

Noch ein schönes Erlebnis will ich nicht unerwähnt lassen –
einen Ausflug zu Pferde nach der Robinsonhöhle auf Tobago. Der
Ritt ging durch dichten Kokoswald auf dem festen Sand ein Stück
um die Insel herum. Als wir an Ort und Stelle waren, wurde erst
ein Picknick abgehalten und dann die Höhle besichtigt. Wir
mussten auf Steinen im Wasser hinüberklettern. Der Anblick der
Höhle ergriff mich damals tief. In der Mitte befand sich ein aus
Stein gemeißelter runder Tisch. Als Sitzgelegenheiten waren drei
große Steine aufgerichtet. An der Seite war eine Sitzbank oder
Liege ausgemeißelt. Eine Arbeit von Jahren von einem Menschen,
der an Kultur gewöhnt war. Von wieviel Not und Einsamkeit
erzählte diese vom Meer umspülte Höhle! Welches Schicksal ging
wohl hier in einem früheren Jahrhundert zu Ende? Dieser
Ausflug war kurz vor dem Abschied von Tobago.

Anfang Juli 1908 waren die Koffer gepackt, und wir fuhren nach Trinidad, um dort das Schiff nach Europa zu erreichen. Als aber das Schiff einlief, war ein Pockenkranker an Bord, und wir kamen 4 Wochen in Quarantäne. Mutter hatte einen Koffer mit nur wenigen Wäschestücken und Kleidchen für ihre drei Mädchen. Als die Reise begann, war mein jüngster und einziger Bruder erst 4 Wochen alt. So war für das Baby der übrige Kofferteil bestimmt. Welch eine Zumutung für eine Frau! Da sah ich Mutter viel weinen, und ich grämte mich darum. Als das Schiff kam, erhielten wir eine geräumige Kabine im Achterschiff über der Schraube. Die erste Nacht war schrecklich, und Vater beantragte am nächsten Tag eine andere Kabine. Die Eltern waren sehr elend, und es war ein Glück, dass Onkel und Tante, die auf Trinidad stationiert waren, auch mit an Bord waren. Und da sie selbst keine Kinder hatten, übernahmen sie die Sorge für uns.

Das erste Reiseziel war London, wo zwei Brüder meines Vaters lebten. Da besinne ich mich auf einen Elefanten im Londoner Zoo. Auf der Fahrt zum Hafen fuhren wir in einer geschlossenen schwarzen Kutsche. Der Kutscher saß hoch oben draußen auf dem Bock. Innen war das Gefährt dicht besetzt, und ich musste an der Tür stehen. Da wich die Tür plötzlich zurück, und ich rollte auf die Straße, direkt vor zwei gewaltige Pferdebeine. Die flößten mir keine Angst ein; aber als ich aufstand, war der Wagen weg und ich ganz allein auf der Welt. Doch der Kutscher der nachfolgenden Kutsche hatte den ganzen Vorfall miterlebt. Er stieg von seinem Wagen, band die Pferde an einen Laternenpfahl und führte mich der Kutsche nach. Von vorn kam Vater, dem es rechte Mühe gekostet hatte, den Kutscher unserer Kutsche zum Halten zu bewegen.

Von London wurden wir nach Vlissingen eingeschifft. Dann kam die endlose Nachtfahrt mit der Eisenbahn von Vlissingen nach Herrnhut.

Was für einen Krach gab es nur in dem neuen Land! In Herrnhut endlich angekommen, wurden wir liebreich von Großmutter Beck

und den vielen Onkeln und Tanten empfangen. Wir aber
verstanden alle Leute schlecht, denn wir sprachen alle nur
englisch. Eine Wohnung bekamen wir zuerst im kleinen Vogtshof.
Jeden Tag kam nachmittags ein Onkel, der mit uns in der
schönen Umgebung von Herrnhut spazieren ging. Er übersetzte
und führte uns ins Deutsche ein. So lernten wir in einem
Vierteljahr deutsch, und die englische Sprache geriet in
Vergessenheit.

Als Vater uns nach einigen Monaten wieder verließ und eine
Berufung nach Antigua in Westindien annahm, zogen wir oben
ins Herrschaftshaus. Meine Mutter musste im Herbst nach
Rathen zur Erholung. Großmutter Beck versorgte uns. Mein
kleiner Bruder war sehr viel krank und war noch kein Jahr alt.
Erst bekam er Keuchhusten, dann Bräune oder Croup. Als dabei
in der Nacht Erstickungsanfälle auftraten, ließ Großmama Dr.
Hummel holen. Der kam auch bald, und als er den Zustand des
Babys sah, nahm er sein Taschenmesser heraus, säuberte es in
kochendem Wasser und machte dann dem Jungen einen
Luftröhrenschnitt, in den er eine Kanüle einschob. Das hat ihm
das Leben gerettet.

Schon früh hatte ich das starke Bewusstsein, dass alles im Leben
von dem lebendigen Heiland geordnet sei. Als aber meine Mutter
mit den beiden kleinen Geschwistern wieder nach Westindien
fortfuhr und meine Schwester und mich mit 8 Jahren zurückließ,
da kam in mir das Gefühl von etwas ganz Verkehrtem auf. Wir
kamen dann zu einem Onkel nach Bern, der 1896 einer der vier
Pioniermissionare in Ostafrika gewesen war.

Wir waren aber nur einen Tag dort, da landeten wir beide im
benachbarten Salem, denn wir hatten den Keuchhusten
mitgebracht. Dort kam die erste Karte der Mutter aus London an,
mit einem Zebubullen drauf. Wenn ich dann nach den
Erstickungsanfällen aus der Bewusstlosigkeit erwachte, nahm
ich die Karte unter dem Kissen hervor und las sie immer wieder
und weinte im heißen Heimweh nach der Mutter und meiner
schönen Tropenheimatinsel. Eines Morgens war die Karte

verschwunden. Dann kam eine liebe junge Schwester. Sie erzählte schöne Geschichten, sie spielte und sang mit mir. So freute ich mich jeden Tag mehr, wenn ihr liebes Gesicht in der Tür erschien. Dann brachte sie das Frühstück, das aus Milch und leicht gebackenen Käsebällchen bestand.

Wieder genesen, wurde ich in die höhere Mädchenschule eingeschult. Im dritten Schuljahr mussten im Handarbeitsunterricht ein Paar Strümpfe gestrickt werden. Das Garn war schwarz, grün und rot im Wechsel. Ich bin das ganze Leben dankbar gewesen, dass ich diese Fertigkeit gelernt und behalten habe.

Der Onkel war ein ernster, strenger Mann, und bei Tisch sprachen Onkel und Tante Französisch, und alle Kinder hatten zu schweigen. Am Sonntag, wenn Gottesdienst war, wurden wir 6 Kinder in der Wohnstube um den großen Tisch gesetzt, und jeder bekam andere biblische Fragen zu lösen. Es durfte kein Wort gesprochen werden, und man durfte sich nicht befragen. So bekam ich als neunjähriges Mädchen einmal die Frage: Wie oft hat Jesus „muss" gesagt? Ich habe damals nur die Antwort gefunden: „Muss ich nicht sein in meines Vaters Haus?"

Eines Tages saßen wir im April abends draußen. Es war warm und der Föhn blies. Die Sonne schied, und Jungfrau, Mönch und Eiger leuchteten in herrlichem Alpenglühen. In der Nacht wurden wir wach. Vom Münster wurde Sturm geläutet. Als wir raus sahen, erblickten wir Männer mit Laternen und langen Stangen, die Menschen und Vieh zu retten versuchten, die im Wasser schwammen. Das Wildwasser war wie eine Sturmflut im Augenblick angekommen, und die Häuser an der Aar standen bis zum Dach unter Wasser.

Als in der Familie mehr Kinder dazu kamen, beschlossen Onkel und Tante, uns nach Kleinwelka in die Mädchenanstalt zu geben. So galt es wieder zu scheiden, diesmal von einem Lande, das mir lieb geworden war durch seine Blumenpracht und seine grandiose Bergwelt. Eine Tante brachte uns nach Kleinwelka, wo es mir sofort gefiel. Dass beim Abendsegen für die fernen Eltern

gebetet wurde, war so schön und neu für mich. Dann liebte ich
die Singstunden und Liturgien. Ach, wie war das Kinderfest
schön und die Adventszeit! Dort in Kleinwelka wurde mir unsere
liebe Brüdergemeine in ihrer Weltweite eine neue Heimat fürs
Leben. Je länger, je lieber hörte ich bei den Begräbnissen die
Lebensläufe, die oft so wechselvoll und interessant waren. Wenn
in einem Lebenslauf das innere Werden und Wachsen geschildert
und der Heiland als Erlöser gepriesen wurde, keimte in mir auch
ein anderes Heimweh. Insgeheim wurde es mein Wunsch und
meine Bitte, auch ganz dem Herrn gehören zu dürfen. Und dann
waren die Missionsstunden, und manchmal klang es durch, dass
kein Opfer zu groß sei, um Seelen für das Lamm zu werben.
Gerade die Missionare, die solches sagten, sprachen mit solcher
Freude, die mir tiefen Eindruck machte, die mir jedoch fremd
war. Aber vergessen konnte ich sie nicht.
Im Frühjahr 1913 kamen die Eltern zurück von Antigua nach
Deutschland und wurden nach Driesen bei Landsberg an der
Warthe berufen. Als wir Anfang April hinfuhren und wir in
Driesen ankamen, wunderte ich mich über das viele Wasser, das
bis an die Straßen, dann auf allen Wiesen stand. Der halbe
Garten war überschwemmt, und im Keller stand das Wasser über
einen Meter hoch.
In dem Frühjahr wehte der Geist Gottes, und in vielen Dörfern,
auch in Driesen, kam es zu Jugenderweckungen. Mein Vater hat
damals mit vielen gebetet, und sie bekamen Frieden und Freude
im Heiligen Geist. Unsere Wohnstube reichte nie für die vielen,
die jubelnd erzählten, was der Herr an ihnen getan hatte. Wir
mussten in den kleinen Saal ziehen. Ich war gern im
Jugendbund, aber eine Sündenerkenntnis hatte ich nicht.
Als ich von Kleinwelka kommend mit Realschulplan eingeschult
wurde, fehlten mir fast 2 Jahre Mathematik. Ich bekam
Nachhilfestunden, aber so viel holt man nicht nach. So hatte ich
einmal eine unsinnig hohe Zahl errechnet. Der Rektor, der uns
die Stunde hielt, stand neben meinem Platz, sah auf mein Heft
und lächelte nur spöttisch. Da packte mich die Wut, ich nahm

das Tintenfass und schmiss es ihm vor die Füße, rannte hinaus, warf die Tür krachend ins Schloss und lief nach Hause. Natürlich musste ich mich entschuldigen. Aber das war lange nicht so schlimm wie mein böses, eitles und stolzes Herz, das immer Recht haben wollte, auch wenn ich an meinen Schwestern immer etwas auszusetzen hatte und mich viel mit ihnen zankte. Wenn Vater beim Abendsegen betete: „Lass uns nicht einschlafen, ehe alles vergeben ist", da zitterte mein Herz vor Angst vor den Flammenaugen des lebendigen Herrn. Aber ich wollte mich nicht dem Vater offenbaren. Und doch wäre es richtig gewesen, denn er war ein Vater in Christus. Er aber merkte, was mit seiner großen Tochter geschehen war, und er betete mit mir und es half mir zum Frieden.

Die Kraft seines Gebetes habe ich im November 1916 erfahren. Der Herbststurm heulte ums Haus. Ich saß allein in der Stube und machte Schularbeiten. Die Mutter lag mit einer schweren Nierenkolik zu Bett. Es war Krieg und der Arzt über Land. Da rief mich die Mutter und bat mich, den Vater zu holen. Er kam gleich mit und kniete an Mutters Bett nieder und betete. Da wichen die Schmerzen und nie wieder hat sie eine Nierenkolik gehabt.

„Wenn ihr in mir bleibt, könnt ihr bitten, was ihr wollt, und es soll euch werden".

Eines darf ich nicht vergessen zu erwähnen. Vater legte großen Wert darauf, dass wir Sprachen lernten. So war es eingerichtet, dass wir in der Woche einen um den anderen Tag englisch und französisch sprechen mussten bei Tisch und im Umgang mit ihm. Nur am Sonntag durfte deutsch gesprochen werden.

Als ich in Driesen die Untersekunda erfolgreich hinter mir hatte, kam ich nach Gnadau fürs 10. Schuljahr. Ich wohnte mit 4 anderen Mädchen im Schwesternhaus, und wir gingen in die Anstalt zur Schule. Nach empfangenem Reifezeugnis trat ich im Schwesternhaus ein, um kochen zu lernen. Es war eine Freude, unter der so gütigen Schwester Emma Reiz zu lernen. Allerdings waren es schlimme Kriegsjahre. Im Herbst 1918 kam das große Sterben auf der ganzen Welt durch die Grippe. Alle Mädchen aus der Küche, auch Schwester Emma, mussten sich legen. Da blieb ich allein übrig und habe 14 Tage kochen müssen für etwa 80 Menschen. Aber mit Gottes Hilfe und Schwester Emmas weisen Ratschlägen ging alles gut.

Ostern 1918 kehrte ich nach Hause zurück, und nun ging es um die Berufswahl. Ich wollte Musik studieren. Aber wo wir auch anfragten, kamen Absagen. Da war es dem Vater klar, dass es nicht des Herrn Wille sei. Gut, dann wollte ich Gärtnerin werden. Eine Dame aus herrschaftlichem Hause wollte 14 bis 16 Mädchen Gelegenheit geben, in ihrem großen Garten unter Leitung eines erfahrenen Gärtners die Gärtnerei mit staatlicher Prüfung erlernen zu lassen. Da aber meldeten sich nur 5 Mädchen, und auch diese Gelegenheit fiel ins Wasser. So blieb ich vorerst zu Hause, betätigte mich im Jugendbund, besuchte Kranke und ging der Mutter zur Hand im Haus und dem Riesengarten.

Im Warthe- und Netzebruch waren in ein paar Jahren viele Jugendbünde entstanden. So wurde im Juni 1920 ein Jugendtag angesetzt in Obergörzig im Kreise Zielenzig. Als Leiter der Tagung sollte der neu berufene Jugendsekretär und zukünftige Missionar Bruder Johannes Frey kommen. Vater fuhr mit der Jugendgruppe von Driesen über Landsberg und dann mit einer Kleinbahn nach Obergörzig. Als wir in Landsberg ankamen, stand Bruder Frey schon auf dem Bahnsteig. Als ich ausstieg und er mich zum ersten Mal sah, sagte ihm eine innere Stimme: „Da kommt die, die dir Gott zum Weibe geben wird".

Die Jugendtage und auch die Missionsfeste wurden in dieser Gegend im Schatten der herrlich lichten Buchenwälder begangen. Da war es still und feierlich. Man konnte auch die Redner gut verstehen, und wir lauschten mit Ernst und Freude auf das verkündigte Gotteswort.

Als wir dann nach Tagen des Segens wieder daheim waren, erzählte Bruder Frey seine humoristischen Kriegserlebnisse. Da habe ich Vater lachen sehen, wie nie zuvor. Es waren überaus fröhliche Tage mit schönen Ausflügen in die herrlichen weiten

Wälder und zu den blauen Seen, die meist von breit ausladenden
gewaltigen Eichen umstanden waren.

Am 1. Januar 1921 haben wir uns verlobt. Am gleichen Tag
brachte die Post einen dicken Brief von der Missionsdirektion in
Herrnhut. Es war die Berufung nach Suriname. Wir sollten beide
nach Holland, um die Sprache zu lernen. Mein Verlobter fuhr im
Mai und musste nach 4 Monaten die erste holländische Predigt
halten. Ich fuhr Mitte Juli nach Utrecht zu einer Familie mit 8
Kindern. Da lernt man schnell Sprachen, weil Kinder immerfort
Anliegen haben. Wie war ich erstaunt über das Leben in Holland!
Alles kommt vors Haus, und die Hausfrau braucht sich nur vor
die Haustür zu begeben und sie kann alles kaufen, was sie
braucht. Sogar der Fensterputzer kommt regelmäßig ins Haus.
Nie im Leben habe ich so viele Erdbeeren gesehen wie in Holland.
Wie oft musste ich an die armen deutschen Hausfrauen denken,
die oft Stunden stehen mussten, um überhaupt etwas zu
bekommen.

Im Winter, bevor ich nach Holland ging, haben wir Aussteuer
genäht. Eine Tante, die einen Rittergutsbesitzer geheiratet hatte,
schickte 1000 Mark zur Aussteuer. Von Suriname hatte man uns
geschrieben, wir möchten so viel wie möglich mitbringen, weil
nach dem Krieg in Suriname die Preise noch so hoch seien.
Anfang September kam ich von Holland zurück. Da waren die
Kisten und Seekoffer schon lange unterwegs nach Amsterdam.
Vater Vollaire aus Herrnhut war von Vater gebeten worden, die
Ordination und die Trauung zu halten. Zu den Vorbereitungen
für die Hochzeit haben die lieben Geschwister auf den Dörfern in
großmütigster Weise beigesteuert. Da war für alles gesorgt, und
wir haben dann auch den Vorabend der Hochzeit mit dem
Jugendbund mit Bergen von Kuchen gefeiert.

Am 25. September 1921 wurde mein Mann zu einem Diakonus
der Brüdergemeine ordiniert. Am 27. September war
Hochzeitstag. Als Trautext nahm Vater Vollaire das Wort aus
Psalm 115 Vers 12, das meinem Mann zuteilwurde, als er den
Herrn um die rechte Frau für den Missionsdienst bat. Drei Tage

blieben wir noch zu Haus, dann fuhren wir nach Aue, um von den Schwiegereltern und dem dortigen, auch sehr lebendigen Jugendbund Abschied zu nehmen. Da gab es dann einen übervollen Abend, an dem wir in weißer Tropenkleidung erscheinen mussten. Dann sang die Jugend Segensverse, und meinem Mann wurde ein für die Tropen extra stark verchromtes Fahrrad überreicht, das mit uns den Weg nach Amsterdam antrat.

Nun wurde es Zeit, uns nach Holland zu begeben, denn am 20. Oktober sollte das Schiff nach Suriname in See stechen. Wir reisten am Rhein hinauf über Nymwegen nach Zeist, wo wir am Sonnabend in der Singstunde mit Segensversen verabschiedet wurden. Am 20. Oktober früh begleitete uns Bruder Emil Weiß nach Amsterdam und brachte uns aufs Schiff – einen 3000-Tonner, der neben einem riesigen 20.000-Tonner lag. Da wurde mir ganz beklommen, mit so einem kleinen Schiff über den Atlantik zu reisen. Wenn ein Schiff abfährt, geht innerhalb einer halben Stunde dreimal das Schiffshorn mit tiefem, weit hallenden Ton, der einem durch und durch geht. Beim zweiten Heulen der Schiffssirene müssen alle Begleitpersonen von Bord. Beim letzten Mal werden die dicken Taue gelöst, und das Schiff wird durch einen Schlepper vom Kai durch den Hafen und den Kanal nach Ymuiden gezogen. Als das Schiff aus der Schleuse mit eigener Kraft herausfuhr, empfing uns eine wilde See mit vielen weißen Schaumkronen. Fast alle Passagiere verschwanden nach unten in ihre Kabinen, und nur einzelne erschienen zum Dinner abends. Am nächsten Morgen fuhren wir bei strahlendem Sonnenschein zwischen Dover und Calais hindurch. Als wir am nächsten Tag in die berüchtigte Biskayabucht einfuhren, wurde die See noch unruhiger. Die Eisendeckel wurden vor die runden Kabinenfenster geschraubt, auf den Tischen kreuzweise Hölzer befestigt, die alles, was auf den Tisch kommt, am Abrutschen hindern. Trotzdem ist es einmal passiert, dass eine Sauciere heraus kippte und sich die ganze heiße geschmolzene Butter über meinen neuen blauen Rock ergoss.

Am sechsten Tage kommt man nach Madeira. Meist werden dort blaue Zwiebeln geladen, die viel zarter sind, als die weißen. Sind alle Formalitäten erledigt, strömen allerlei Händler an Bord. Da bekommt man die wunderbaren Durchbrucharbeiten und reiche Stickereien zu kaufen, die die Frauen in Madeira anfertigen. Sie sind aber sehr teuer, und wir hatten nur daran gedacht, einige Madeira-Korbstühle zu erstehen. Das war uns schon in Zeist gesagt worden. Die Stühle sind bequem, dabei billig und sehen nett aus mit bunten Kissen. Auch den Madeirawein muss man kosten. Aber Vorsicht! Er ist sehr schwer. Erleichtert ist man, wenn abends die schreienden Händler von Bord und die unaufhörlich bettelnden Jungen, die in dem klaren Wasser nach holländischen kleinen Silbermünzen tauchen wollen, von der Dunkelheit verscheucht sind. Madeira bietet bei Nacht, mit seinen vielen Lichtern bis in die höchsten Berge, einen zauberhaft schönen Anblick.

Wenn aber backbords die Ankerkette knarrt und die Schraube sich langsam zu drehen beginnt, da atmet man befreit. Jetzt werden wir 10 Tage nur Himmel und Wasser sehen, bis die Fischküste von Suriname in Sicht kommt. Etwa 2 Tage nach Madeira fährt das Schiff durch eine windlose Zone, der Schrecken früherer Segelschifffahrer. Dann ist mit einem Male der Nordostpassat hinter uns her, und große Schwärme von gewaltigen Delphinen schwimmen zu beiden Seiten des Schiffes, oft tagelang. Man denke nur, dass das Schiff mit ungefähr 30 km Stundengeschwindigkeit fährt! In der Ferne taucht manchmal ein einsamer Wal auf, der seine Wasserfontäne hoch in die Luft bläst. Auf dieser ersten Ausreise haben wir das herrliche Meerleuchten gesehen, das durch Algen hervorkommt, überall wo Reibung entsteht, wo das Schiff durch die Wogen schneidet, ganz besonders wo die Schraube das Wasser durcheinander wirbelt. Es war so hell, dass ein Herr eine Zeitschrift holte – und wirklich: er konnte lesen. Jeder Schaumkamm leuchtete auf bis in die weite Ferne.

Es wird immer wärmer und alles legt leichte Kleidung an. Zwei
Tage vor Suriname verliert das Wasser die schöne blaugrüne
Farbe und wird schmutziggelb mit dunkelbraunen Algenflecken.
Am 16. Tag der Reise kommt die dunkelgrüne, mit Palmbäumen
bestandene Küste in Sicht. Vor der Küste schaukelt unaufhörlich
das Leuchtschiff vor der Einfahrt in den Surinamefluss. Der Lotse
kommt an Bord, der uns sicher über die vorgelagerten Sand- und
Schlammbänke bringen muss. Etwa 2 Stunden fahren wir
linksseitig den Fluss aufwärts, bis die Stadt Paramaribo in Sicht
kommt. Während wir über den Fluss fahren, auf den langen
Lade- und Anlegeschuppen zu, heult die Schiffssirene auf und
meldet die Ankunft und grüßt das neue Land. Wenn das Schiff
angelegt hat, kommen ein Arzt, die Polizei und die Zollbeamten
an Bord. Wenn alle Formalitäten erledigt sind, schaut man aus
nach den Verwandten oder Bekannten, die zum Abholen
gekommen sind.
Wir wurden von dem jüngsten Bruder meiner Mutter, Siegfried
Beck, und seiner Frau abgeholt. Als wir im großen Speisesaal von
dem großen Missionsgeschäft Karsten & Co. das Mittagessen
einnahmen, schwitzte der Onkel so, dass der perlende Schweiß
ihm übers Gesicht lief. Da dachte ich bei mir: „Wie haben es die
Menschen nur nun schon fast 20 Jahre in dieser feuchten Hitze
ausgehalten?!" Dann hat mit die Tante mit Rat und Tat
beigestanden, viele Jahre lang.
Wir bekamen eine Wohnung in dem Haus bei der Stadtmission,
wo wir bis zur Internierung 1940 wohnen sollten. Da war ein
Wohnzimmer, ein Schlafzimmer, eine Küche, ein Badezimmer mit
Dusche und – sage und schreibe – ein WC, da es im ganzen
Suriname keine einzige Jauchegrube gibt: denn es ist streng
verboten, menschliche Exkremente aufs Land zu tun wegen der
vielen wirklich bösen Wurmkrankheiten, wegen Ruhr und
Typhus. Von den beiden letztgenannten gab es jeden Monat
einige Sterbefälle. Kam die Regenzeit, so stieg die Zahl. So gibt es
in der Stadt unter den Häusern Septiktanks. Die Rockefeller
Foundation hat in großmütigster und großartigster Weise dafür

gesorgt, dass auf jeder Parzelle auf dem Lande ein Häuschen für
den Zweck gebaut wurde. Jeden Tag musste das Trinkwasser
abgekocht werden. Man füllte dann das Wasser in große poröse
indianische Tonbehälter, die sogenannten djogge, in denen das
Wasser sehr schön kühl gehalten wurde.

Tante hatte uns ein schwarzes Mädchen versorgt, das morgens
auf den Markt ging, um Erdfrüchte, Gemüse und Obst
einzukaufen. Sie nahm immer ein Becken mit. Sie tragen alles
auf dem Kopf, und es war ein schöner Anblick, wenn sie
zurückkam mit Obst und Gemüse in den leuchtenden Farben.
Diese Mädchen konnten gut kochen, aber es machte mir Spaß,
die vielen neuen Gerichte auszuprobieren.

Eines Mittags kam Tante und fragte, was ich gekocht hätte. Wir
saßen gerade am Tisch, einen Eimer mit Apfelsinen neben uns
und aßen eine nach der anderen. Ich antwortete, dass ich gar
nichts gekocht hätte, sondern wir äßen uns heute auf Befehl
meines Mannes an Apfelsinen satt. Da belehrte sie uns, dass
mehr als 6 Apfelsinen täglich schädlich für den Körper seien.

Wir wurden als junge Missionleute zu einem alten Missionspaar
in die Lehre gegeben. Das waren in unserem Falle Geschwister
Hellström, die in Wanica stationiert waren. Wir besuchten alle,
die zum Ältestenrat gehörten, und an einigen Wochentagen
hatten wir negerenglische Stunden bei Bruder Hellström. An
einem Nachmittag haben wir unsere negerenglische
Unterrichtsstunde regelrecht verschlafen. Als wir uns
entschuldigen gingen, lachte Bruder Hellström und sagte: „Das
haben wir uns schon gedacht, das kommt bei jedem jungen Paar
vor. Durch den Klimawechsel wird man sehr müde.“
Nach etwa 4 Wochen lagen wir beide mit Denguefieber darnieder.
Bei mir kamen Temperaturen von 41 Grad vor. Eines Nachts war
mein Zitronenwasser alle. Ich stand auf trotz hoher Temperatur
und ging in die Küche, um neues gekochtes Wasser zu holen.
Aber ich merkte, dass mir schwarz vor den Augen wurde, und ich
wollte schnell in mein Bett zurück. Im Bad schlug ich jedoch

bewusstlos zu Boden. Durch den Fall wurde mein Mann wach und fühlte nach meinem Bett und sagte: „Ach, wo ist denn meine Frau?" Er machte Licht und fand mich im Bad auf dem Boden liegend. Als er mich aufheben wollte, wurde ich wach. Da sagte er: „Warum stehst du auf? Du kannst mich doch wecken." Aber es ist mir immer schwer gewesen, einen schlafenden Menschen zu wecken.

Als die Passionszeit kam, bat mich der Organist der Wanica-Kirche, das „Bethania" zu singen. Er sagte zu mir: „Ihre helle Stimme ist durch den Gemeindegesang zu hören gewesen." Als er mich prüfte, hatte ich bis auf einen Ton drei Oktaven Stimmweite. Und dann habe ich singen müssen bei Festen und Begräbnissen und bei Konzerten.

Am 22. Juli 1922 wurde die Stadtmission zur unabhängigen, eigenen Station. Im Saal standen, als wir anfingen, ein herrliches Steinwegklavier und ein großes Harmonium aus Ulm mit einer gewaltigen Klangfülle. Wenn die Kinder schliefen, ging ich hinunter und spielte und fantasierte. Mein Mann saß hinten und hörte zu. Während des Spielens kamen ihm neue Gedanken und Pläne.

Am 18. Oktober 1922 wurde unsere erste Tochter geboren. Da sagte die Hebamme: "Nächstes Mal behalte ich meine Strümpfe an, sonst komme ich zu spät." Und wirklich: Als unser erster Bub nach 15 Monaten kam, hatte ich um halb acht noch zum Morgensegen begleitet. Um halb neun kam mein Mann aufs Kontor und sagte: „Wir haben eben einen Jungen bekommen." Das Staunen war groß, und sie konnten gar nicht glauben, dass man so schnell Kinder bekommen konnte.

Im Mai 1924 besuchten wir einen jungen Deutschen, der bei Kersten & Co. arbeitete und der sich ein Wochenendhaus außerhalb der Stadt gebaut hatte. Nicht weit davon stand eine kleine Hütte, in der ein Inder ohne Bewusstsein am Fieber darnieder lag. Obwohl wir vor der Dämmerung mit den Rädern nach Hause fuhren, zeigte es sich nach 10 Tagen, dass ich eine vielfache Infektion von Malaria Tertiana mitgebracht hatte, bei der das Fieber nicht alle 3 Tage, sondern alle 3 Stunden wechselte von 41 auf 34 Grad. Ich behielt nichts bei mir, und mein Kind verweigerte die Brust. Er nahm auch keine Flasche, so dass er mit dem Löffel gefüttert werden musste. Aber er lernte schnell aus einer Tasse trinken unter der rührenden Pflege der treuen surinamischen Mädchen. Als nach 14 Tagen die hohen Temperaturen wichen, stellten sich so tiefe Temperaturen ein, die das Thermometer überhaupt nicht mehr angab.

Nichts kommt umsonst; denn im Fieber fiel es mir schwer auf die Seele, dass ich einmal meine Mutter belogen hatte. „Das muss bekannt werden!" mahnte der Geist Gottes. Ich habe es dann den Eltern geschrieben und bekam einen sehr gütigen Brief mit der Vergebung der Eltern.

Wenn ich Mädchennachmittage hielt, kamen die Mädchen gern. Aber beim Singen kreischten sie. So wurde ein Mädchenchor in die Wege geleitet. Zu den Gesangsstunden am Nachmittag kamen 80 Mädchen. Dann war es herrlich, die Dreiklänge zu hören, die sie so leise singen mussten, dass die Nachbarn sie nicht hören konnten. Dann musste ich drei- und vierstimmige Sätze zu den Liedern machen. Da halfen mir besonders zwei liebe Organisten, und einer fragte mich: „Wie kommt es, dass Sie ohne Ausbildung mit so wenigen Fehlern setzen können?" Da sagte ich ihm: „Die Gabe hat mir mein Schöpfer gegeben, um ihn zu preisen. Wäre ich ausgebildet, wäre ich wahrscheinlich sehr stolz auf meine Begabung gewesen. Gott macht keine Fehler. Er führt uns schon richtig."

Die Mädchen haben dann gesungen zu Weihnachten, in der Passionszeit und zu Familienabenden, die mein Mann mit hübschen bunten Programmen einrichtete, um die Leute von schlechten Filmen fernzuhalten. Unser Saal war dann immer voll. Im März 1924 machte mein Mann bekannt, dass ein Passionsabend mit Bildern großer Meister, mit Lesungen aus der Heiligen Schrift und Chor- und Gemeindegesang gehalten werden würde. Der Andrang war derart, dass die Polizei einschreiten musste, und die Leute wurden vertröstet, dass der Abend noch

zweimal gegeben werde. Aber jedes Mal war derselbe Andrang.
Wir hatten im Saal nur für 300 Menschen Platz. Hinten im Saal
sang der Stadtmissions-Chor, den ein Organist jahrelang geleitet
hat. Die Leute sangen vierstimmig auswendig, und ich begleitete
den Gemeindegesang auf dem großen Harmonium.
Im August 1925 wurde unsere zweite Tochter geboren. Und dann
fiel im Winterhalbjahr 1925/26 die kleine Regenzeit aus. Da hat
es von September bis zum 27. April keinen Tropfen geregnet! Das
Regenwasser musste rationiert werden. Aber wir hatten einen
guten Brunnen, der klares, gut schmeckendes Wasser hatte, das
gereicht hat, bis es wieder regnete. Aber viele Leute hatten gar
kein Wasser mehr. Da brachte die Eisenbahn mit großen Tanks
das Wasser von den Oberläufen der Flüsse, das eimerweise
verteilt wurde. Rings um die Stadt brannte der Urwald, und das
Feuer ging immer weiter durch den trockenen Humusboden. Die
Sonne sahen wir nur als rote Kugel ihren Tagesweg zurücklegen.
Milch, Obst und Gemüse wurden teuer. Aber in der Trockenzeit
wird eine köstliche Bohne angeboten, die den Namen sebi jari
(sieben Jahre) hat, d. h. dass die Bohnenpflanze 7 Jahre
hintereinander blüht und die Bohnen in der Trockenzeit reifen.
Die riesigen Mangobäume habe ich nie wieder so blühen sehen,
wie damals am Ende der Trockenzeit.
Im Frühjahr fuhren wir mit den drei Kindern zu Mutter Prellwitz,
die eine Schwester meiner Mutter war. Es war nur eine
Nachtfahrt über See. Heute fährt man auf einer Straße mit dem
Auto nach Coronie, wo auf dem angespülten Muschelsand die
Kokoskulturen vorzüglich gedeihen. Die Fahrten auf den kleinen
Schiffen die Küste entlang waren unangenehm. Das Schiff rollte
nach allen Seiten, und diejenigen, die der große Ozean nicht
seekrank gemacht hatte, waren nun nahe daran, es zu werden.
Und man ist froh, wenn die Sonne aufgeht und man in große
Boote umsteigt, die einen völlig an Land bringen.
Wir trugen große Panamahüte, an denen ringsherum
Moskitoschleier befestigt sind: denn Coronie hat sehr viele
Moskiten, große schwarze, die schmerzhaft stechen, dafür aber

keine Fieberüberträger sind. Tante hatte eine offene Kutsche, und es war ein Genuss, durch den Kokoswald zu fahren. Es wurden dann sehr schöne, gemütliche Ferien. Auf den weiten Spaziergängen sahen wir schlammige Tümpel, in denen die Fische mit ihren Kiemen verzweifelt nach dem gewohnten Nass rangen. Die Moskiten schienen ausgestorben. Eines Tages standen wir an einem Kanal und sahen die Aale und Fische in dem seichten Wasser schwimmen. Da fühlte ich die Erde unter mir wanken. Die Erde brach auf und heraus kam erschreckt ein Krokodil und schlüpfte in den Kanal.

Eines Tages hatte ein Junge 5 Kokosnüsse gestohlen. Er wurde gefasst und zu Missi Prellwitz gebracht. „Soll ich dich der Polizei melden?" fragte sie. „Oh no, no Missi." „Wieviele Nüsse hast du genommen?" „5 Missi." „Willst du 5 Schläge?" „Ja, danke Missi." Sam, der Vorarbeiter, mit allem vertraut, trat an den Jungen heran und gab ihm mit einem Strick 5 Schläge auf seinen Hintern. Dann kam der Junge und bedankte sich noch einmal für die Schläge und dass sie ihn nicht der Polizei gemeldet hatte. Wieder daheim angekommen, wurde eifrig für ein Konzert geübt. Ich sollte Solveigs Lied und Bruder Assmann einige Lieder von Löwen singen. Begleitet wurden wir von einer Arzttochter, die Pianistin war und durch große Schönheit auffiel. Ich habe nie wieder ein Mädchen von solcher Schönheit gesehen wie dieses schwarze Mädchen. Als ich den ersten Vers von Solveigs Lied gesungen hatte, ging ein donnernder Applaus los. Frau Gouverneur Heemstra kam auf mich zu und sagte mir, wie sie sich freue, dies schöne Lied von meiner hellen Stimme zu hören. Als es wieder ruhig war, konnte ich das Lied zu Ende singen, und dann stand am nächsten Tag in der Zeitung: „Ein neuer Stern ist aufgegangen."

Oh wie schlimm für den inneren Menschen: Kurz darauf sollte ich im Rundfunk singen. Wahrscheinlich habe ich zu nah am Mikrophon gestanden – und es wurde eine ganze Pleite. Wie gut diese Pleiten! Man hört auf, sich geschmeichelt zu fühlen, und gibt dem die Ehre, dem sie gebührt.

Als am 27. April der Himmel wieder Wolken zeigte und gegen Mittag das Rauschen des Regens über dem Urwald schon eine Viertelstunde vorher zu hören war, regnete es bei uns auch. Die Zuleitungen zu den Regentanks hatten wir heraus genommen, denn die Tanks waren gereinigt worden. Als das Wasser von dem großen Dach in die Tanks geleitet wurde, füllten sich die Tanks mit dem kostbaren Regenwasser. Solange die Bevölkerung nur Regenwasser trank, waren in Suriname Überfunktion der Schilddrüse oder Basedow unbekannte Krankheiten. Erst als die Wasserleitung fertig war und die Regentanks abgeschafft wurden, traten diese Krankheiten auf.

Die schweren Regenfälle, die dann einsetzten, brachten ungeahnte Massen von Moskiten. Trotz mehrerer Rauchfeuer stürzten Kühe zu Tode gequält um. Hühner fielen nachts tot von den Stangen, und wir konnten uns nur etwas Ruhe verschaffen, indem ich spiralenförmige Moskiten-Räucherkerzen anbrannte. Nach ein paar Tagen sah man in der Dämmerung hunderte Libellen, die sehr schnell die Quälgeister auffraßen. Dann hat es Mangos gegeben in solcher Fülle, dass wirklich alles davon lebte: Menschen, Kühe, Schweine, und den Vögeln war der Tisch reich gedeckt. Bald gab es auch allerlei Grüngemüse.

1929 kam es zum Umbau der Stadtmission. Der Saal war zuvor unten. Er war niedrig, und die Akustik war nicht gut. Oben war ein Riesenboden, der nicht benutzt wurde. Mein Mann beschloss, das ganze Gebäude auszunutzen. Aber zum Bauen braucht man viel Geld. Eine Hypothek von 5.000 Gulden wurde aufgenommen, und als er einige namhafte Surinamer besuchte, um sie für den Plan zu gewinnen, bekam er noch einmal 3.000 Gulden.

Wir sollten im nächsten Jahr unseren ersten Europaurlaub bekommen. Ich freute mich, wieder einmal einen Frühling zu erleben. Da kramte ich einmal das Buch von der Wurzelmama hervor, und mir kam der Gedanke, dass das auch zur Musik irgendwie zu tanzen sein müsste. So ging ich zu der jungen Frau eines Zahnarztes, die in Holland Tanzstudien gemacht und gerade zurückgekommen war. Ich sagte ihr, wie ich es mir vorstellte. Sie war gleich hell begeistert. Wir suchten etwa 20 kleine Mädchen von 4 bis 5 Jahren, die gleich zur passenden Musik tanzen lernten, ganz einfach, aber anmutig und schön. Alle kamen pünktlich und hatten große Freude daran. Dann bat ich einige Musiker, mir zu helfen, und sie sagten freudig zu. Es wurde viel geübt. Dazu hatte ich noch weiße und gelbe Kostüme zu nähen. Ich ließ Drahtgestelle in Steinpilzform löten – die waren für zwei- und dreijährige Kinder, die bei der Wurzelmama schliefen. Als alles fertig geübt war, und jeder wusste, was er zu tun hatte, wurde Propaganda gemacht, und dann kamen die Menschen und kauften Karten, und Tage vorher war unser neuer Saal ausverkauft. Nur eine Sorge hatten wir. Das war unser holländischer, streng gläubiger Schulinspektor. Würde er das verstehen? Und er kam.

Den Anfang bildete ein Solotanz von einem jungen Mädchen in weißem duftigen Gewand. Sie tanzte zu Sindings Frühlingsrauschen, das ich leise zu spielen anfing, als der Vorhang aufging. Sie tanzte vor einem schwarzen Vorhang, ganz aus eigenen Initiativen, mit solcher Andacht und Freude, dass die Leute ganz gebannt hinsahen. Als der Höhepunkt der Musik erreicht war, flog sie mit einem gesteckten Sprung über die ganze Bühne. Als die Musik zu Ende ging, brach ein nicht enden wollender Applaus los. Aber wir mussten weiter. Der schwarze Vorhang wurde fortgezogen, und hinten saß in einer Erdhöhle die Wurzelmama in einem alten Lehnstuhl mit einer dicken Brille auf der Nase, und zu ihren Füßen ruhten Blumenkinder, dicke Zwiebelkinder und kleine Pilze. Die hübschen Kulissen hatte Bruder Harald Schütz gemalt. Dazu spielten die Violinen ganz zart „Winter ade, Scheiden tut weh". Dann wurde der schwarze Vorhang wieder vorgezogen und herein tanzten die Sonnenstrahlen mit goldenen Krönchen im blonden Haar. Als dann der Vorhang wieder aufging, sah man in ein weites lichtes Tal. Im Vordergrund lagen weißgekleidete Kinder mit einem Schneeglöckchen auf dem Kopf und neigten die Köpfchen auf die verschränkten Arme. Dann kamen die Sonnenstrahlen und tanzten um die Schneeglöckchen und weckten sie und alle tanzten zusammen.

Was dann noch kam, habe ich vergessen. Etwa 1 ¼ Stunde dauerte es wegen der kleinen Kinder. Als die Leute befriedigt gegangen waren, kam der Schulinspektor zu meinem Mann und sagte: „So etwas Schönes habe ich noch nie gesehen. Wie viele Male spielen Sie noch?" Als er hörte, dass die Aufführung noch dreimal wiederholt werden würde, hat er für seine achtköpfige Familie für alle Vorstellungen Karten gekauft. Alle Abende waren im Umsehen ausverkauft, und als die Unkosten abgezogen waren, blieben 800 Gulden für den neuen Saal. Nach den Vorstellungen luden wir alle Mitarbeiter, eigentlich alle Künstler, zu uns ein, und es gab zu trinken nach Belieben und Sandwiches. Dann wurden an einem Nachmittag auch alle Kinder eingeladen. Sie wurden erst in ihren Kostümen fotografiert, dann spielten wir zusammen. Zum Schluss gab es Eiscreme, soviel sie wollten.

Wir können nicht genau sagen, wann es war, aber jedenfalls 3 bis 4 Jahre vor unserem Europaurlaub, der von Juni 1930 bis Juli 1931 dauerte, als ein in Moskau geschulter Surinamer von Holland kam. Er stiftete Unruhen, ging zu den Javanen und sagte ihnen, ein Schiff käme, um sie wieder in ihre Heimat nach Java zu bringen. Erfreut, so billig in die Heimat zu kommen, verkauften sie ihre schön gepflegten Parzellen und saßen ohne Versorgung in der Stadt und, was nicht kam, war das Schiff. Der armen Bevölkerung versprach er ein gutes Leben, wenn sie seinen Anordnungen folgen würde. Es kam zum Aufstand. Große Demonstrationen bewegten sich in Richtung des Hauses des Gouverneurs. Als die Volksmenge auf dem Riesenplatz ankam, wo immer die Paraden und Wettspiele stattfanden, gingen die Leute immer näher an das Haus des Gouverneurs heran. Der Gouverneur kam heraus. Die Leute rückten bedrohlich näher, und der Gouverneur bat die Leute, nach Hause zu gehen; er wolle dafür sorgen, dass etwas für sie getan werde.

Aber das Volk rückte immer weiter vor. Da rief der Gouverneur
den Wachsoldaten zu: „Gebt Feuer!" Ob die Soldaten blind oder in
die Luft schossen, weiß ich nicht. Es war niemand verwundet
worden. Aber in panischem Schrecken floh das Volk in die
Straßen hinein. Am nächsten Tag wurde bekannt gemacht, es
dürften keine Gruppen von Menschen auf den Straßen stehen.
Trotz des Verbots sammelte sich eine Gruppe auf einem kleinen
Platz nahe unserer Wohnung. Da kam ein Laster mit Soldaten an.
Er hielt, und ein Offizier gebot den Menschen, auseinander zu
gehen. Aber sie blieben stehen. Da wurde einem Soldaten der
Befehl gegeben, zu schießen. Die Kugel traf niemanden auf dem
Platz. Sie flog weiter und traf einen Mann, der gerade aus der Tür
seines Hauses kam, tödlich. Es machte großen Eindruck auf die
Surinamer, dass ein Unschuldiger für ihren Ungehorsam büßen
musste. Es wurde wieder ganz ruhig in der Stadt. Der Herr de
Kom wurde hinter Schloss und Riegel gesetzt, zusammen mit
einer ganzen Menge von Surinamern, die beim Aufstand
besonders rabiat waren.
Mein Mann musste am Sonntagmorgen hin. Er hat 17 Jahre den
Gefängnisdienst und die Gefängnisseelsorge versehen. Als er an
jenem Sonntag ins Gefängnis kam, wollten die Aufseher ihn nicht
allein lassen. Ein Aufseher mit Revolver wollte mit hineingehen.
Mein Mann bestand darauf, allein in die Zellen zu gehen. Als er
eintrat, standen einige an den Gitterfenstern und pfiffen. Andere
spuckten in der Zelle herum. Er blieb ganz ruhig und fing an,
eine Geschichte aus dem ersten Weltkrieg zu erzählen.
Schließlich hörten alle gespannt zu. Von der Kriegsgeschichte
kam er auf das Wort Gottes, und dann klang kräftiger
Choralgesang aus jungen Männerkehlen durchs Gefängnis. Als
die anderen Gefangenen das hörten, baten sie auch um einen
Gottesdienst. Der Gefängniskommandant fragte meinen Mann:
„Wie haben Sie das bloß gemacht, dass die rabiaten Kerle so
lammfromm wurden?" Da erwiderte mein Mann: „Die Liebe
schafft mehr als Revolver und Gewehr."

Bald danach lud der Gouverneur einige Herren zu einer Beratung
ein. Mein Mann war auch dabei. Man kam zu dem Schluss, dass
die Leute wieder aufs Land müssten. Jeder sollte 2 Hektar Land
bekommen und ¼ Jahr geldliche Unterstützung, bis sie ihren
ersten Mais ernten und ihn verkaufen konnten. Meinem Mann
wurde ein großes Stück Land zur Weiterverteilung zugewiesen,
das früher ein Sumpf gewesen und dann eingedeicht worden war.
Die Wasserabzugsgräben mündeten alle in den Saramakakanal.
Eine Straße gab es noch nicht. Wir mussten erst mit dem Boot
fahren. An einem der Dämme war ein Anlegesteg gebaut worden.
Wir konnten auf diesem Steg aussteigen und auf dem Damm zu
den ersten vier Siedlern gehen. Ihre erste Unterkunft war
rührend einfach. Vier Hartholzpfähle waren in die Erde gerammt.
In etwa 2 Meter Höhe war ein überdachter niedriger Boden.
Abends kletterten die Leute mit einer Leiter hinauf. Die Leiter
wurde hoch gezogen. Dann rollten sie sich in ihre Decken und
waren da oben sicher vor Tigerkatzen. Aber die Hunde der Leute
wurden lautlos geholt, und morgens sah man nur ein paar
Blutspuren. Wie gesagt, die Siedler bekamen geldliche
Unterstützung, bis sie ihre ersten Produkte verkaufen konnten.
Auch bekamen sie zum Arbeiten Geräte. Sie bekamen ein großes
Buschmesser, eine Eisenfeile, eine Axt, eine starke Hacke und
einen Spaten. Damit sollte der Urwald niedergelegt werden, ein
Urwald, der nie geschlagen und nie abgebrannt worden war, ein
undurchdringlicher Dschungel. Ich bewunderte den Mut der
Leute, mit dem sie an die schwere Arbeit gingen.
Als wir zu den Leuten gingen, hatte ich gesehen, wo die Straße
abgesteckt war. Da konnte man sehen, dass zwischen der Straße,
die gebaut werden sollte, und dem Kanal nur eine Parzelle lag. Da
kam mir wie in einer Eingebung sofort ein Plan. Hier soll einmal
ein Kirchlein stehen an der Straße und am Kanal und ein
Häuschen, wo ich mit den Kindern die Ferien verbringen kann!
Das sagte ich meinem Mann. Er wollte zunächst mit dem von der
Regierung angestellten Aufseher für diese Gegend, Herrn Warner,
sprechen. Der stimmte zu und bestellte vier Javanen, die den

Urwald niederlegen sollten. Sie kamen auch und fingen an zu arbeiten. Dann aber ließ mich Herr Warner wissen, dass die Javanen Holzschuhe haben müssten, weil es so viel Dornen und Schlangen gäbe. So kauften wir 4 Paar holländische Holzschuhe (Klompen), und als wir wieder hinkamen, war die Hälfte des Landes offen. Es waren nur ein paar gewaltige Bambus und zwei Mopebäume stehengeblieben. Das sind schön gewachsene Bäume, die eine sehr aromatische gelbe Pflaumenart in reichem Maße tragen und von denen man ein sehr gutes Gelee kochen kann. Das Feuer war schon zweimal durch das Holz gegangen. Alle dürren Lianen und das feine Geäst waren verbrannt, aber die großen Äste und Stämme lagen in wildem Durcheinander. Da musste aufgeräumt werden. Aber da lag hartes Holz und weiches Holz. Und weil ich die vielen verschiedenen Hölzer nicht kannte, bat ich zwei Männer, das harte Holz auszusondern. Inzwischen war die Straße fertig geworden. Und kurz vor den großen Ferien war auch unser Häuschen gebaut worden. Da gab es eine gedielte Stube zu 5 mal 5 Meter mit zwei Gazetüren und zwei Gazefenstern. Rings um den einen Raum in der Mitte zog sich eine gedeckte Veranda zu ebener Erde.
Dann kam der Tag, an dem ich zum ersten Mal allein hinaus radelte, um alles einzurichten. Ein Eselkarren hatte Feldesel, geflochtene javanische Liegen, und die dringend nötigen Moskitonetze, die ich alle von dünnem Nessel genäht hatte, hingebracht; denn gegen Morgen kommen Schwärme von Mampieren, einem winzigen Insekt, das durch alle Netze geht und sehr empfindliche Blasen austeilt. Dann kamen auch ein geteertes Fass und ein paar Dachrinnen für die Wasserversorgung, ein großer Tisch für alle Arbeiten und Mahlzeiten. Am Nachmittag ging ein Gewitterregen nieder und mein Fass lief voll. Da kochte ich gleich einen großen Topf Wasser und füllte das Wasser in große indianische Tonkrüge, in denen das Wasser so schön kalt wird, dass es erfrischend zum Trinken ist. Die erste Nacht verbrachte ich allein. Aber an Schlafen war nicht zu denken. Da brüllten die Brüllaffen in ziemlicher Nähe.

Dann hörte ich draußen Tiere laufen und meine beiden Becken klappern. Vom Kanal her kam ein Geräusch, als ob ein Mensch in Schmerzen stöhnt, und durch die Nacht drang ein feines Flöten. Das kam von Giftschlangen, die ihre Beute faszinierten. Und der Chor der tausendstimmigen Zikaden erscholl. Jedenfalls war ich froh, als die Sonne aufging und von der anderen Seite des Kanals der muntere Ruf eines Wasserhuhnes erklang: Waka kon, waka kon! Als ich gefrühstückt hatte, sah ich einen Inder kommen, der Milch, Gemüse und Mangos brachte. Ich hatte 2 Trauben Bananen bestellt, die der Inder ebenfalls von Herrn Warner brachte. Dann machte ich mich an die Arbeit, um schnell einen Platz sauber zu bekommen. Das Hartholz war ausgesondert. So hatte ich nur ein Viereck von mächtigen Wurzeln und schleppte dünnes und dickes Weichholz, lange Äste und dicke schwere und belegte so das Viereck dicht mit Holz. Mit einem Male hörte ich einen Mann auf der Straße laut lachen. Als ich mich umguckte, stand Herr Warner auf der Straße und meinte: „Nein, was Sie da machen! Das ist doch anstrengend! Ich könnte Ihnen das nie nachmachen." „Ach", sagte ich, „ich bin noch jung, und das hier macht mir Spaß!" Als mein Mann in dem kleinen Opel die Kinder gegen Mittag brachte, brannte schon ein grandioses Feuer zum hellen Jubel der Kinder. Aber weil so ein Feuer immer wieder zusammen geschichtet und neues Holz heran geschleift werden musste, sah ich aus wie ein Köhler. Als ich mir Gesicht, Hals und Arme gewaschen hatte, konnten wir zusammen Mittag essen. Als erstes Essen gab es Reis mit Kousebanden (Strumpfbänder). Das sind 50 bis 60cm lange Bohnen, die in Bündlein zusammengebunden verkauft werden. Sie werden in kleine Stücke geschnitten und mit Salzfleisch oder durchwachsenem Speck gekocht. Es ist eine überall sehr beliebte Speise. Als wir alles ausgepackt hatten, was mein Mann mitgebracht hatte, und alles in zwei Blechkoffer verstaut worden war, fuhr mein Mann in die Stadt zurück, wo er von unserer guten Nenne (schwarzen Haushälterin) bekocht und treulich versorgt wurde. Nachmittags wurde nicht mehr gebrannt,

sondern als wir alle bei der großen Hitze geruht hatten, machten
wir uns daran, um unser Häuschen herum aufzuräumen und zu
harken. Mit dieser Arbeit war es schnell 5 Uhr geworden, und
man ist versucht, draußen zu bleiben, weil es dann am
Schönsten ist. Aber dann müssen die Netze heruntergelassen
werden über den Betten. Fünf Kinder mussten gebadet werden
und wollten auch noch Abendbrot essen. Um 6 Uhr geht die
Sonne unter, und mit der Dunkelheit kommen ungeahnte
Schwärme von großen Moskiten, die zwar nicht Fieberüberträger
sind, aber scheußlich schmerzhaft stechen. Dann liegen die
Kinder geschützt unter ihren Netzen und hören, auf dem Bauch
liegend, Mutters Erzählungen zu. Wenn wir dann zusammen
gebetet hatten, sang ich sie in den Schlaf. Ging die Uhr auf 7 zu,
fragte ich leise: „Seid ihr noch wach?“ Aber es kam keine Antwort
mehr. Da nahm ich meine große Sturmlaterne, eine ehemalige
Wagenlaterne, und ging hinaus, setzte mich auf eine javanische
Bank. Auf der Erde vor mir stand ein alter eiserner Topf mit
schwelendem Holz. Das hielt die Moskiten etwas ab. Ich hatte gar
nicht lange gesessen, da kam ein Waschbär zu Besuch. Er ließ
sich durch meine helle Laterne und meine Gegenwart durchaus
nicht stören, sondern sprang auf das obere Brett der Veranda,
das sich ganz nahe bei den Bananentrauben befand. Da nahm er
eine reife Banane herunter und schälte sie genau wie wir. So aß
er eine nach der anderen, bis ich zu ihm sprach: „Nun, guter
Waschbär, die Bananen sind für meine Kinder. Morgen gibt es
keine reifen mehr.“ Aber auch als ich aufstand und herumlief, aß
er sich seelenruhig satt. Der hatte die bösen Menschen noch
nicht kennengelernt! Als er satt war, sprang er runter und lief in
die Nacht hinaus. Am Morgen nahm ich gleich die reifen und
halbreifen ab und tat sie in ein Becken, auf das ein anderes so
gut passte, dass die Kinder es kaum abheben konnten.
Nach dem Frühstück setzte ich erst das Mittagessen an, und
dann durften die Kinder Holz holen. Das abgebrannte Holz
übernahm ich, denn die Glut hatte sich unter der Asche
gehalten. Ich schichtete es um eine große dreiteilige Wurzel und

um die vielen Palmstrünke mit ihren fingerlangen Dornen. Diese konnten böse verwunden und mussten so schnell wie möglich weg. Als ich so hin- und herlief, um das Holz zusammen zu suchen, fühlte ich plötzlich einen Stoß an mein Schienbein. Aber als ich hinsah, war dem Bein nichts geschehen. Nach 8 Tagen jedoch fing das Bein an einer nässenden Stelle an zu jucken, und als ich etwas drückte, fuhr ein langer Dorn heraus. Solche nässenden Stellen, auch kleinster Art, muss man verbinden, weil sofort winzige Fliegen sich in die Wunden setzen.

Als wir so immer in den Ferien die Wurzeln verbrannt hatten, war ein schönes Stück Land frei geworden, das man umgraben konnte. Das machten wieder zwei Javanen, und ich pflanzte vorn an der Straße einen Streifen Zuckerrohr. Es folgte ein großes Beet mit Kochbananen. Danach kamen zwei Beete mit Essbananen, ein großes Beet mit verschiedenen Papajasorten, ein Beet mit einjährigem Kassave (Manjok), süßen Bataten und neben die Papajabäume Yamswurzeln, die Ranken bilden und Stützen brauchen. Aus Coronie bekam ich eine ganze Kiste großer Kokospflanznüsse. Diese pflanzte ich mit Hilfe eines Meßbandes in gleichmäßigen Abständen in einem großen Rechteck, wo einmal die Kirche stehen sollte. Auch einen Lemmetjebsum und zwei Zitronenbäumchen wurden gepflanzt. So war dann alles getan, dass wir übers Jahr, wenn wir von unserem Europaurlaub zurückkommen würden, etwas würden ernten können. Unseren Urlaub sollten wir im großen Pfarrhaus in Peseux bei Neuchâtel (Schweiz), wo mein Vater als Missionsvertreter stationiert war, verleben. Es hatte sich wieder ein Kind (das sechste) angemeldet. Darum fragten wir bei den Eltern an, ob Haushaltshilfen zu bekommen wären. Mutter schrieb, dass alle Mädchen in die Hotels gingen. So entschlossen wir uns, unsere Nenne mitzunehmen. Bei der holländischen Schifffahrtsgesellschaft bestand die günstige Verfügung, dass, wenn eine kinderreiche Familie eine Kinderfrau mitnehmen wollte, diese für den halben Preis reisen durfte. Als wir unsere Nenne fragten, ob sie mitkommen wolle, wollte sie es gar nicht glauben, aber dann war

die Freude groß. So reisten wir im Juni 1930 ab. Die Reise verlief
ruhig und heiter bei schönstem Wetter. Mein Mann machte eine
Vortragsreise in Holland und im Winter von Zürich aus in der
deutschen Schweiz. Da kamen 10.000 Franken ein. Am 9.
Januar 1931 wurde unser dritter Bub geboren. Er gedieh
prächtig auf der sonnigen Terrasse, wo sein Wagen im Schnee
stand. Anfang Juli reisten wir mit unseren sechs Kindern wieder
nach Suriname. Auf dieser Reise sahen wir, als wir in den
Tropengürtel kamen, ganz prachtvolle Sonnenuntergänge.

O großer Gott, wenn ich die Welt betrachte,

die Du erschaffen durch Dein Allmachtswort,

dann jauchzt mein Herz Dir, großer Schöpfer, zu:

Wie groß bist du!

Als wir in Paramaribo ankamen, wurden wir mit viel Liebe
verwöhnt. Die Surinamer hatten einen richtigen bunten Putztisch
zurecht gemacht. Da stand ein Riesenkorb voll guter Früchte,
Schüsseln voll frischer Eier, Büchsen mit surinamischem Kakao
mit Zucker. So war es ein schöner Anfang und wir gingen mit
Freuden an die Arbeit in unserer lieben Stadtmission.
Die erste Fahrt ging per Fahrrad zu unserer Siedlung, die den
Namen 14½ erhalten hatte. Das war die Kilometerzahl von der
Stadt bis dorthin, und Leiding hieß der Entwässerungskanal. Die
Pflanzungen standen prächtig, aber unser erstes Palmblätterdach
war undicht geworden. Da kaufte ich einige Zinkblechplatten, so
dass es wenigstens nicht in unsere Schlafstube einregnen
konnte. Die übrigen Dachstücke wurden mit einer Palmart
gedeckt, die 8 bis 10 Jahre ein dichtes Dach liefert, unter dem es
herrlich kühl war.

Die Siedler, die nun eine neue Heimat und das tägliche Brot
gefunden hatten, beschlossen, selbst eine Kirche zu bauen. Alles
Material sollte der Busch liefern. So kamen sie an bestimmten
Wochentagen zusammen mit Beilen, Sägen und Stricken

....

....

An dieser Stelle bricht der Lebenslauf ab. Der
Gesundheitszustand unserer Mutter verschlechterte sich so
rasch, dass keine Kraft zum Weiterschreiben blieb.

Dennoch wird unsere Mutter noch einmal ganz lebendig in der
Schilderung ihrer ersten Lebenshälfte. Die großen Linien ihres
Lebens und ihre besondere Veranlagungen haben sich deutlich
gezeigt: Ihr Wunsch, Christus mit ihren Gaben zu dienen, ihre
innere Sicherheit, dass alles, was ihr geschah, richtig für sie war,
ihr Sinn für die Schönheit der Natur, ihre Begabung für die
Musik, ihre Fröhlichkeit, ihre Gastfreundschaft, ihre große
Gelassenheit, deren Grund wohl in ihrem Wesen, aber auch in
ihrem Glauben lag. Was sie erlebte, hat sich zu einem großen
Zusammenhang gefügt, und es zeigt sich immer wieder, dass sie
bewusst und lebenszugewandt erlebte.

Mutters Lebenslauf bricht an der Stelle ab, wo eine schmerzliche
Zäsur in ihrem Leben erfolgte: Die Trennung von ihren Kindern,
die in Deutschland auf Schule gehen sollten. Der Schmerz der
Trennung von den Kindern ist nie ganz verklungen, auch wenn
sie nicht laut klagte. Nach dem Urlaub von 1930/31 mussten
ihre ersten Kinder, Johannes und Ruth, das Elternhaus
verlassen. 1937 blieben Lilo, Ilse und Hermann in Deutschland
zurück, als die Eltern nach ihrem zweiten Urlaub nach Suriname
zurückfuhren. Johannes, der Älteste, zog zu Beginn des Krieges
an die Front. Ruth, Lilo und Ilse machten Schweres in
Bombennächten mit. Am schlimmsten aber war für die fünf
ersten Kinder die Trennung von Mutter und Vater und ein für
immer verlorenes Elternhaus.

Auch Hermann wurde kurz vor Ende des Krieges eingezogen. Nur
spärlich drangen die Nachrichten ins Internierungslager, wo die
in Suriname lebenden Deutschen von Mai 1940 bis Februar 1947
festgehalten wurden. An vielen Andeutungen wurde uns bewusst,
wie unsere Mutter darunter litt, den fernen Kindern nicht Mutter
sein zu können. Im Internierungslager in Suriname wurden ihr
noch zwei Söhne geschenkt, so dass sie ihre Kinder Werner,
Gerhard, Irmgard, Kurt und Dieter bei sich hatte, während sie

täglich um die anderen fünf in Deutschland bangte. Dennoch
ging eine große Ruhe von ihr aus, die auf uns Kinder übergriff.
Sie spricht auch aus ihrem letzten Brief, den sie ihrem Sohn
Gerhard schrieb, in welchem steht: „Da sind geistige
Verbindungen, die stärker sind, als ob man sich sieht, so schön
dies auch wäre. Unsere Zeit ist bemessen, wenn der Herr ruft,
müssen wir gehen."

Dieses Gehen-müssen hat sie immer wieder ertragen müssen:
beim Abschied von den Kindern vor dem Kriege und nach dem
Kriege. Unvergesslich wird uns Jüngeren bleiben, wie unsere
Mutter an Bord des Schiffes stand, das uns 1947 von Suriname
nach Holland brachte. Als das Schiff langsam vom Kai losmachte,
wurde sie ganz blass und sank weinend auf einen Deckstuhl. 25
Jahre ihres Lebens, die schönsten, entrückten wie das Land, das
allmählich am Horizont verschwand.

Im Durchgangslager in Holland, wo wir von März bis Oktober
1947 festgehalten wurden, - weil keine Einreisegenehmigung für
Deutschland kam – erreichte die Eltern ein Brief aus Herrnhut,
der den Ruf nach Ebersdorf in Thüringen enthielt. Unsere Mutter
hat sehr schwer mit der Entscheidung gerungen, den Weg nach
Ebersdorf in den Osten zu gehen; denn er bedeutete wieder
Trennung von den großen Kindern, die im Westen lebten. Aber sie
wurde innerlich dazu bereit nach einer Predigt, die sie im
Internierungslager in Holland hörte. Das Opfer, das die
Missionare brachten und von dem unsere Mutter in ihrem
Lebenslauf schreibt, hat auch sie gebracht.

Zehn Kindern schenkte sie das Leben, aber es war ihr nicht
vergönnt, alle **zusammen** auch nur eine Minute um sich zu
haben. Doch hat sie intensiv immer wieder an alle gedacht,
besonders wenn sie abends das Lieblingslied eines jeden ihrer
Kinder auf dem Klavier spielte und es sang. Und jeden Tag haben
die Eltern im Gebet an jedes ihrer Kinder gedacht.

Kurz vor Weihnachten 1947 langten die Eltern mit ihren Kindern
Gerhard, Irmgard, Kurt und Dieter nach einer abenteuerlichen
Fahrt in Ebersdorf an. Die anderen Kinder blieben im Westen

zurück. Hermann war in Gefangenschaft, aus der er 1950 an
einem Winterabend völlig ausgemergelt heimkehrte. Nie haben
wir unsere Mutter so schnell die Treppe hinabgehen sehen wie an
jenem Abend, als Hermann vor der Türe stand.

Was Mutter von der Herzlichkeit der Surinamer bei ihrer Ankunft
in Paramaribo geschrieben hat, hätte sie gewiss auch von dem
schweren Anfang in Ebersdorf Ende 1947 geschrieben, wo sie viel
Hilfsbereitschaft erfuhr. Mit derselben Einsatzbereitschaft wie in
Suriname hat sie sich in Ebersdorf am Leben der Gemeine
beteiligt. So war sie viele Jahre Witwenpflegerin. Im Chor sang sie
jahrelang mit, bis ihre Stimme alt wurde. Oft spielte sie die Orgel.
Mit besonderer Freude widmete sie sich der Arbeit am neuen
Choralbuch, in welches eine ihrer Melodien aufgenommen wurde.
Den Dienst im Ältestenrat nahm sie mit großer
Gewissenhaftigkeit wahr. Des Öfteren hielt sie Morgenandachten
im Kinderheim oder für Kurgäste und diente jahrelang im
Kindergottesdienst. Ihr Dienst stand unter dem Wort: „Alles, was
ihr tut, das tut von Herzen, als dem Herrn und nicht dem
Menschen."

Bei allem Dienst aber besaß sie die Kraft und die Gabe, sich
abzuschließen, viel zu lesen, am Klavier zu fantasieren, mit sich
selbst allein zu sein. So war sie ein Mensch, der in sich ruhte, der
deswegen auch ein offenes Ohr für andere hatte.

In Ebersdorf hat sie trotz des Trennungsschmerzes und trotz des
Drucks der äußeren Umstände auch viel Schönes und Heiteres
erlebt. Viele Gäste gingen aus und ein.

Besonders erfüllt waren die Tage, wenn ihre Freundin, die
Dichterin Magdalene Buchholz, in Ebersdorf weilte. Dann las
Schwester Buchholz Gedichte und Mutter spielte anschließend
auf dem Klavier, um ihren Eindruck in Musik umzusetzen. Trotz
vieler Behinderungen hat Mutter hin und wieder eines ihrer
Kinder sehen können, sogar ihre Mutter und Geschwister konnte
sie 1957 und 1958 nach zwanzigjähriger Trennung in Genf
wiedersehen. Nur ihre Tochter Lilo hat sie außer an zwei Tagen
im Jahre 1947 nicht mehr sehen können. Lilo starb 1956 in

Amerika an Krebs im Alter von 30 Jahren. Mutter ist unserem
Vater immer eine Stütze gewesen, in Fragen des Glaubens ebenso
wie in der Mitarbeit in Suriname und dann in Ebersdorf. Oft war
unser Vater bis zu vier Wochen auf Vortragsreise. Uns Kindern
haben beide Eltern eine Ehe vorgelebt, in der es offen zuging, in
der Vertrauen herrschte, in der Schwierigkeiten nicht verdrängt,
sondern ausgesprochen und behoben wurden und in welcher ein
gemeinsamer Glaube ein festes Fundament bot.
Schon einige Jahre war unsere Mutter von Herzschwäche geplagt.
Hinzu kam in ihren letzten Lebenswochen eine akute
Wassersucht. Ihre Geduld und Anspruchslosigkeit in den letzten
Wochen ihres Lebens werden uns unvergessen bleiben. Trotz
vieler Schmerzen hörte man keinen Laut der Klage. Sie hat ihr
Ende glaubend und gelassen erwartet. Ganz ruhig starb sie am
Sonntag, dem 4. Februar 1968, morgens gegen 5 Uhr.
Heidelberg, im Januar 1969

20. Anna Funk 1911 – 2000

Lebenslauf von Anna Funk - von ihr selbst geschrieben

Ich heiße Anna Funk und bin geboren am 19. August 1911 in
Sonneberg in Thüringen. Ich war das sechste von uns sechs
Geschwistern. An meine Mutter kann ich mich nicht mehr
erinnern denn sie starb, als ich 1 ½ Jahre alt war. Nach einem
Jahr zog mein Vater zu einer Witwe, die drei Kinder hatte. Das
war dann meine Stiefmutter. Dann kam der Weltkrieg und mein
Vater wurde eingezogen. Er ist 1917 in Frankreich gefallen. Ich
kann mich nur noch an ihn erinnern, als er einmal zum Urlaub
kurz zu Hause war. 1918 kam ich in die Schule. Bis dahin hat
mich meine Stiefmutter noch versorgt. Aber dann sollte ich in ein
Waisenhaus kommen. Aber daraus wurde nichts. Ich bekam eine
Pflegestelle bei einer Glasbläserfamilie. Ein Polizist holte mich in
der Schule ab und brachte mich in diese Familie. Da war ich elf
Jahre alt und blieb dort drei Jahre. Es waren so schwere Jahre
für mich, dass ich es nicht länger dort aushalten konnte. Ich
musste schwer arbeiten, hatte keine Zeit für die Schularbeiten
und wurde von dem Mann viel geschlagen. Darum bin ich öfters
ausgerissen, musste aber immer wieder hin. Aber mein
Klassenlehrer war sehr gut. Er merkte, dass ich im Unterricht
immer so müde war. Er gab mir manchmal extra Rechenstunden,
auch manchmal Frühstücksbrot, weil man mir keins mitgab.
Manchmal habe ich auch Herrn Pfarrer aufgesucht, wenn ich viel
Kummer hatte.
Einmal bin ich von den Glasbläserleuten weggelaufen und habe
mich auf dem Dachboden einer Fabrik versteckt. Aber ein
Arbeiter hat mich gefunden, und über die Polizei wurde ich zum
Glasbläser zurückgebracht. Ich bekam danach von ihm soviel
Dresche mit der Klopfpeitsche, dass mir das Wasser weg lief. Ich
bin dann noch öfters weg gelaufen, aber man hat mich immer
wieder gesucht. Das war alles in Steinach. Einmal bin ich zwei
Wochen vor Weihnachten nach der Schule weggelaufen, und zwar

bis Sonneberg. Dort wohnte mein Bruder Erich. Es war sehr kalt und es lag viel Schnee. Es wurde schon dunkel, als ich die ersten Häuser von Sonneberg erreichte. Da weinte ich bitterlich. Das sahen zwei Kinder, die ihre Mutter herbeiriefen. So kam ich in ihre warme Stube, und sie halfen mir, dass ich wieder trockene, warme Füße bekam.

Mein Bruder Erich hat sich dann für mich eingesetzt und auch der Nachbar von der Glasbläserfamilie. So kam ein Polizist, und er sah die Schwielen von den Peitschenhieben auf meinem Rücken. So durfte ich dann eine Zeitlang bei meinem Bruder Erich in Sonneberg bleiben und wurde am Palmsonntag 1926 in der Sonneberger Stadtkirche konfirmiert. Wir Konfirmanden sangen als Eingangslied: „Liebster Jesu, wir sind hier", alle drei Strophen. Meinen Konfirmationsspruch weiß ich auch noch genau: „Mein Vater und meine Mutter verlassen mich, aber der Herr nimmt mich auf." Psalm 27, 10. Der Spruch hat mir immer geholfen.

Nun war ich aus der Schule raus, und mein Bruder suchte für mich eine Stelle. Da war ich vier Wochen in einem Geschäftshaushalt. Aber ich hatte ja noch nichts gelernt, nicht saubermachen, kochen oder waschen. So war ich zu nichts zu gebrauchen und musste wieder gehen. Im nächsten Haushalt war es ähnlich. Verdient habe ich nicht viel, aber sehr viel gegessen. Da sagte die Chefin zu mir: „Du isst ja mehr, als meine zwei Gesellen zusammen! Ich kann dich nicht gebrauchen!" Da gab sie mir einen Brief und zehn Mark und ich musste wieder gehen. Endlich fand mein Bruder eine Stelle für mich in der Küche vom Altersheim in Mupperg bei Sonneberg. Dort habe ich mir sehr viel Mühe gegeben, und so konnte ich dort zwei Jahre bleiben. Einmal war der Obervormund mit dem Herrn Landrat zu mir ins Altenheim gekommen und hatte sich bei dem Heimleiter nach mir erkundigt. Sie waren wohl zufrieden mit mir. Denn sie schenken mir eine Tafel Schokolade und sagten: „Sei weiter ein fleissiges Mädle!" Die Tafel Schokolade aß ich gleich mit einem Mal auf.

Bald danach sollte ich zur Begutachtung für einige Wochen in die
Landes-Nervenheilanstalt Stadtroda. Da waren noch mehr solche
Mädchen wie ich. Da gab es dann ein Abschlussgespräch mit
dem Herrn Chefarzt. Er fragte mich, was ich nun im Leben tun
wolle. Ich sagte: „Herr Professor, ich will in Stellung gehen und
mein Brot selber verdienen!" Da sagte der Professor: „Das ist ja
prima! Sowas hat noch keins der Mädels gesagt! Dann kommst
du nach Gefell ins Michaelisstift zu den Diakonissenschwestern.
Die werden dir noch mehr fürs Leben beibringen." Und so kam es
auch. Mein neuer Vormund wurde die Heimleitungsschwester
vom Michaelisstift. Dort durfte ich auch ab und zu die Kühe
melken. Denn das hatte ich schon in Mupperg gelernt, und vieles
lernte ich noch dazu. Auch hatte ich dort 13 Schweine zu füttern.
Als ich 21 Jahre alt wurde, musste ich das Michaelisstift
verlassen, denn das war ja ein Mädchen-<u>Kinder</u>heim. Man
verschaffte mir eine Stelle in einer Landwirtschaft. Da musste ich
schwer arbeiten und bekam in der Woche nur 50 Pfennig
Taschengeld. Aber ich war sparsam. So konnte ich eines Tages
ein Dirndlkleid kaufen. Auch nahm ich mir mal eine Schere mit
in den Kartoffelkeller und schnitt mir dort meine schönen langen
Zöpfe ab. Mit dem Dirndl ging ich immer sehr gern zum Tanz. Die
Zöpfe hatte ich abgeschnitten, weil ich früh immer keine Zeit
hatte, sie zu flechten. Die Zöpfe brachte ich dann zum Friseur.
Aber er gab mir kein Geld dafür. Er hat mir nur die Haare richtig
verschnitten. Ich hatte dann auch ein eigenes Fahrrad. Damit bin
ich viel herum gefahren, wenn ich mal einen Tag frei oder etwas
Urlaub hatte. Einmal bin ich bis Jena gefahren, zu meinem
ältesten Bruder Albin. Da habe ich zwei Tage dazu gebraucht.
Und ein andermal wollte ich mit dem Fahrrad nach Sonneberg zu
Bruder Erich fahren. Aber dann war es mir doch zu weit und ich
verkaufte unterwegs mein Fahrrad, um mit der Bahn bis
Sonneberg zu fahren. Natürlich hat mich mein Bruder dann ganz
schön ausgeschimpft.
Ich habe sehr oft die Stellen gewechselt, denn ich ließ mir jetzt
nicht mehr alles gefallen, wenn mir was nicht gefiel oder ich so

ausgenutzt wurde.

Wie ich schon schrieb, habe ich sehr gern getanzt. Da hatte ich
dann auch einen Freund und erwartete ein Kind. Aber die
Schwestern im Michaelisstift wollten nicht, dass ich diesen Mann
heiratete, und das war auch besser für mich. Am 18.06.1934 ist
dann meine Charlotte in der Frauenklinik in Jena geboren. In
Jena hatte ich wenigstens meinen Bruder Albin und seine Frau.
Die Schwestern und der Pfarrer von Gefell sorgten dann dafür,
dass Charlotte als Säugling ins Michaelisstift kam. So habe ich
meine Tochter nur ganz selten gesehen.

Danach war ich wieder in Stellung bei verschiedenen Bauern,
und weil ich es nirgends lange aushielt, verdiente ich kaum was.
Da hat sich dann das Michaelisstift wieder mehr um mich
gekümmert und mir in Seubtendorf eine Stelle verschafft, wo ich
14 Jahre blieb. Aber auch hier war der Bauer oft sehr böse mit
mir. Doch mit seinem Sohn und dessen Frau bin ich noch heute
befreundet. Sie waren immer sehr lieb zu mir.

Wir lebten inzwischen in der Hitlerzeit, und da hatten sie im
Michaelisstift in Gefell auch eine Nazi-Schwester als Oberin. Die
hat eines Tages meine Charlotte in ein Kinderheim nach Bad
Blankenburg gegeben, ohne mir etwas davon zu sagen. In dem
Blankenburger Heim waren fast nur schwachsinnige Kinder. Ich
erfuhr, dass man dort Kinder mit Tabletten oder Spritzen
vergiftete und sie bei Nacht und Nebel tot aus dem Heim brachte
und irgendwo begraben hat. Ich durfte mich auch nicht allein mit
Charlotte unterhalten. Da war immer noch so eine Nazi-
Schwester dabei. Nur einmal sagte sie: „Wann komme ich denn
endlich wieder heeme?" Sie meinte: ins Michaelisstift. In Gefell
war ein junges Ehepaar. Die haben mir geholfen. Sie sind nach
Blankenburg gefahren und haben Charlotte dort einfach weg
geholt und wieder ins Michaelisstift gebracht. Da habe ich mich
sehr gefreut. Da habe ich dann Charlotte von meiner Arbeitsstelle
aus mit dem Fahrrad fast jeden Sonntag besucht. Einmal bin ich
zu schnell gefahren und an einen Baum gesaust mit dem Kopf.
Da hat mir der Kopf sehr gebrummt. Das sahen zwei Männer. Sie

sagten: „Aber Fräulein! Oh weh! Ihr armer Kopf!" Ich sagte: „Ist
nicht so schlimm! Dem Baum hat's nichts getan!"
Als Charlotte schon etwa 15 Jahre alt war, gingen wir mal
zusammen auf der Straße spazieren. Es war ja Grenzgebiet und
überall viel Russen. Da haben uns mal Russen angehalten. Oh,
das war sehr schlimm! Einmal bin ich früh um 5 Uhr durch
Göttengrün nach Gefell gelaufen. Da habe ich so sehr weinen
müssen, gerade als ein Russe auf mich zukam. Aber er war
freundlich und sagte: „Warum du weinen? Wir dir nix tun! Du
nur immer laufen durch den Wald!" Da hat mich der liebe Gott
behütet, und ich kam pünktlich um 6 Uhr in Gefell an. Aber ich
hatte wie einen Nervenzusammenbruch und musste stundenlang
weinen.
In Göttengrün bin ich drei bis vier Jahre bei Bauern gewesen.
Aber dort hatte ich es auch sehr schwer. Dann hat Schwester
Hanna vom Michaelisstift mir eine Stelle bei einem Bauern in
Gefell verschafft. Sie hießen Patzer. Es waren gute christliche
Leute. Sie haben mich sehr gut behandelt. Gleich als ich ankam,
stellten sie mir einen Rührkuchen hin. Er war im Nu
verschwunden! Wo war er nur hin? Ich will es euch sagen. Ich
hatte ihn alleine fast ganz aufgegessen! Er schmeckte sooo gut!
Patzers hatten eine kleine Tochter: Regina. Sie und ihr Sohn sind
die einzigen, die von der lieben Familie noch leben. Die Regina ist
heute noch so lieb zu mir!
Über 17 Jahre durfte ich bei der lieben Familie Patzer sein. Dort
hat mir das Arbeiten auch viel Freude gemacht. Als ich fast 62
Jahre alt war, suchten Patzers und Schwester Hilde vom
Michaelisstift für mich einen Platz in einem Altersheim. Und so
kam ich nach Ebersdorf. Es war der 6.8.1973. Meine Tochter
Charlotte war auch schon fast ein Jahr im Altersheim Emmaus
und hat dort Arbeit gehabt. Weil im Emmaus kein Platz war
damals, wohnten wir eine Zeitlang zusammen in der Lobensteiner
Straße 15 in einem großen Zimmer über dem Kirchensaal, bis in
Emmaus Platz für uns wurde.
Ich habe es ja so gut in dem Heim. Auch habe ich dort noch viele

Jahre mit geholfen. Da habe ich auch noch Gartenarbeit gelernt bei Bruder Vollprecht. Aber auch im Gottesschutz habe ich geholfen und in der Pfarrwohnung bei den Eltern von Schwester Gauthier sauber gemacht. Schwester Tine war jetzt mein Vormund geworden. Sie hat mir viel schöne Wäsche und Kleidung gekauft, sodass ich mich immer schön anziehen konnte. Auch hatten Charlotte und ich genügend Geld, dass wir sogar mehrmals mit dem Taxi meine Schwester Klara in Lutherstadt Wittenberg besuchen konnten und auch die Jenaer Verwandten. Auch konnte ich als Rentner nach dem Westen fahren und dort meinen Bruder Erich besuchen, der zu seiner Tochter Lenchen gezogen war. Inzwischen sind alle meine Geschwister gestorben, und ich bin 81 Jahre alt.

Ich singe immer noch gerne, habe auch in Emmaus noch viele christliche Lieder gelernt, und ich habe hier auch beten gelernt. Das hilft mir sehr. Ich weiß, dass mein Heiland immer bei mir ist. Inzwischen ist Schwester Tine nicht mehr Heimleiterin, aber auch Schwester Vera ist sehr lieb zu mir.

So danke ich meinem Heiland von ganzem Herzen, dass ich es im Alter noch einmal so gut haben darf.

So möchte ich meinen Lebenslauf schließen mit dem Lied, dass ich oft mit Schwester Tine gesungen habe.

Ich habe Freude in meinem Herzen, jede Stunde, jeden Tag.
Ich habe Jesus in meinem Herzen, jede Stunde, jeden Tag,
Jesus, den die Welt nicht geben kann, Jesus, den die Welt
nicht nehmen kann.
Ich habe Jesus in meinem Herzen, jede Stunde, jeden Tag.

mit vielen lieben Grüßen
Anna Funk